TOONING

인공지능(AI)과 에듀테크+

Tooning 저자소개

김규섭

장학사
AI와 챗봇, 메타버스 교육백서, 대한민국 미래교육 트렌드 등 집필
교육관련 연수와 교육자료를 만들기를 즐겨하며, 학생들과 선생님들께 아는 만큼 나누는 활동을 기쁨으로 삼고 있다.

류성창

한국교원대학교 종합교육연수원 연구사
한국교원대학교 교육행정 박사과정
선생님 사기가 뭐예요?, 교사를 위한 마음공부 등 다수 집필
인문학과 에듀테크를 연계하여 행복한 교직생활을 위한 방법을 안내하고 있으며, 교사크리에이터협회 이사 및 브런치 작가로 활동하고 있다.

손민지

교사, 한국교원대학교 인공지능 융합교육 석사 재학,
AI 디지털 교과서 검토위원,
대한민국 미래교육트렌드 공동저자,
학생과 교사 모두가 행복한 디지털 교육에 관심을 갖고 연구해 나가고 있으며, 교원연수를 통해 양방향 수업도구를 활용한 융합수업의 다양한 사례를 나누기 위해 힘쓰고 있다.

임보라

교사, 서울교육대학교 교육전문대학원 초등영어교육전공 박사 졸업
2022 대한민국 정보교육상(부총리겸교육부장관상)수상
2022 영어교육 유공교원 교육부장관 표창
SW, AI, 에듀테크, 디지털리터러시 등에 관심이 많아 학생들과 함께 전과목 수업에서 정보교육을 실천하고 있으며 이를 나누기위해 연구와 강의를 이어가고 있다.

정진아

교사, 교육부 수업나눔광장 준비위원회,
부산교육대학교 '초등과학영재교육' 석사
쉽게 따라하는 디지털교과서 만들기 공동저자
교육 유튜브채널 '똑지나쌤'을 운영 중이며 다양한 에듀테크를 활용한 효과적인 디지털 교육, 학급경영 등 미래교육을 위한 연구와 강의를 이어나가고 있다.

채나은

교사, 웹툰작가 더나은채쌤
전북특별자치도교육청 에듀테크선도교사단
에듀테크교육학습공동체 '그림쌤모임' 회장
스쿨잼 웹툰 '선생님도 잘 부탁해', 인스타툰 '초등공감툰' 작가
에듀테크로 그림 그리는 초등교사로 교육 현장의 에듀테크와 디지털드로잉 수업을 연구하여 쉽고 재미있는 미래교육 관련 연수와 컨텐츠를 제작하고 있다.

인공지능(AI)와 에듀테크+투닝으로 웹툰 콘텐츠 만들기

초판발행	2024년 10월 1일
저 자	김규섭 류성창 손민지 임보라 정진아 채나은
펴낸곳	지오북스
등 록	2016년 3월 7일 제395-2016-000014호
전 화	02)381-0706 / 팩스 02)371-0706
이메일	emotion-books@naver.com
홈페이지	www.geobooks.co.kr
ISBN	9791194145127
정 가	22,000 원

이 책은 저작권법으로 보호받는 저작물입니다.
이 책의 내용을 전부 또는 일부를 무단으로 전재하거나 복제할 수 없습니다.
파본이나 잘못된 책은 바꿔드립니다.

추천사

  미래 사회를 살아갈 학생들에게 필요한 것은 단순한 지식 습득이 아니라, 주도적으로 문제를 해결하는 힘입니다. 이 책은 다양한 교육 현장에서의 투닝 사용에 대해 구성되어 있어, 선생님들의 교육 현장에 맞는 활용을 도울 수 있을 것입니다. 가장 안전하고 즐거운 생성형 AI 수업이 필요한 교사들에게 추천합니다. 앞으로 투닝은 즐겁고 효과적인 생성형 AI 수업이 될 수 있도록 교육 시장을 지원할 것입니다.

이호영 (툰스퀘어 대표이사)

책 소 개

  초·중·고등학교 학생, 교사, 교육 관계자, 디지털 미디어 및 교육 기술에 관심 있는 교육 전문가 등을 대상으로, 웹툰 제작 플랫폼 '투닝'의 기본 기능, 고급 기능, 교육적 활용 방법에 대한 교육 사례와 AI와 디지털을 통해 현대 교육 환경에서 필요한 디지털 리터러시 및 창의성을 강조하여 새로운 기술과 방법을 통합할 수 있도록 교재를 구성하였습니다.

  교육 분야에서 디지털 미디어와 AI 기술의 중요성이 증가함에 따라, 교육 방법을 혁신하고 새로운 교육 도구를 통합하는 것이 필요합니다. 웹툰 제작 플랫폼 '투닝'을 활용하여 현대 교육 환경에 적합한 창의적이고 혁신적인 수업 방법을 개발하고자 합니다.

  '투닝'과 같은 웹툰 제작 도구의 활용은 디지털 리터러시를 향상시키고, 학생들의 창의력과 표현력을 증진시키는 데 직접적으로 기여합니다. 디지털 시대의 교사들에게 필수적인 역량을 강화합니다. AI와 디지털 미디어를 통합한 수업 설계는 현대 교육의 중요한 측면으로, 교사들이 이러한 기술을 수업에 효과적으로 통합하는 방법을 학습하도록 돕습니다. 웹툰 프로젝트 기반 학습의 우수한 예로서, 학생들의 참여도와 학습 효과를 높일 수 있습니다.

1. 웹툰 제작 플랫폼 '투닝'의 기능과 사용 방법을 숙련시킨다.
2. 디지털 미디어를 활용한 창의적이고 혁신적인 수업 설계 및 실천 능력을 향상시킬수 있다.
3. AI와 디지털 미디어가 교육에 어떻게 융합될 수 있는지를 이해할 수 있다.
4. 성공적인 수업 실천 사례를 공유하고, 참가자 간 협업을 통해 새로운 아이디어를 개발할 수 있다.

  디지털 시대의 교육 트렌드에 발맞추어 교사들의 전문성을 증진시키고, 학생들에게 더욱 창의적이고 현대적인 학습 경험을 제공하는 데 기여할 것입니다.

TOONING

투닝의 장점

손쉽게 완성되는 콘텐츠
전문가가 아니어도 뚝딱-
단 몇 분 만에 익히고 만들 수 있어요

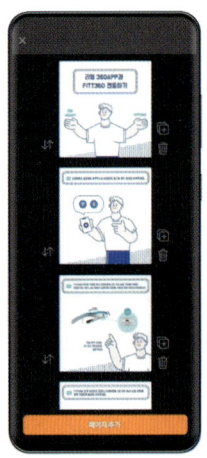

저작권 걱정 없는 사용
자유롭게 제작하고
콘텐츠를 공유하세요

매력적인 캐릭터 표현
표정부터 동작까지
원하는대로 연출하세요

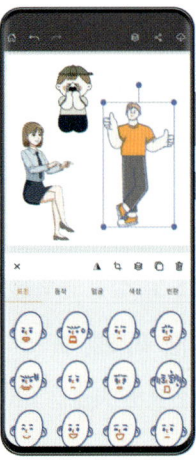

풍부한 창작 리소스
다양한 리소스로
나만의 콘텐츠를 만드세요

차례

1단원. K-웹툰의 열풍, 디지털 드로잉의 시대. How to 교육? ················· 9
　〈챕터1〉 K-웹툰의 열풍, 디지털 드로잉의 시대
　〈챕터2〉 디지털 드로잉과 교육의 접점

2단원. 투닝의 기본 사용법 알아보기 ·· 21
　〈챕터1〉 투닝의 기본 사용법 알아보기
　〈챕터2〉 기본 기능을 활용하여 한글날 기념 계기 교육 수업 실천하기

**3단원. 캐릭터와 말풍선 등 콘텐츠를 사용하여 다문화 교육 연계 나를 소개하는
　　　　다문화 한 컷 웹툰 만들기** ·· 39
　〈챕터1〉 캐릭터, 텍스트, 말풍선, 요소, 효과 콘텐츠 다루기
　〈챕터2〉 말풍선과 텍스트 커스터마이징 및 활용하기
　〈챕터3〉 '다문화 친구들! 안녕? 나를 소개할게' 수업 사례

4단원. 투닝의 사진 편집기능과 드로잉 기능을 알아보기 ····················· 59
　〈챕터1〉 투닝에서의 사진 편집 기능 알아보기
　〈챕터2〉 투닝 드로잉으로 나만의 책표지 완성하기

5단원. 투닝 캐릭터 커스터마이징과 AI 자동 생성 기능으로 네컷 웹툰 만들기 75
　〈챕터1〉 투닝 캐릭터 커스터마이징
　〈챕터2〉 AI 자동 생성 기능으로 네컷 웹툰 만들기

6단원. 투닝 매직을 활용한 나의 직업 소개툰 만들기 ························· 99
　〈챕터1〉 투닝 매직 사용방법 알아보기
　〈챕터2〉 직업 소개툰 만들기

7단원. ChatGPT와 투닝을 활용한 학교폭력예방교육 웹툰 그리기 ········· 115
　〈챕터1〉 인공지능 챗봇 ChatGPT 이해하기
　〈챕터2〉 인공지능 채색툴 AI페인터 다루는 방법 알아보기
　〈챕터3〉 학교폭력 예방 웹툰 만들기 계기교육 수업 사례

8단원. 투닝 AI와 디지털 드로잉으로 장래희망 캐릭터 완성하기 ·········· 143
    〈챕터1〉 스케치북 어플로 캐릭터 그리기
    〈챕터2〉 디지털 드로잉과 AI 이미지로 장면 만들기

9단원. 명화 이야기로 누구나 웹툰 작가 ·· 163
    〈챕터1〉 명화로 나만의 작품 만들기
    〈챕터2〉 명화 속 이야기로 웹툰 제작하기

10단원. 나만의 그림으로 우리 지역을 소개하는 퍼즐만들기 ············ 183
    〈챕터1〉 오토드로우 사용방법 알아보기
    〈챕터2〉 직소퍼즐 사용방법 알아보기
    〈챕터3〉 투닝으로 만화를 만들어 직소퍼즐로 공유하기

11단원. 투닝으로 나만의 동화책 만들기 ·· 195
    〈챕터1〉 투닝으로 나만의 동화책 쉽게 만들기
    〈챕터2〉 투닝으로 동화책 편집하기

12단원. 투닝으로 애니메이션 뚝딱! ·· 215
    〈챕터1〉 스케치메타로 움직이는 투닝 캐릭터 만들기
    〈챕터2〉 클로바 더빙으로 웹툰 더빙하기

13단원. 로고AI와 투닝을 활용하여 새로운 기업 홍보 디자이너 되어보기 ······ 233
    〈챕터1〉 로고 AI 및 뤼튼 활용 방법 알아보기
    〈챕터2〉 투닝과 다른 에듀테크 도구 활용하여 새로운 기업 홍보 포스터 제작하기

**14단원. 캔바와 이지통계를 활용하여 데이터를 포함한
         환경 카드뉴스 제작하기** ·· 241
    〈챕터1〉 캔바 및 이지통계 사용 방법 알아보기
    〈챕터2〉 투닝과 다른 에듀테크 도구 활용하여 데이터를 포함한 환경 카드뉴스 웹툰 제작하기

15단원_투닝으로 수업에 즐거움을 더했어요. ································· 249
    〈챕터1〉 투닝으로 진행한 다양한 수업사례 알아보기
    〈챕터2〉 투닝수업에 대한 A to Z 질의응답
    〈챕터3〉 투닝 수업을 받은 학생들의 인터뷰와 후기

1단원. K-웹툰의 열풍, 디지털 드로잉의 시대. How to 교육?

〈챕터1〉 K-웹툰의 열풍, 디지털 드로잉의 시대

    01. K-웹툰, 디지털 드로잉 산업과 관련 직업에 대해 높아지는 관심, 그리고 명과 암
    02. 디지털 드로잉이란

〈챕터2〉 디지털 드로잉과 교육의 접점

    01. 웹툰과 디지털 드로잉 관련 교육 사례
    02. 웹툰과 디지털 드로잉을 활용한 교육시 유의점

01 K-웹툰의 열풍, 디지털 드로잉의 시대

웹툰과 디지털 드로잉은 현대 예술의 새로운 형태로서 산업과 교육에 큰 변화를 가져오고 있습니다. 이 분야는 단순한 그림 그리기를 넘어서 창의적인 스토리텔링과 디지털 기술을 결합하여 새로운 직업을 만들어내고, 우리의 일상과 교육 방식에 깊은 영향을 미치고 있습니다. K-웹툰과 디지털 드로잉 산업의 성장을 통해 발견할 수 있는 기회와 도전을 살펴보고, 이러한 기술이 초중등 교육에 어떻게 통합될 수 있는지, 그리고 이 과정에서 유의해야 할 점들을 고민해 보겠습니다. 이 흥미로운 여정에 함께하실 준비가 되셨나요? 자, 그럼 시작해볼까요?

01. K-웹툰, 디지털 드로잉 산업과 관련 직업에 대해 높아지는 관심, 그리고 명과 암

2023년 11월 27일 교육부는 2023년 초·중 등 진로교육 현황조사 결과를 발표했습니다.

초·중등 진로교육 현황조사 개요

- **(조사 근거)** 「진로교육법」제6조
  ※ 통계청 승인번호 : 112016호 (2015. 7. 24. 승인)
- **(조사 기간/방법)** 2023. 6. 5. ~ 7. 18. 온라인 조사
- **(조사 대상)** 초·중·고 1,200개교의 학생, 학부모, 교원 총 38,302명
- **(조사 기관)** 한국직업능력연구원
- **(조사 내용)** 학교 진로교육 환경, 프로그램, 학생·학부모·교사의 인식 및 요구사항 등 268개 항목
- **(자료 공개)** 국가통계포털(https://www.kosis.kr) 및 진로정보망(www.career.go.kr)

이번 발표에서 특히 주목할 만한 점은 초등학생, 중학생, 고등학생들 사이에서 디지털 신산업 분야의 직업을 희망하는 비율이 크게 증가했다는 것입니다.

〈표〉 학생의 희망 직업 - 상위 20개

구분	초등학생 직업명	비율	중학생 직업명	비율	고등학생 직업명	비율
1	운동선수	13.4	교사	9.1	교사	6.3
2	의사	7.1	의사	6.1	간호사	5.9
3	교사	5.4	운동선수	5.5	생명과학자 및 연구원	3.7
4	크리에이터	5.2	경찰관/수사관	3.8	컴퓨터공학자/소프트웨어개발자	3.6
5	요리사/조리사	4.2	컴퓨터공학자/소프트웨어개발자	2.6	의사	3.1
6	가수/성악가	3.6	군인	2.6	경찰관/수사관	2.8
7	경찰관/수사관	3.4	CEO/경영자	2.6	뷰티디자이너	2.6
8	법률전문가	3.1	배우/모델	2.4	보건·의료분야 기술직	2.4
9	제과·제빵원	3.0	요리사/조리사	2.4	CEO/경영자	2.4
10	만화가/웹툰작가	2.7	시각디자이너	2.3	건축가/건축공학자	2.3
11	프로게이머	2.4	약사	2.1	군인	1.9
12	수의사	2.2	회사원	2.1	공무원	1.8
13	배우/모델	2.0	작가	1.9	회사원	1.7
14	작가	2.0	뷰티디자이너	1.9	운동선수	1.7
15	회사원	1.9	간호사	1.9	광고·마케팅 전문가	1.6
16	과학자	1.7	제과·제빵원	1.8	감독/PD	1.6
17	뷰티디자이너	1.7	공무원	1.7	시각디자이너	1.6
18	동물사육사/보호/관리사	1.7	법률전문가	1.6	(일반)과학·공학연구원	1.6
19	군인	1.4	만화가/웹툰작가	1.5	법률전문가	1.5
20	CEO/경영자	1.3	크리에이터	1.5	약사	1.5
	누계	69.2	누계	57.3	누계	51.5

* 출처: [보도자료] 2023 초중등 진로교육 현황조사 결과 발표(교육부, 2023.11.27.)

특히 진로 체험 프로그램이 활발한 중학교와 초등학교에서 디지털 드로잉 교육과 웹툰 진로직업 체험이 큰 인기를 끌고 있습니다. 이러한 현상의 이유는 무엇일까요?

바로 우리나라 웹툰이 글로벌 미디어 산업의 중심에 서 있기 때문입니다. 여러분은 'K-웹툰'이라는 용어를 들어보셨나요? 전 세계적으로 한국 콘텐츠가 열풍을 일으키면서, K-드라마와 K-팝 같은 신조어가 생겼습니다. 그리고 이제 K-웹툰도 그 뒤를 이어가고 있습니다. 웹툰의 세계적인 영향력은 점점 커지고 있으며, 국내에서는 네이버와 카카오를 중심으로 대규모 인수와 합병을 통해 글로벌 플랫폼화를 추진하고 있습니다. 웹툰은 스마트폰 보급과 함께 성장한 콘텐츠 산업으로,

2003년 카카오가 인수한 '다음 웹툰'과 2004년 시작된 '네이버 웹툰'을 통해 발전해 왔습니다. 웹툰 시장의 규모는 2020년 만화 산업 백서에 따르면 약 7조원에 이르고 있습니다.

웹툰은 MZ세대에게 인기가 많은 스마트폰에 최적화된 모바일 콘텐츠로, 잠재 시장 규모가 100조원에 이를 것으로 예상됩니다. 웹툰과 웹소설은 유료화를 통해 직접적인 수익을 창출하며, 광고와 지식재산권(IP) 사업을 통해 추가 매출도 가능합니다. 특히, 웹툰과 웹소설은 스토리텔링이 검증되어 탄탄한 팬층을 확보하고 있는 대표적인 원소스멀티유즈(OSMU) 콘텐츠로, 드라마, 영화, 게임 등 다양한 형태로 재가공할 수 있습니다. 온라인 동영상 서비스(OTT) 등 관련 시장의 성장을 고려할 때, 웹툰의 잠재력은 앞으로 더욱 커질 것입니다.

* 출처: 전세계가 열광하는 K웹툰의 질주…'망가' 종주국 日 넘어 美까지 공략 [Digital+](매일경제, 2021.05.14.)
  https://www.mk.co.kr/news/it/9872143

이러한 상황에서 웹툰 관련 진로직업에 대한 관심도가 높아지고 있는 것은 어찌보면 당연할 수 있습니다. 웹툰 산업의 핵심 역할은 작가와 프로듀서가 합니다. 콘텐츠진흥원 실태조사 보고서에 따르면, 웹툰 산업 종사자 중 작가, 마케팅담당 등 웹툰 제작 홍보에 직접 관여하는 이들의 비율은 2021년 60% 가량에서 지난해 70%를 넘어섰다고 합니다. 그 중에서도 작가(36.6%)가 가장 중요한 역할을 하는 것은 당연합니다. 콘텐츠진흥원의 설문 조사를 보면, 웹툰 업계의 가장 큰 애로사항은 "신규 작가, 작품 발굴"(60%)입니다. 신인 작가는 대체로 한 업체 소속 피디와 연을 맺으면 오래가는 경우가 많기 때문이라고 합니다. 실제로 2021년 전체 웹툰 작가 9326명 가운데 한 업체와 독점 계약을 맺고 있는 이들이 절반을 훌쩍 넘는 5913명(63.4%)라고 합니다. 즉 늘 새로운 인재를 원하는 산업, 자신의 진로를 꿈꾸는 학생들에게는 항상 문이 열려있는 블루오션인 것입니다.

웹툰 작가들의 위상도 달라졌습니다. 웹툰을 영상화하는 작업이 많아지고 중요해지면서 감각 있는 젊은 작가들이 뛰어들기 좋은 시장이 되었습니다. 콘텐츠진흥원의 '2022 웹툰 작가 실태조사'를 보면 조사에 응한 846명 중 30대 이상이 47.6%, 20대 이하가 33.1%이며, 여성 작가가 69%로 남성 31%보다 배 이상 많습니다. 2022년 7월 기준으로 1년 내내 연재한 웹툰 작가 중 연간 총 수입이 5천만원 이상인 경우가 48.7%, 3천만원~5천만원 사이는 35.8%로 수익적으로도 안정화 되고 있으며, 작가뿐만 아니라 점차 직업 분화가 이루어지고 있습니다. 글과 그림을 함께 작업하는 작가가 많지만, 글(스토리+콘티)과 작화(데생, 선화)가 분리되는 추세입니다. 보조작가들이 배경(배경 제작, 배치, 보정) 작업을 하기도 합니다. 콘텐츠진흥원 조사를 보면 보조작가를 활용해 그림을 그리는 웹툰 작가가 31.7%로 모든 작업을 혼자 하는 작가 35.1%와 비슷합니다. 제작사에 소속돼 일을 하거나, 보조작가로만 활동을 하는 경우도 많습니다.

웹툰관련 직업 뿐만 아니라 디지털 드로잉과 관련한 직업들은 굉장히 세분화되고 다양해지고 있습니다. 로고, 브로셔, 광고, 잡지 레이아웃 등 시각적으로 매력적인 디자인을 만들어내는 그래픽 디자이너, 책, 잡지 온라인 미디어를 위한 독창적인 이미지와 그림을 창작하는 일러스트레이터, 애니메이션, 영화, TV쇼, 게임에서 캐릭터와 장면을 생동감 있게 만드는 애니메이터와 모션 그래픽 디자이너, 게임 디자이너, 앱, 웹사이트, 소프트웨어의 시각적 요소를 설계하는 사용자인터페이스 UI/ 사용자 경험 UX 디자이너, 영화, 비디오 게임, 애니메이션 등에서 프로젝트의 초기 단계에 시각적 스타일과 테마를 정리하는 컨셉 아티스트, 매신저, SNS 등 주고받는 대화를 더욱 풍성하고 재미있게 만들어주는 이모티콘 작가 등 디지털 드로잉 기술과 창의력을 결합하여 매력적이고 의미있는 작업을 하는 직업들이 계속적으로 생겨나고 전망이 밝습니다. 이렇다 보니 많은 사람들이 디지털 드로잉 관련 직업을 탐색하는 이유입니다.

그러나 모든 웹툰, 디지털 드로잉 작가가 승승장구 하는 것은 아닙니다. 불공정 계약에 시달리는 경우도 많으며, 다른 작가들에 비해 차별을 받거나, 작업과 휴식시간 부족, 경제적 어려움에 시달리기도 합니다. 그러므로, 학생들과 많은 성인들이 꿈꾸는 웹툰과 디지털 드로잉 관련 산업과 직업에 대한 올바른 교육이 필요할 것입니다.

* 출처: K-웹툰, '만가 왕국' 일본까지 뿌리 내린 한류의 새 주자 (한겨레, 2023.04.10.)
https://www.hani.co.kr/arti/culture/culture_general/1087077.html

02. 디지털 드로잉이란

디지털 드로잉은 전통적인 예술 형태와는 다르게 전자적 수단을 사용하여 이미지를 창조하는 현대적인 예술 방식입니다. 이는 종이와 캔버스에 펜, 연필, 물감을 사용하는 전통적 방식과 대조적으로, 컴퓨터, 디지털 태블릿, 전문 소프트웨어 등을 활용하여 시각적 표현을 만들어냅니다.

디지털 드로잉의 가장 큰 특징은 수정과 실험이 용이하다는 것입니다. 종이에 작품 작업을 할 때는 종종 쓰레기통이 넘치도록 폐기된 초안을 쌓아 올리는 경우가 많았지만, 디지털 드로잉 도구를 사용하면 그 어느 때보다 쉽게 습작을 만들고, 실수를 해도 다시 작품을 만들고, 다양한 실험을 할 수 있습니다. 무한대로 다시 그릴 수 있는 편리함을 가지고 있으며, 디지털 스토리지를 활용하여 드로잉, 스케치, 페인팅, 디지털 메모 만들기를 할 수 있습니다. 전통적인 그림에서는 지우거나 수정하는 것이 어렵거나 불가능할 수 있지만, 디지털 드로잉에서는 몇 번의 클릭과 조작만으로 이미지를 변경하거나 다양한 시도를 할 수 있다는 것입니다. 태블릿과 모바일 앱을 통해 언제 어디서든 작업할 수 있기 때문에 이러한 특성들은 창작자에게 무한한 창의성을 발휘할 수 있는 시간과 공간을 제공합니다.

펜과 종이에서 스타일러스와 스크린으로 바뀐 작업 과정의 변화 부분도 빠뜨릴 수 없습니다. 디자이너 Robin Casey는 "마우스보다 더 나은 제어력과 유연성, 연필보다 더 많은 선택지를 누릴 수 있다."라고 하며 디지털 드로잉 도구에 대한 찬사를 보냅니다. 디지털 드로잉 도구는 빠르고 여러 가지로 사용할 수 있기 때문에, 사용자가 물리적 소모품을 다시 채울 필요 없이 작업할 수 있습니다. 아티스트는 실수 때문에 작업하던 캔버스 전체를 버리게 되거나, 값비싼 재료가 낭비되는 것을 걱정하는 대신, 그냥 '실행 취소'를 누르고 다시 시도할 수 있습니다. 한 가지 주의할 점이라고는 재충전 가능한 스마트 펜의 배터리 수명뿐입니다. 또한, 디지털 드로잉은 다양한 스타일과 효과를 쉽게 적용할 수 있습니다. 소프트웨어는 다양한 브러시, 패턴, 텍스처, 색상 등을 제공하여, 전통적인 도구로는 어려운 효과를 쉽게 구현할 수 있도록 돕습니다. 예를 들어, 물감을 흩뿌리는 효과나 디지털적인 텍스처는 소프트웨어를 통해 간단히 재현할 수 있습니다.

이러한 도구의 접근성은 디지털 드로잉을 더욱 매력적으로 만듭니다. 예술가들은 더 이상 물리적인 재료에 의존하지 않고, 어느 곳에서나 자신의 창작 활동을 할 수 있습니다. 또한, 디지털 작업물은 온라인으로 쉽게 공유되며, 이는 작가들이 더 넓은 관객과 소통할 수 있는 기회를 제공합니다.

하지만, 디지털 드로잉은 기술에 대한 의존성을 높이고, 때때로 전통적인 드로잉의 질감과 느낌을 재현하기 어렵다는 단점도 있습니다. 또한, 디지털 도구의 사용에는 관련 소프트웨어, 하드웨어에 대한 학습을 해야 하는 등 기술적인 측면을 이해해야 합니다.

그렇다면 디지털 드로잉을 하기 위해서 무엇이 필요할까요? 디지털 도구로는 데스크탑 디스플레이가 있는 스마트 펜 스타일러스, iPad, 갤럭시탭 또는 Wacom 태블릿과 같은 터치스크린 기기 또는 스마트폰과 모바일 기기까지도 사용할 수 있습니다. 각 도구에는 각각의 장점이 있습니다. 예를 들어, 태블릿에 직접 그림을 그리면 USB 케이블로 태블릿과 모니터를 연결하여 사용하는 것보다 자연스러운 드로잉을 할 수 있습니다. 또한 디스플레이 태블릿을 사용하면 전통적인 드로잉 도구를 쓸 때처럼 그림을 그리면서 자신의 작품을 내려다볼 수 있습니다.

어떤 종류를 선택하느냐는 예산에 따라 다르지만, 장비부터 갖추려 할 필요는 없습니다. 예술가 Kevin Mellon은 "지금 가지고 있는 것으로 일하세요. 바로 수천 달러에 달하는 장비를 살 필요는 없습니다."라고 충고합니다. 디지털 드로잉 기술은 입문 수준 옵션의 기능도 아주 훌륭하다고 할 수 있을 정도로 발전했습니다.

종합적으로 보면, 디지털 드로잉은 현대 예술에서 중요한 위치를 차지하고 있습니다. 이는 끊임없이 발전하는 기술과 맞물려 예술가들에게 새로운 표현의 수단을 제공하며, 전통적인 예술 방식과는 다른 새로운 창작의 경험을 가능하게 할 것입니다.

* 출처: 스마트 펜과 디지털 드로잉 도구로 작업하기(Adobe)
https://www.adobe.com/kr/creativecloud/illustration/discover/digital-pens-digital-tools.html

02 디지털 드로잉과 교육의 접점

01. 웹툰과 디지털 드로잉 관련 교육 사례

2023년 2월, 교육부는 모두를 위한 맞춤 교육의 실현을 위해 디지털 기반 교육혁신 방안을 내놓았습니다. 디지털 대전환시대를 맞이하여 다양한 에듀테크를 교실현장으로 끌고 오려는 시도는 이전부터 있었고, 관심이 많아 이미 많은 교사들이 활용하고 있습니다. 그 중 디지털 드로잉은 현재 교육 현장에서 에듀테크를 활용한 혁신적인 방법으로 손꼽히고 있습니다.

다양한 사례가 있습니다만 그 중 대표적인 몇 가지를 소개해드리겠습니다.

진로교육과 창업체험교육, 메타버스 교육과 연계한 디지털 드로잉 수업입니다. 제페토(ZEPETO)라는 메타버스 플랫폼에서는 자신이 디자인한 아이템을 판매하고, 수익도 거둘 수 있습니다. 초등학교의 미술 시간과 창의적 체험활동 시간, 중등의 진로활동 시간, 창업체험동아리 활동 시간 등을 통해 학생들이 기하학적인 무늬나 캐릭터 등으로 직접 옷을 디자인하고, 제작된 아이템을 판매하는 일련의 과정을 진행하였습니다.

파워포인트나 그림판, 포토샵, 구글의 메디방이나 애플의 프로크리에이트 등 어떤 소프트웨어를 사용하는 것이라도 상관이 없습니다. 학생들이 구상한 무늬나 그림을 디지털로 표현하고, 해당 템플릿에 원하는 대로 샘플링 해주면 자신이 디자인한 아이템을 만들 수 있습니다. 이렇게 아이템 크리에이터로서의 색다른 활동도 진행할 수 있습니다.

그림판으로 이미지 그리기

그림판으로 완성된 그림

 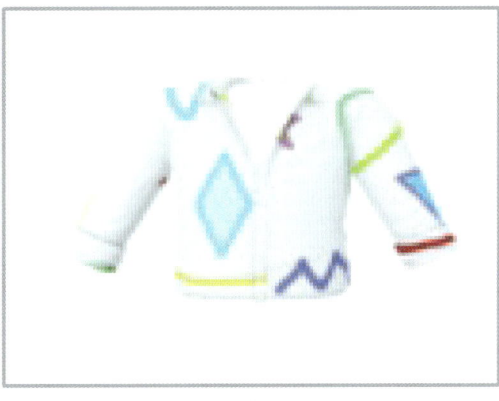

제페토 아이템 템플릿에 그림 덮어 씌우기 　　　　　　　　완성된 아이템 모습

* 출처: 메타버스 교육백서4 (지오북스, 2022)

이번에는 학생들이 디지털 드로잉한 작품을 사회 역사교육과 연계한 수업을 예시로 들어보겠습니다. 마을에는 각 지역을 대표하는 문화유산이 한두 개씩은 있습니다. 우선 역사 수업 또는 향토사 수업과 연계하여 지역에 있는 문화유산에 대해서 조사를 합니다. 문화유산의 종류는 될 수 있으면 석탑이나 사찰과 같이 가상공간에 구현이 가능한 건축물을 선택하는 것이 좋습니다. 미술 시간에는 학생들이 조사한 문화유산를 그림으로 그려보는 활동을 전개합니다. 또는 문화유산에

* 출처: 메타버스 교육백서4 (지오북스, 2022), 제페토 성주초 미술관 월드

대해 조사한 내용을 발표하거나 홍보하는 포스터를 제작하는 활동으로 재구성할 수도 있습니다. 이 과정에서 나오는 산출물을 메타버스 가상공간에 전시할 수 있습니다. 전시한 작품들을 가상공간에서 서로 감상하며 소통할 수 있습니다. 경우에 따라서 학교 행사에도 활용할 수 있습니다.

그 외 수업 사례의 가능성은 정말 무한합니다. 예를 들어, 갤럭시 탭을 사용한 디지털 드로잉으로 뱃지나 키링 같은 디자인 용품을 제작할 수 있습니다. 또한 사회 교과와 연계하여 환경 오염 예방 캠페인을 진행하거나, 미술 교과에서는 팝아트 드로잉이나 이모티콘 제작 과정을 진행할 수 있습니다. 학생들이 디자인 용품 제작 자체에만 목적을 두지 않고, 과학이나 실과 수업과 연결하여 자신의 아이디어를 디지털 드로잉으로 구상도와 설계도를 만들 수 있습니다. 이러한 작업은 컴퓨터나 다른 디지털 기기를 통해 쉽게 다른 학생들과 공유할 수 있으며, 수정과 편집도 간편하게 할 수 있어 매우 유용합니다.

웹툰을 초중등 교육 프로그램으로 활용한 사례들은 대부분 창의력과 문해력을 향상시키는 효과적인 방법으로 활용되고 있습니다. 교과와 연계해서 국어 수업시간 뒷 이야기를 상상해서 웹툰으로 그려보는 활동이라던지, 역사를 배우고 나서 특정 시기의 사건을 웹툰으로 재구성해서 내보는 등 웹툰 제작이라는 협소한 영역과 과정으로 가르치기 보다는 스토리텔링적인 요소에 더 집중하고 있습니다. 이러한 활동들은 통해 자신의 이야기를 창조하고, 시각적으로 표현하는 과정으로서 창의력과 표현력을 개발하는데 중점을 둡니다. 또한 웹툰을 통한 이야기 전달 방법은 학생들이 더욱 흥미롭게 접근하고, 쉽게 수용하게 하기 때문에 효과적인 학습 방법으로 각광을 받고 있습니다.

02. 웹툰과 디지털 드로잉을 활용한 교육시 유의점

웹툰과 디지털 드로잉을 초중등 교육에 적용할 때의 유의점은 다음과 같습니다.

모든 학습자가 디지털 도구에 접근할 수 있어야 합니다. 그러기 위해서는 필요한 하드웨어와 소프트웨어를 적절히 제공해 주거나, 대체할 수 있는 수단을 마련해줘야 합니다. 일례로, 많은 학교에서는 안드로이드 기반의 태블릿PC를 가지고 있습니다. 이런 상황에서 아이패드를 가지고 있어야 할 수 있는 소프트웨어를 활용할 수는 없을 것입니다. 아이패드를 기반으로 한 소프트웨어로 디지털 드로잉을 하던 교수자더라도 상황에 따라 안드로이드 기반의 소프트웨어로 디지털 드로잉을 해야 할 것입니다.

학습자의 나이에 적합한 내용으로 진행해야 합니다. 마찬가지로 산출물의 결과 또한 학생의 나이와 발달 단계에 적합해야 할 것입니다. 내용이 너무 어렵거나 폭력적이거나 선정적이 되어서는 안되겠습니다.

창의성과 표현의 자유를 존중해 주어야 합니다. 학습자가 자신의 생각과 감정을 자유롭게 표현할 수 있도록 격려하는 것이 중요합니다. 하지만, 동시에 타인에 대한 존중과 적절한 표현의 중요성도 가르쳐야 합니다.

비판적 사고와 디지털·미디어 리터러시를 강조해야 합니다. 웹툰과 디지털 드로잉을 분석하는 과정에서 비판적 사고를 장려해야 합니다. 학습자가 미디어의 메시지를 분석하고, 다양한 관점을 고려하는 방법도 배워야 합니다.

다양성과 포용성을 적극적으로 반영해야 합니다. 다양한 배경과 문화를 표현하는 웹툰과 예술 작품을 선정하여 학생들에게 다양성의 중요성을 가르치고, 모든 학생이 자신이 존중받고 공동체 의식을 느낄 수 있도록 해야 합니다.

학습자의 참여와 피드백을 활성화 해주는 것도 중요합니다. 이를 위해 학습자들의 참여를 적극적으로 장려하고, 그들의 작업 과정과 결과에 대한 건설적이고 긍정적인 피드백을 제공해야 합니다. 이로써 학습자들은 자신감을 갖게 되고, 지속적인 학습 동기를 얻을 것입니다.

안전한 온라인 환경을 유지할 수 있도록 윤리교육을 진행해야 합니다. 웹툰과 디지털 드로잉 관련 활동을 온라인에서 진행할 경우, 안전한 디지털 환경을 유지해서 학습자가 쉽게 부정적인 환경에 노출되지 않도록 하는 것이 중요합니다. 개인정보 보호, 온라인 괴롭힘 예방 등에 대한

학습도 동시에 진행해야 합니다.

　예술적 감각과 기술적 능력 사이의 균형을 중요시해야 합니다. 디지털 기술의 학습뿐만 아니라, 창의적인 표현과 예술적 가치를 동등하게 강조해야 할 것입니다. 인공지능 시대를 맞이하여 인간의 창의적 영역을 인공지능이 점차적으로 대체해 나갈 것입니다. 이를 대비하며, 인공지능을 활용해 더욱더 한 차원 높은 창의적 영역으로 나아가는 동시에 인간의 권리를 보호할 수 있는 방안에 대해 고민도 해야 합니다.

챕터를 마무리하며

　지금까지 우리는 웹툰과 디지털 드로잉이라는 혁신적인 분야가 어떻게 우리 삶과 교육에 중요한 영향을 미치고, 또는 변화를 끼칠 것인지 살펴보았습니다. 우리는 이러한 기술이 가져올 무한한 가능성과 동시에 그 안에 내재된 도전과제들을 인식해야 합니다. 학생들에게 창의적 표현의 자유를 부여하고, 그들의 디지털 리터러시를 강화하는 동시에 온라인 세계에서의 안전과 윤리적 책임을 가르치는 것이 중요합니다. 기술은 끊임없이 발전하고, 우리의 학습 방법도 그에 맞춰 진화해야 합니다. 이 과정에서 가장 중요한 것은 학생들이 자신의 잠재력을 최대한 발휘할 수 있는 환경을 조성하는 것입니다. 웹툰과 디지털 드로잉은 단순한 도구 이상의 의미를 가지며, 우리의 상상력과 창의력을 더욱 풍부하게 만들어 줄 것입니다.

2단원. 투닝의 기본 사용법 알아보기

⟨챕터1⟩ 투닝의 기본 사용법 알아보기

    01. 투닝 회원가입 또는 로그인하기
    02. 에디터 창 살펴보기
    03. 템플릿 활용하기
    04. 작업물 저장 및 다운로드, 관리 및 공유 방법 알기

⟨챕터2⟩ 기본 기능을 활용하여 한글날 기념 계기 교육 수업 실천하기

    01. 한글날 기념 계기교육 웹툰 만들어보기
    02. 제작한 웹툰, 북크리에이터로 e-book으로 제작하기

01 투닝의 기본 사용법 알아보기

본 장에서는 먼저 투닝에 회원가입하는 방법부터 기본 사용법을 알아보도록 하겠습니다. 투닝은 교육용 계정으로 인증 시 PRO 유료 버전을 무료로 사용할 수 있는 웹툰 제작 디자인 툴입니다.

01. 투닝 회원가입 또는 로그인하기

먼저 회원가입 및 로그인하는 방법을 알아보겠습니다.

① 투닝 사이트에 접속합니다. 검색하거나 바로 사이트 주소(https://tooning.io/)를 통해 접속할 수 있습니다.

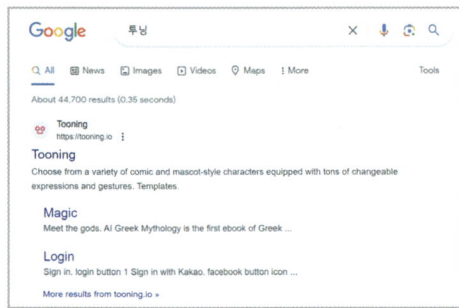

② 회원가입 또는 로그인을 해 봅시다.

②-1. 개인 이메일을 이용하여 회원가입을 하는 방법을 먼저 설명드리겠습니다.

회원가입 시 이메일을 사용하는 경우에는 '이메일 계정으로 가입하기'를 누릅니다.

동의하는 부분에 체크하고 다음을 클릭합니다.

이름, 이메일, 비밀번호를 입력합니다.
이메일 혹은 휴대전화 중 하나로 인증합니다.

가입 후 다음과 같이 팝업창이 구동됩니다.

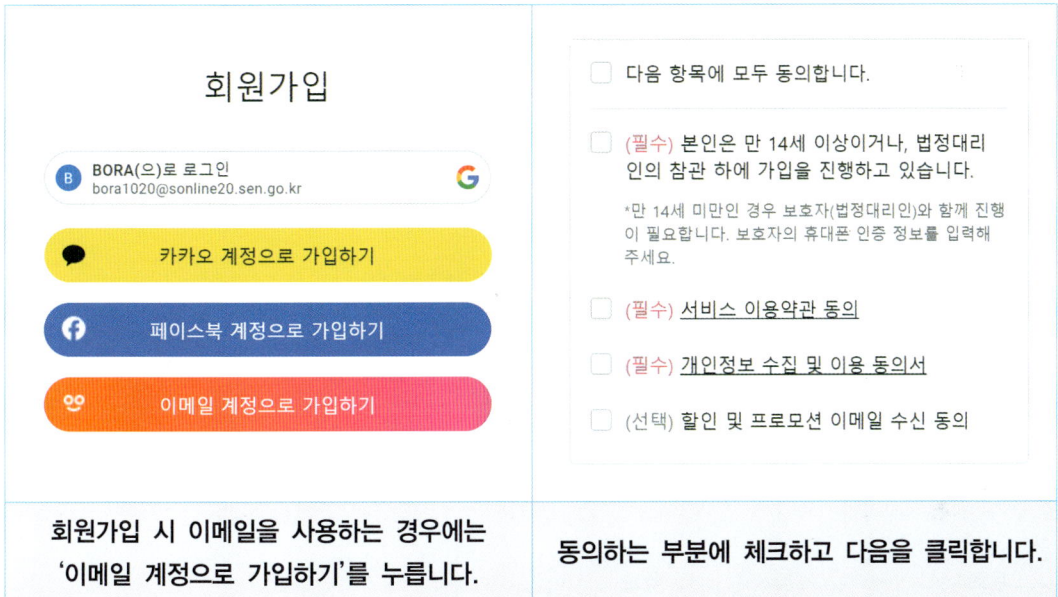

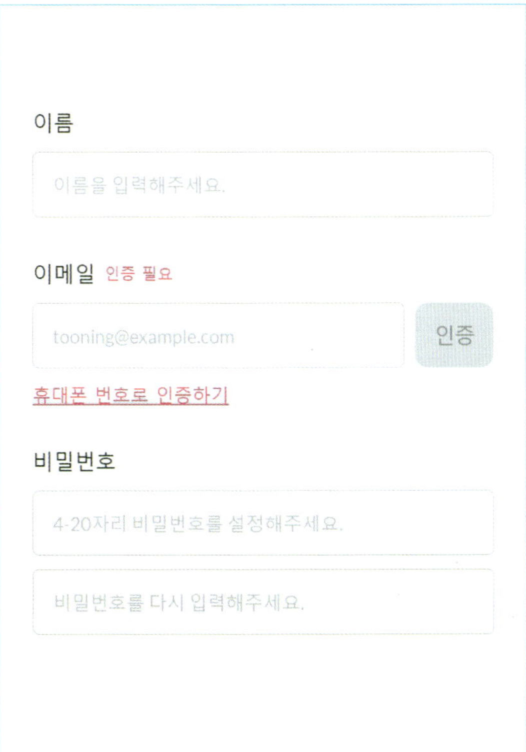

②-2. 구글, 카카오, 페이스북 등의 계정으로도 연동하여 가입 가능합니다.

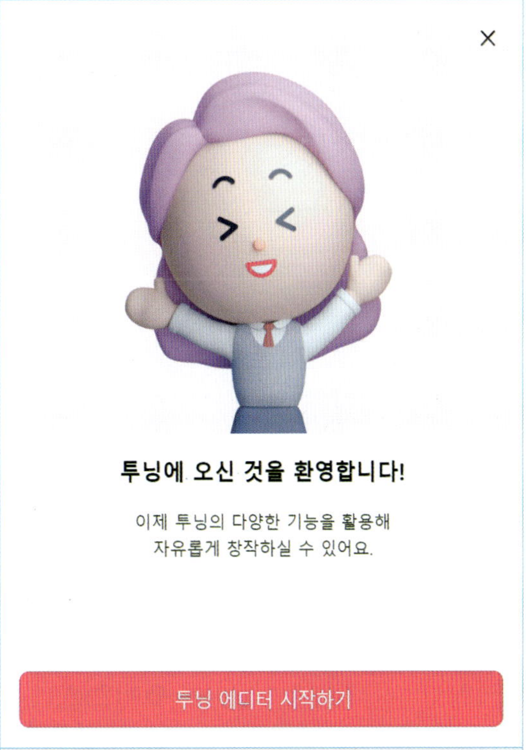

그리고, 교육용 계정으로 인증하여 PRO로 업그레이드하는 방법을 알아보겠습니다.

상단 메뉴바에서 〈요금제〉 - 〈교육요금제〉를 선택합니다.

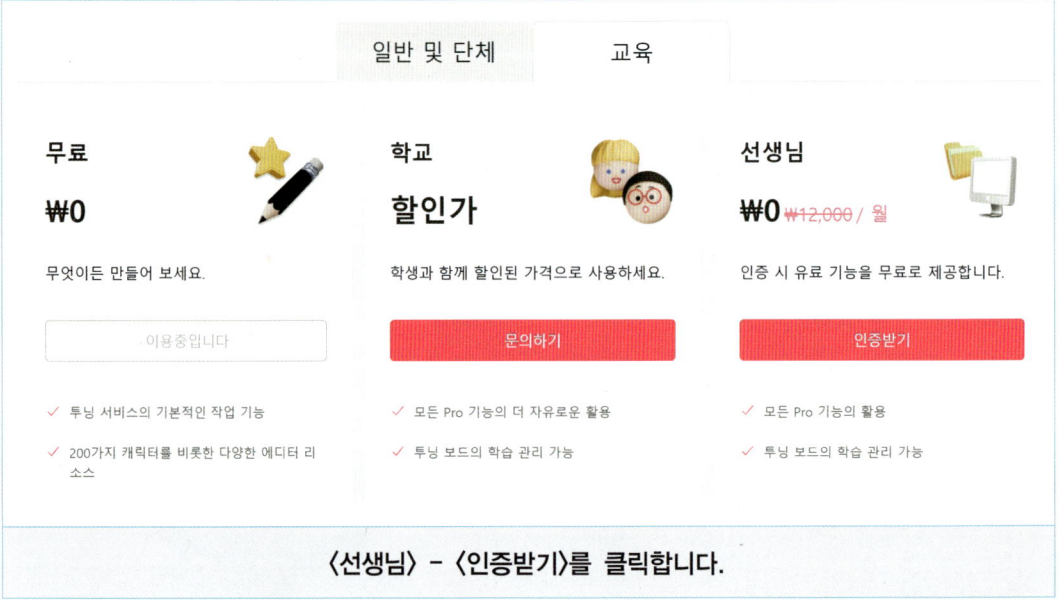

〈선생님〉 - 〈인증받기〉를 클릭합니다.

교육용 Pro는 다음의 대상들에게 무료로 가능합니다.

24　　인공지능(AI)와 에듀테크+투닝으로 웹툰 콘텐츠 만들기

투닝에 가입한 교육자 이메일

선생님 성함(실명)

실명을 입력해 주세요

소속 학교 및 기관

예) 투닝초등학교

교육용 Pro 무료 신청 대상 보기

직책, 과목, 학년

예) 담임, 전과목, 1학년

투닝에 가입한 교육자 이메일, 성함, 소속학교, 직책/과목/학년을 입력합니다.

휴대폰 번호

'-' 없이 번호만 입력해 주세요.

교사 인증 문서

+
파일을 선택하거나 여기로 끌어오세요
(JPG, JPEG, PNG, PDF 파일)

공공교육기관을 제외한 비영리단체, 사교육기관에서는 교육용 Pro 무료 사용 신청이 불가합니다.

인증 가능한 문서 보기

☐ (필수) 개인정보 수집 및 이용 동의

신청하기

휴대폰 번호를 입력하고, 교사 인증 문서를 올린 뒤 개인정보 수집 및 이용동의에 체크합니다.

〈참고〉 교사 인증 문서는 학교 재직 증명서와 공무원증(스캔본) 등이 가능합니다.

02. 에디터 창 살펴보기

메인화면에서 투닝 제작하기를 누르면 에디터 창으로 들어오게 됩니다. 에디터는 편집자라는 뜻의 영어 단어이며, '편집기'라고 보시면 됩니다.

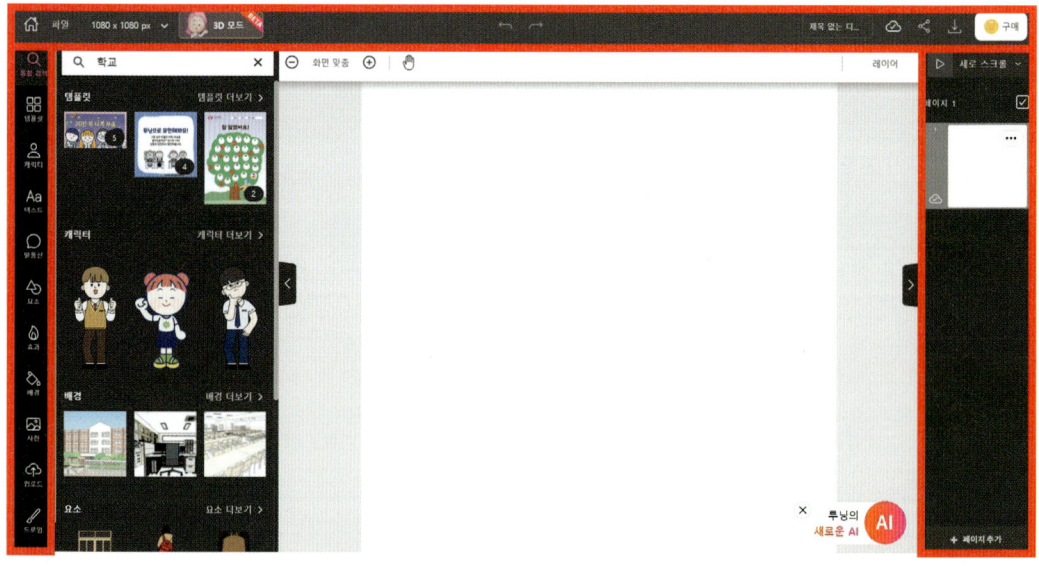

에디터 창의 기본 메뉴를 살펴보겠습니다. 좌측에는 통합 검색, 템플릿, 캐릭터, 텍스트, 말풍선, 요소, 효과, 배경, 사진, 업로드, 드로잉, 실험실이 있습니다. 통합 검색은 제작하고 싶은 주제어가 있을 때 입력 시 그 주제어와 관련된 콘텐츠들을 찾아줍니다. 템플릿에는 참고할 수 있는 여러 유형의 틀 예시가 있습니다. 캐릭터, 텍스트, 말풍선 등은 웹툰 만화를 제작할 때 필요한 요소입니다. 업로드의 경우, 가지고 있는 이미지 혹은 영상 파일을 넣을 때 사용하는 것입니다. 실험실은 투닝에서 베타 버전으로 활용하는 기능이 있습니다.

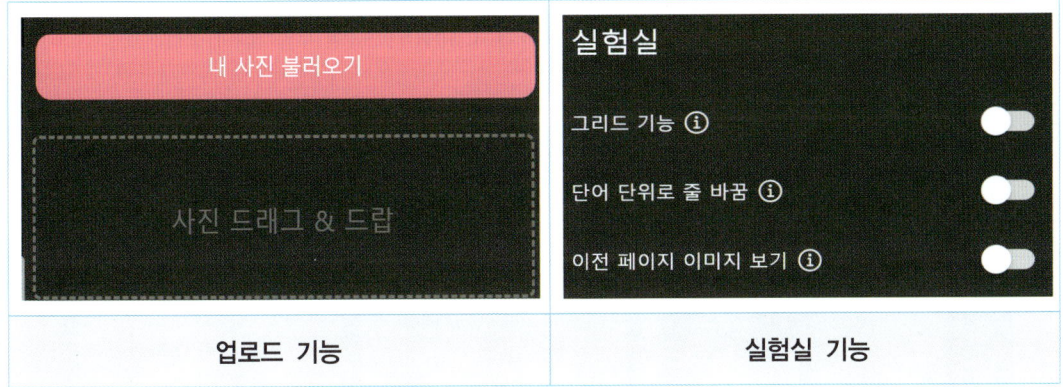

업로드 기능	실험실 기능

상단 메뉴바에는 홈 아이콘, 파일, 파일 크기, 실행 취소, 재실행, 제목 입력칸, 공유, 다운로드 등이 있습니다. 홈 아이콘을 누르게 되면, 마이페이지로 돌아가게 되는데, 지금까지 내가 작업한 파일들이 한눈에 보입니다.

우측 메뉴바는 작업창입니다. 페이지 추가, 복제, 삭제 등이 가능합니다. 플레이할 때 세로 스크롤, 가로 스크롤, 네 컷보기, 전체화면보기 등으로도 조정 가능합니다.

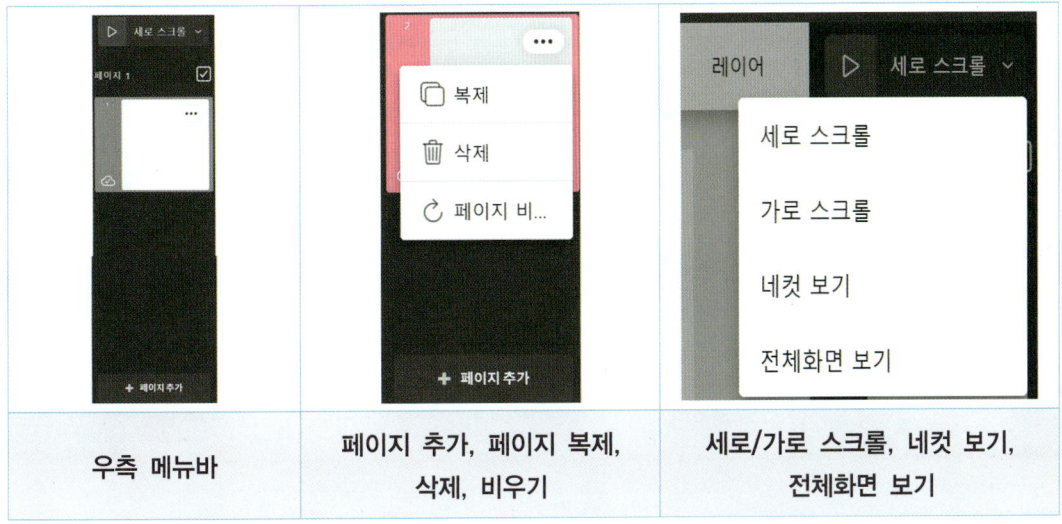

우측 메뉴바	페이지 추가, 페이지 복제, 삭제, 비우기	세로/가로 스크롤, 네컷 보기, 전체화면 보기

03. 템플릿 활용하기

투닝은 무엇보다 템플릿을 활용하여 간단히 수정해서 사용할 수 있는 점이 매우 이점인 도구입니다. 템플릿은 포스터, 메시지 카드, 소셜미디어, 유튜브, 프레젠테이션, 문서, 명함, 카드뉴스 등 다양한 종류가 있습니다. 원하는 종류를 선택해서 내용만 수정하면 됩니다.

예를 들어, 검색창에 '학교'라고 검색을 하였을 때, 다양한 추천 콘텐츠가 뜨게 되는데, 화면에 보이는 예시 중 수학 학습지를 클릭하면 양식에 내용만 수정하여 사용할 수 있습니다.

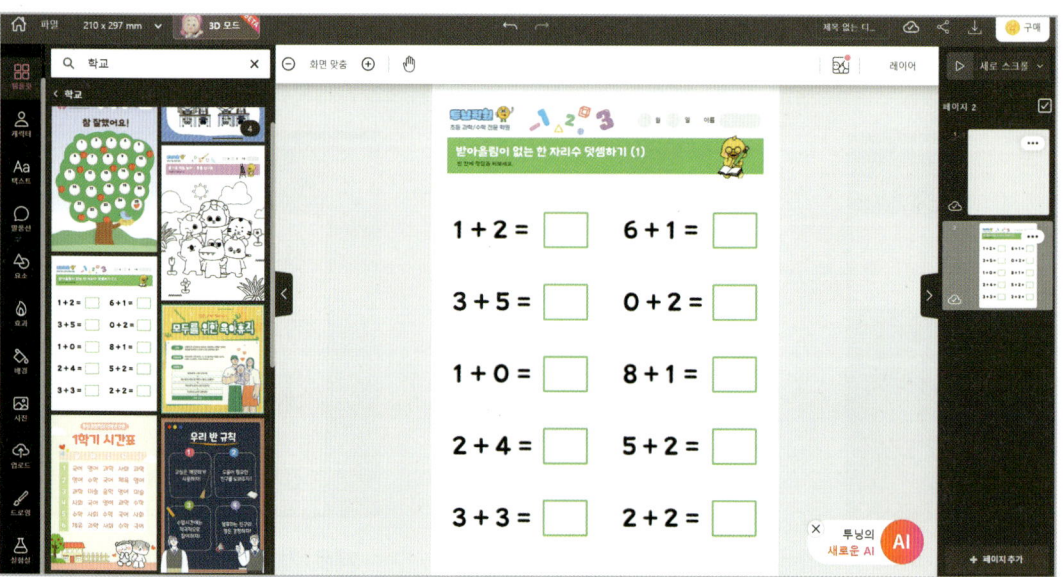

04. 작업물 저장 및 다운로드, 관리 및 공유 방법 알기

완성한 작업물을 저장하고 다운로드하며, 관리와 공유도 할 수 있어야겠죠?

먼저 작업물의 제목을 설정해보겠습니다. 상단 메뉴바의 우측에 보시면, '제목 없는 디자인'이 보입니다. 그 부분을 클릭하게 되면 내용을 입력하는 창으로 바뀝니다.

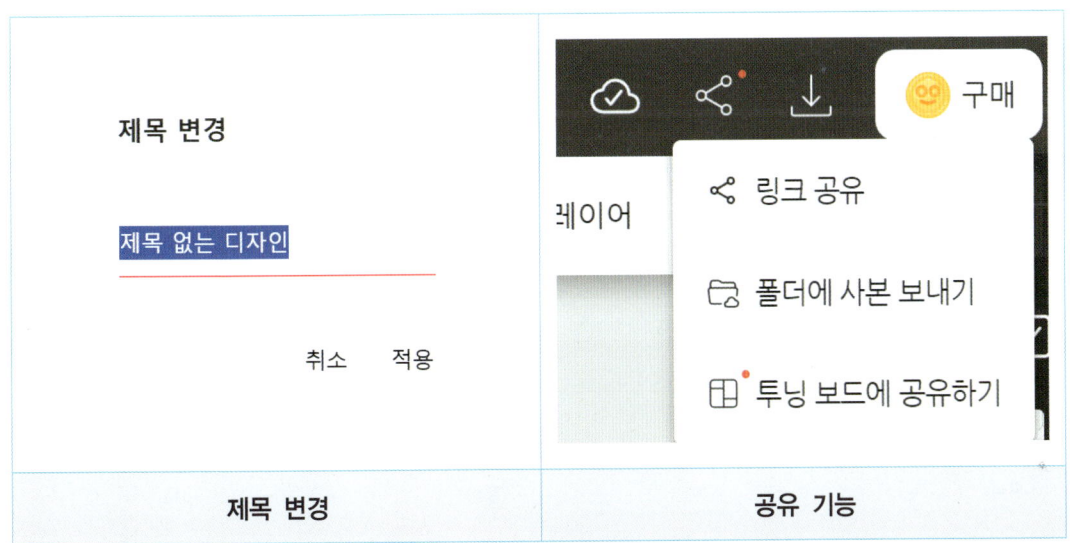

제목 변경	공유 기능

투닝은 실시간으로 저장되는 플랫폼이나 항상 클라우드 모양의 체크 버튼을 눌러야 '저장'이 됩니다. 그 옆에 오른쪽 부등호 모양 아이콘은 '공유'인데요, 공유를 누르시면, 링크 공유 및 폴더에 사본 보내기, 투닝 보드에 공유하기가 가능합니다. 링크 공유를 누르게 되면, 보기 설정 및 공유 설정도 가능하고, QR코드로도 작품을 공유할 수 있습니다.

| 링크 공유 기능 | 공유 설정 기능 |

마지막으로 '다운로드'는 웹용과 출력용으로 나뉩니다. 웹용은 형식도 JPG, PNG, PDF, PPTX, GIF 5가지 형태로 가능하며, 한 장으로 이어 붙일 수도 있고, 일부 페이지만 선택하여 다운로드 할 수 있습니다. 출력용은 웹용에 비해 고해상도라 이미지 파일 크기가 커진다는 점이 특징입니다. 다른 사항은 동일합니다.

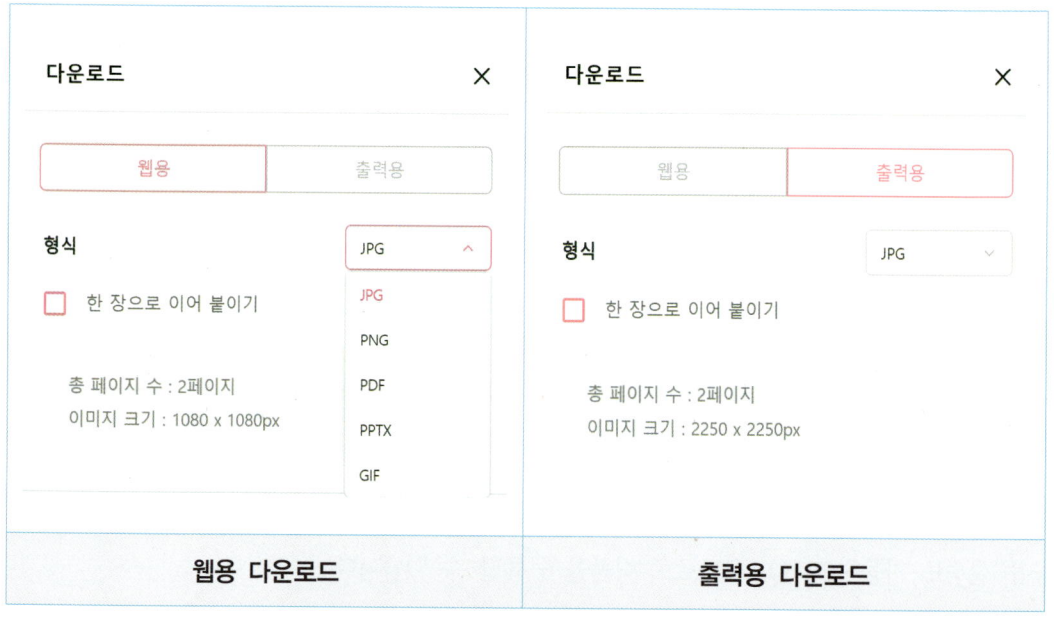

| 웹용 다운로드 | 출력용 다운로드 |

02 기본 기능을 활용하여 한글날 기념 계기 교육 수업 실천하기

그럼 이번에는 투닝의 기능을 활용하여 한글날 기념 웹툰을 제작해볼까요? 또, 온라인으로 e-book을 출판할 수 있는 북크리에이터 도구도 활용해보겠습니다. 그리고 완성한 결과물을 공유할 수 있는 패들렛도 소개해보겠습니다.

- **연계 교과**: 국어 및 창체
- **교육 목표**: 한글날을 기념하여 올바른 한국어 사용의 필요성을 보여주는 웹툰을 제작하여 e-book으로 출판할 수 있다.

저는 한글날 기념 계기교육과 관련해서 우리 말 속담을 웹툰으로 표현해보았습니다. 평소 줄임말, 신조어를 많이 사용하는 학생들의 실태를 반영하여 웹툰을 제작해보고 캠페인 활동을 전개해보면 의미있을 것이라 생각 되었기 때문입니다. 다 만든 후 패들렛이라는 공유 에듀테크 플랫폼에 작품을 올리도록 하여 공유하였습니다.

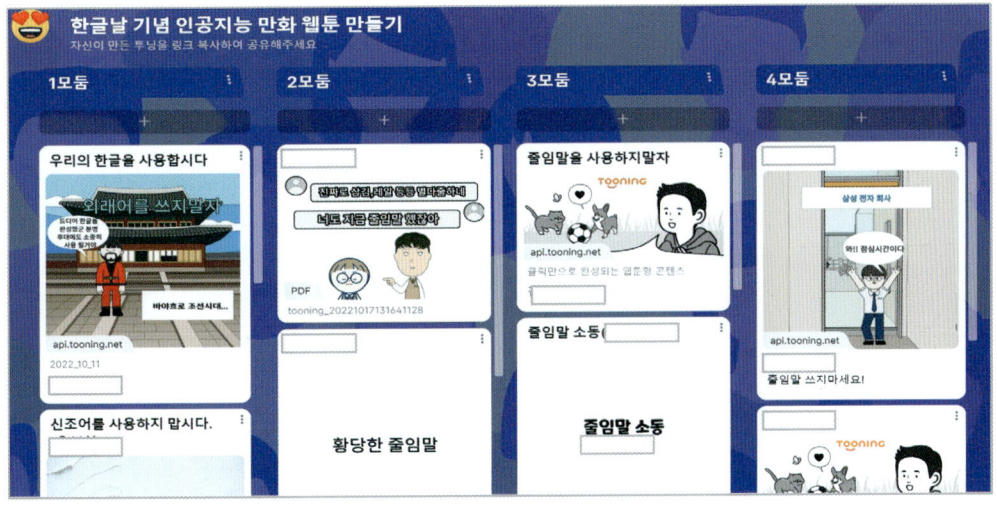

TOONING

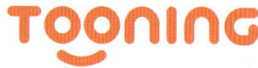

01. 한글날 기념 계기교육 웹툰 만들어보기

그럼 한 번 제작해볼까요? 우리말 속담 중에 한 가지 혹은 줄임말, 신조어를 사용하는 상황을 생각하여 웹툰으로 두 컷 또는 세 컷으로 제작해봅니다.

1. ㄱㄱ (가자): "가자"의 첫 소리를 따서 줄여 사용하는 표현으로, '가자'나 '갑시다'와 같은 뜻입니다. 예를 들어 "ㄱㄱ 놀러가자!"라고 말하면 "가자, 놀러 갑시다!"라는 뜻입니다.
2. ㅇㅇ (응): "응"이라는 글자의 첫 소리를 따서 줄여 사용하는 표현으로, '네' 또는 '그렇다'와 같은 의미입니다. 예를 들어 "오늘 영화 볼래?"라고 물으면 "ㅇㅇ, 좋아!"라고 대답할 수 있습니다.
3. ㅋㅋ (크크): 웃음소리를 표현하는 줄임말로, 'ㅎㅎ'와 함께 가장 많이 사용됩니다. 주로 웃음이나 유머를 표현할 때 사용합니다. 예를 들어 "오늘 재미있는 이야기 들었어ㅋㅋ"라고 말하면 "오늘 재미있는 이야기 들었어 크크"라는 뜻입니다.
4. 쩔어: '좋다', '멋있다'와 같은 의미로 사용되는 신조어입니다. 주로 어떤 것이 매우 좋거나 멋있다는 느낌을 강조할 때 사용됩니다. 예를 들어 "이 노래 진짜 쩔어!"라고 말하면 "이 노래 진짜 좋아!"라는 뜻입니다.
5. 꿀잼: '꿀(달콤한 음식)'과 '재미'를 합성한 단어로, '매우 재미있는' 또는 '재미있는 것'을 의미합니다. 예를 들어 "저 영화 정말 꿀잼이야!"라고 말하면 "저 영화 정말 재미있어!"라는 뜻입니다.

우리 말 속담 혹은 줄임말, 신조어를 생각하고 문제 상황을 떠올립니다.

투닝에 접속해서 관련 상황을 웹툰으로 표현합니다.

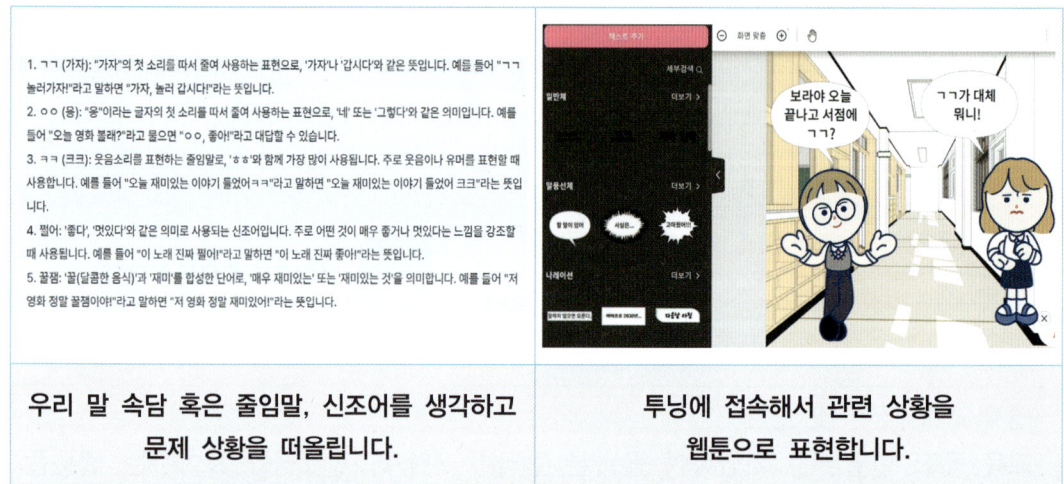

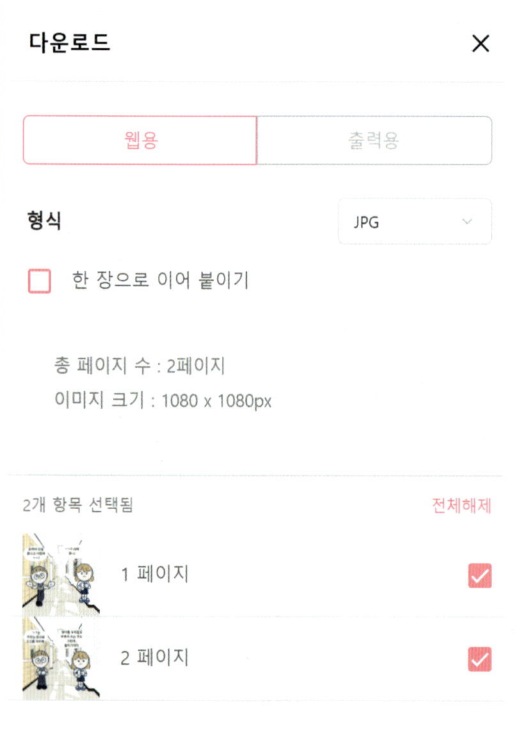

다운로드를 눌러 웹용으로 jpg로 한 장씩 다운로드 합니다.

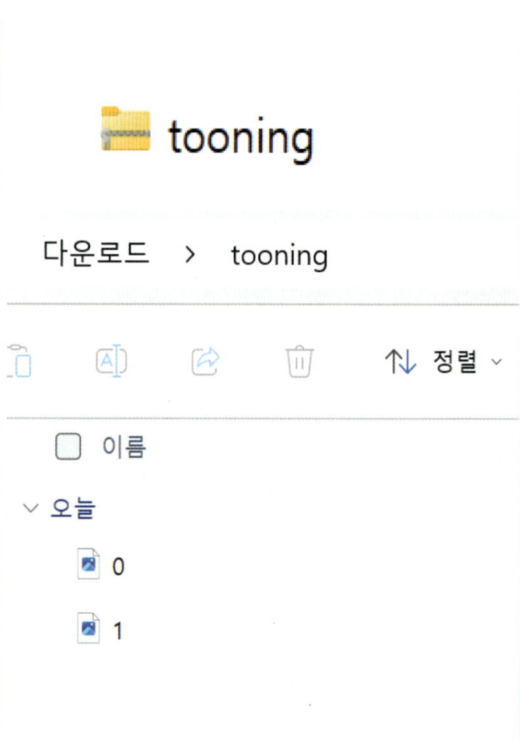

여러 장일 때는 압축파일로 다운로드됩니다. 압축을 풀면 페이지 수만큼 파일이 있습니다.

02. 제작한 웹툰, 북크리에이터로 e-book으로 제작하기

온라인으로 e-book을 만들 수 있는 북크리에이터라는 에듀테크 도구도 한 번 살펴볼까요? 북크리에이터는 무료이면서 유료로도 사용 가능한 온라인 e-book 제작 도구입니다. 교사는 하나의 무료 계정으로 하나의 도서관을 사용할 수 있으며, 구글과 연동하여 가입 가능합니다.

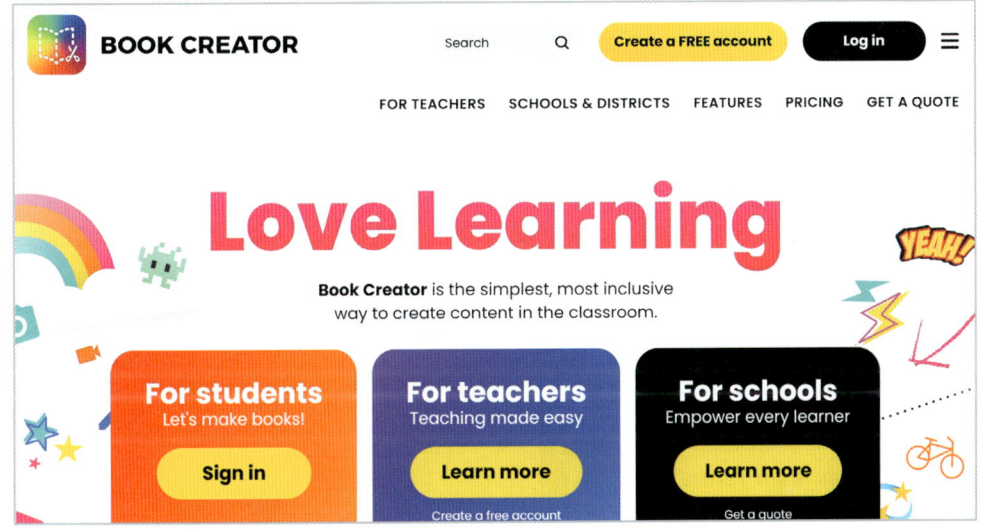

교사가 준비해야 할 것은 학생들이 접속 가능한 라이브러리 코드를 생성하는 것입니다. 회원가입 후, 도서관을 생성하는 것부터 보여드리겠습니다. 간단하게 e-book도 완성해 보겠습니다.

| 검색창에 '북크리에이터'라고 검색합니다. | 보이는 사이트로 접속합니다. |

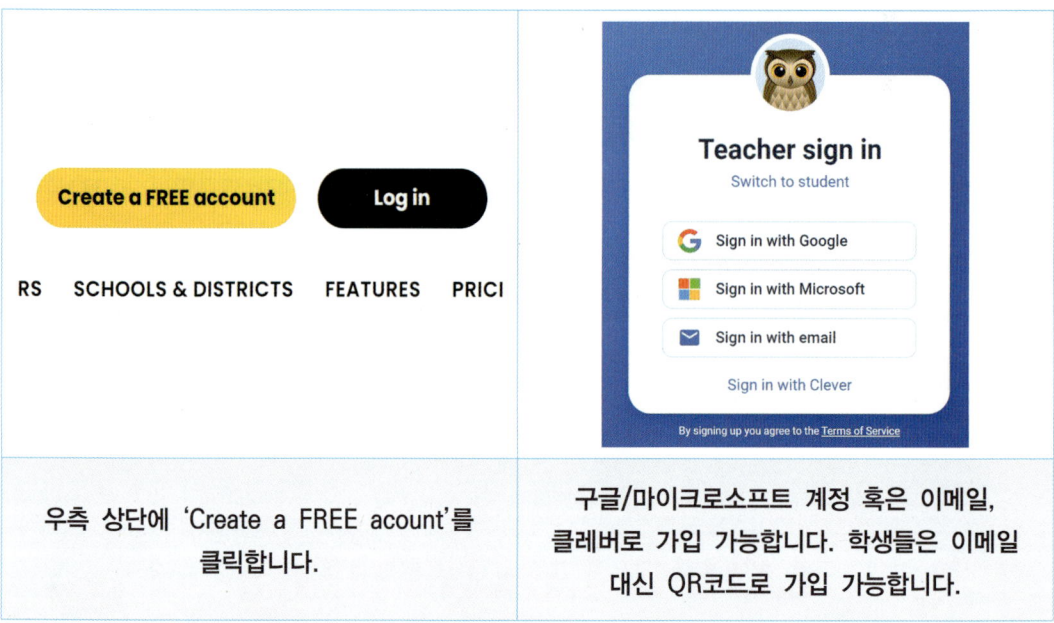

우측 상단에 'Create a FREE acount'를 클릭합니다.

구글/마이크로소프트 계정 혹은 이메일, 클레버로 가입 가능합니다. 학생들은 이메일 대신 QR코드로 가입 가능합니다.

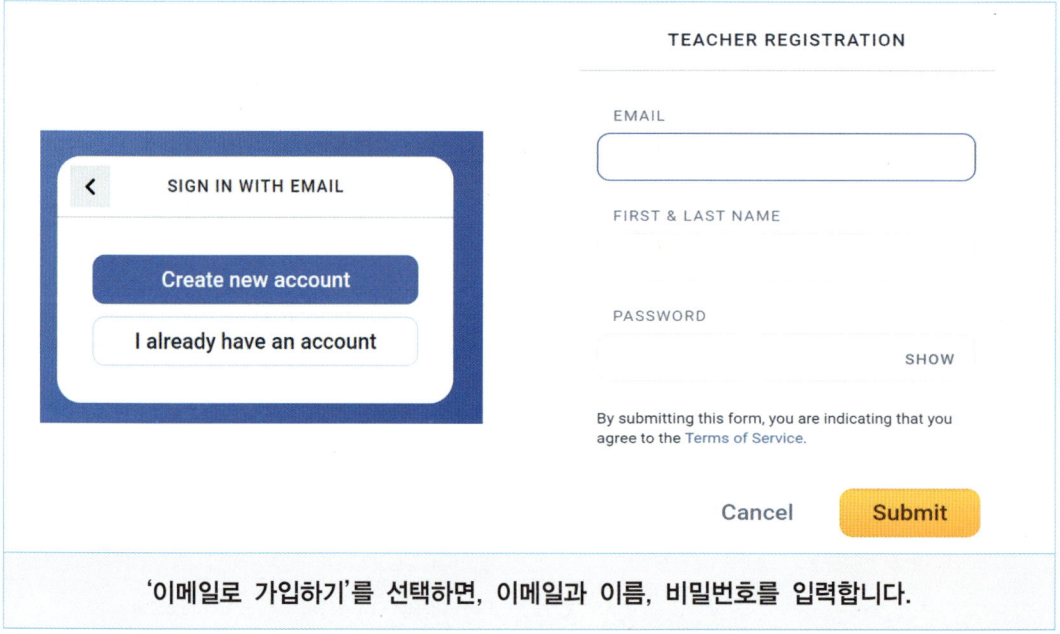

'이메일로 가입하기'를 선택하면, 이메일과 이름, 비밀번호를 입력합니다.

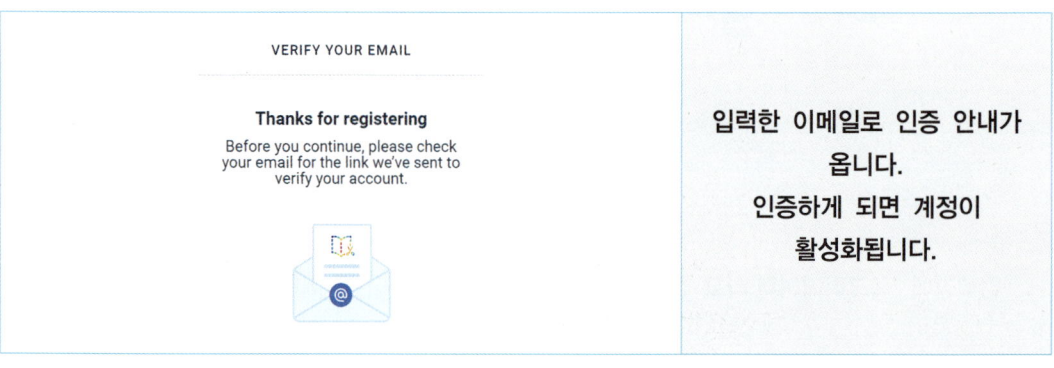

입력한 이메일로 인증 안내가 옵니다.
인증하게 되면 계정이 활성화됩니다.

'라이브러리(도서관)'을 먼저 생성합니다. 한 도서관에는 40개의 책을 생성할 수 있습니다.

Join a library는 내가 참여한 도서관입니다.

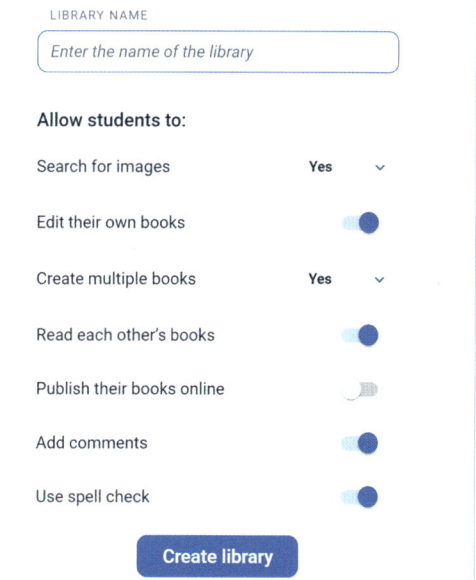

도서관 이름과 학생들에게 허용하게 할 기능을 활성화하고 라이브러리를 생성합니다. 이때 'Publish their books online'은 비활성화되어있는데 활성화하게 되면, 학생들이 자신의 책을 온라인상에 공개할 수 있습니다.

학생들에게는 화면 중앙에 'invite code'를 눌러 코드를 보여주거나 초대 링크를 공유합니다.

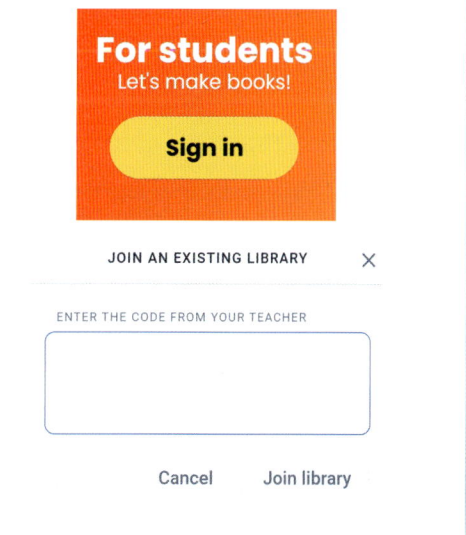

학생들은 북크리에이터 사이트에 들어온 뒤, 가입을 하고, 선생님께 받은 코드를 입력하면 도서관에 입장할 수 있습니다.

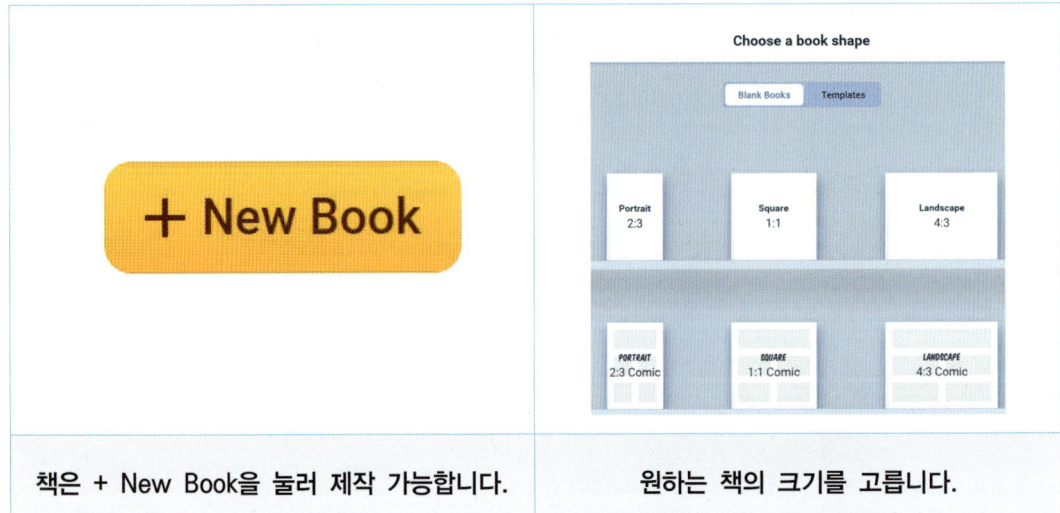

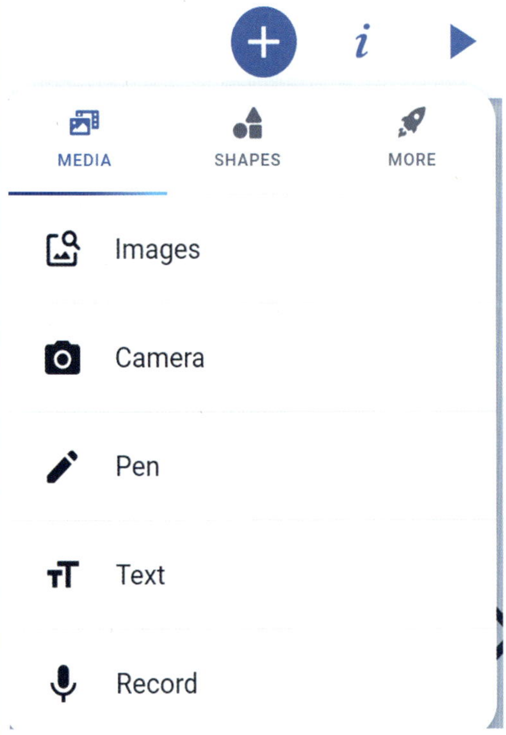

| 책은 + New Book을 눌러 제작 가능합니다. | 원하는 책의 크기를 고릅니다. |

| 우측 상단의 기능 〈+〉를 누르면, 〈media〉에 이미지, 펜, 텍스트, 녹음 등이 있습니다. 〈Shapes〉는 도형, 〈More〉은 외부 파일, 사이트 등을 넣을 수 있는 기능입니다. | 우측 상단의 기능 〈+〉를 눌러 이미지를 〈컴퓨터에서 업로드하기〉를 선택하여 올립니다. |

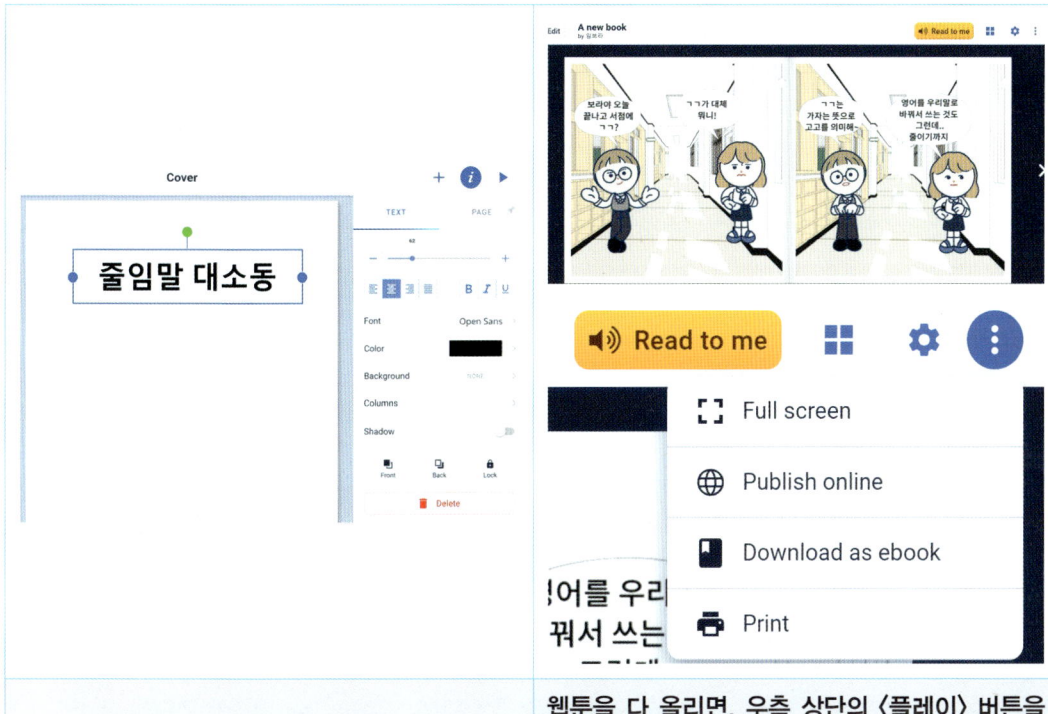

| 〈i〉는 눌러 배경 혹은 텍스트의 설정을 변경합니다. | 웹툰을 다 올리면, 우측 상단의 〈플레이〉 버튼을 눌러봅니다. 인공지능이 읽어주기, 온라인상에 게시하기, e-book으로 다운하기 등이 가능합니다. |

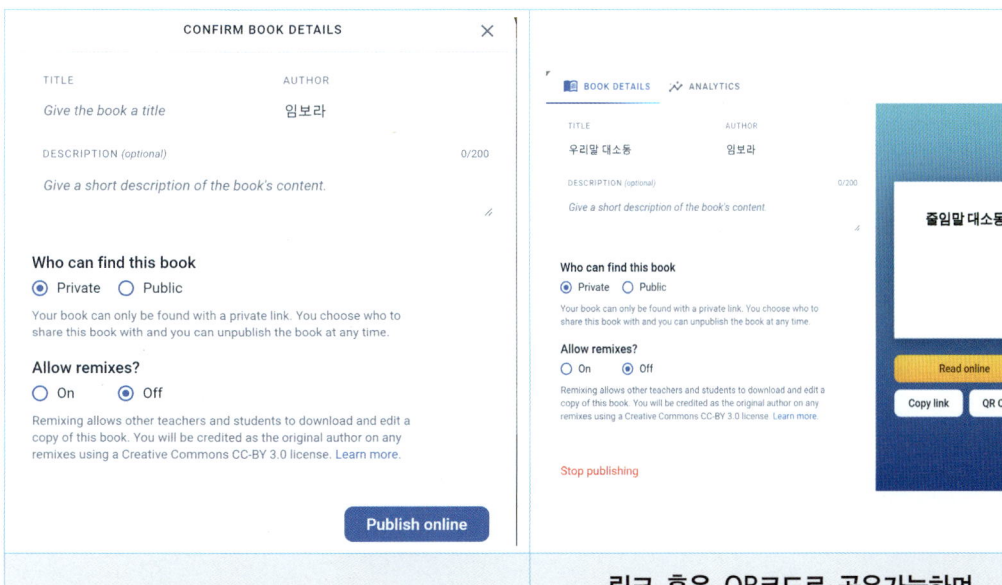

| 〈Publish Online〉을 누르면 다음과 같은 창이 나옵니다. 제목을 입력합니다. | 링크 혹은 QR코드로 공유가능하며, ANALYTICS 메뉴에서는 전세계적으로 얼마나 본인이 만든 책을 다른 사람들이 읽었는지 알 수 있습니다. |

TOONING

3단원. 캐릭터와 말풍선 등 콘텐츠를 사용하여 다문화 교육 연계 나를 소개하는 다문화 한 컷 웹툰 만들기

⟨챕터1⟩ 캐릭터, 텍스트, 말풍선, 요소, 효과 콘텐츠 다루기

    01. 캐릭터 콘텐츠 추가하기
    02. 텍스트, 말풍선 콘텐츠 추가하기
    03. 요소, 효과 콘텐츠 추가하기
    04. 추가한 캐릭터와 요소 편집하기

⟨챕터2⟩ 말풍선과 텍스트 커스터마이징 및 활용하기

    01. 기본적인 텍스트 스타일 설정 방법 알아보기
    02. 말풍선과 텍스트 템플릿 활용 방법 알아보기

⟨챕터3⟩ '다문화 친구들! 안녕? 나를 소개할게' 수업 사례

    01. 파파고를 활용하여 외국어(영어, 중국어, 러시아어 등) 번역하기
    02. 나를 소개하는 캐릭터의 대사를 외국어로 작성해서 웹툰 표현하기

01 캐릭터, 텍스트, 말풍선, 요소, 효과 콘텐츠 다루기

이번 챕터에서는 투닝의 기본 요소를 익히며, 다문화 교육과 연계하여 나를 소개하는 한 컷 웹툰을 만들어 보겠습니다.

01. 캐릭터 콘텐츠 추가하기

웹툰의 기본은 캐릭터 아닐까요? 캐릭터만 잘 그려도 웹툰 완성도의 절반을 책임져 줍니다. 투닝에서 캐릭터를 다루는 방법을 알아보겠습니다.

캐릭터 콘텐츠 메뉴를 클릭합니다.

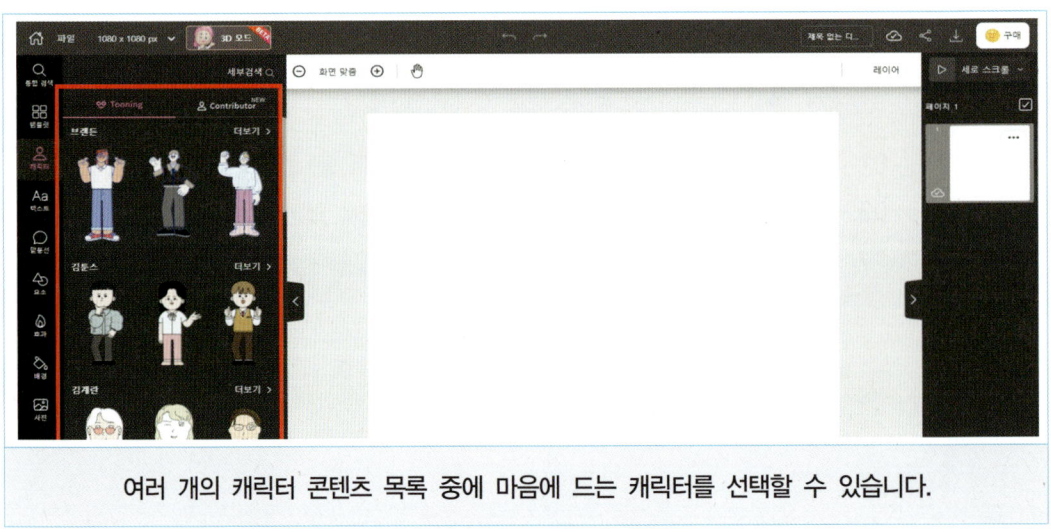

여러 개의 캐릭터 콘텐츠 목록 중에 마음에 드는 캐릭터를 선택할 수 있습니다.

 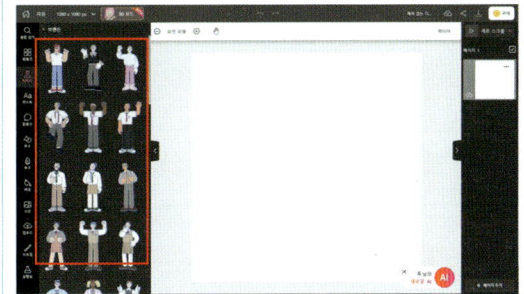

'더보기 >'를 클릭하면 "브랜든"이라는 캐릭터 꾸러미들의 다양한 스타일들을 확인할 수 있습니다.

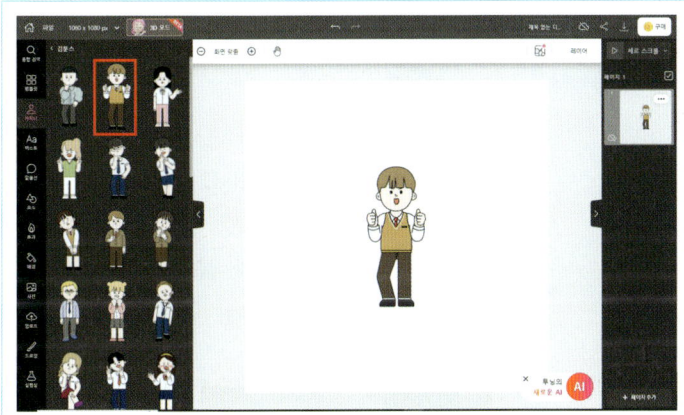

원하는 스타일의 캐릭터를 선택했다면 클릭합니다. 중앙의 하얀 아트보드에 해당 캐릭터가 추가됩니다.

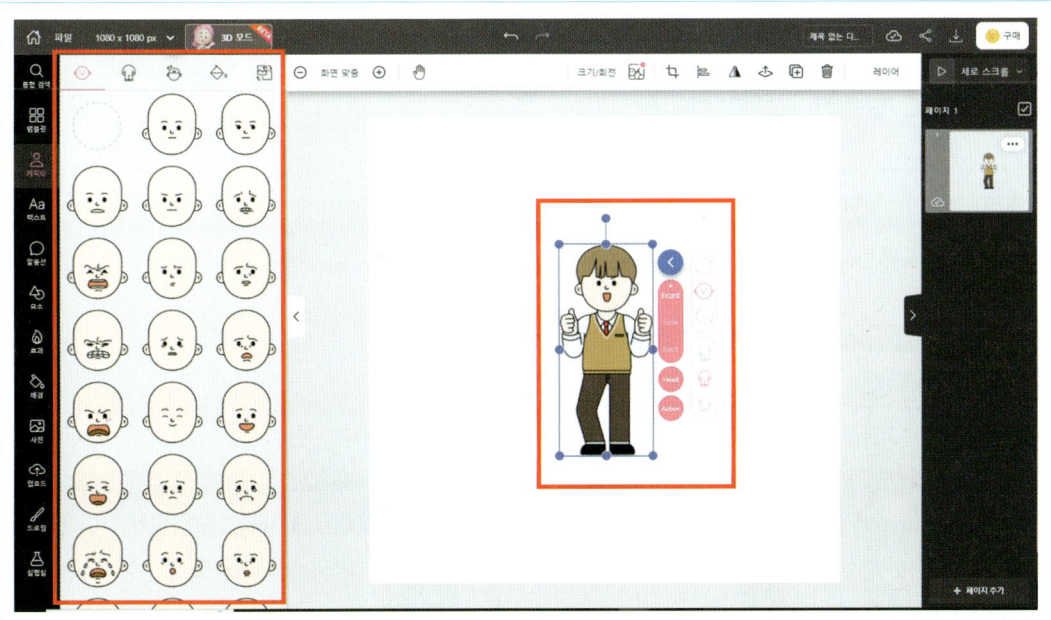

추가된 캐릭터를 왼쪽 마우스 버튼으로 클릭하면 파란색 테두리 상자와 캐릭터 컨트롤러가 표시되며, 콘텐츠 목록은 세부 설정 패널로 바뀌는 것을 볼 수 있습니다.

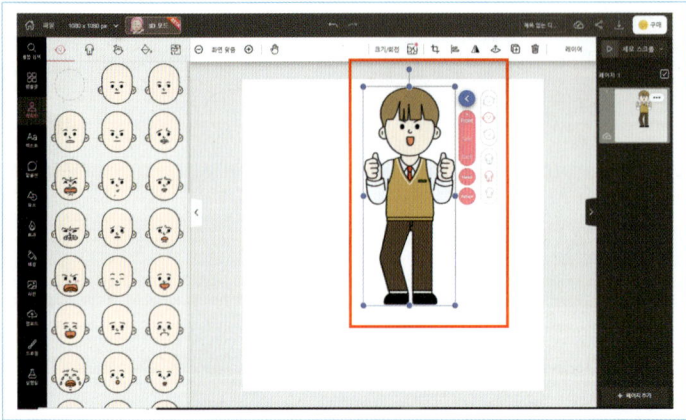

파란색 테두리 상자가 표시된 콘텐츠는 상하좌우와 대각선 파란색 점 손잡이를 잡고 움직여 크기를 조절할 수 있습니다. 대각선 점 손잡이를 잡고 움직이면 비율이 유지된 채 크기를 변경할 수 있습니다.

박스 상단 손잡이에 마우스를 올렸을 때, 커서가 십자 표시로 변경되면 클릭한 상태에서 드래그하여 캐릭터와 같은 콘텐츠를 회전시킬 수 있습니다.

02. 텍스트, 말풍선 콘텐츠 추가하기

캐릭터를 추가했던 것과 같은 방식으로 텍스트와 말풍선을 화면에 추가할 수 있습니다. 먼저 텍스트를 추가한 뒤에 말풍선을 추가해 보겠습니다.

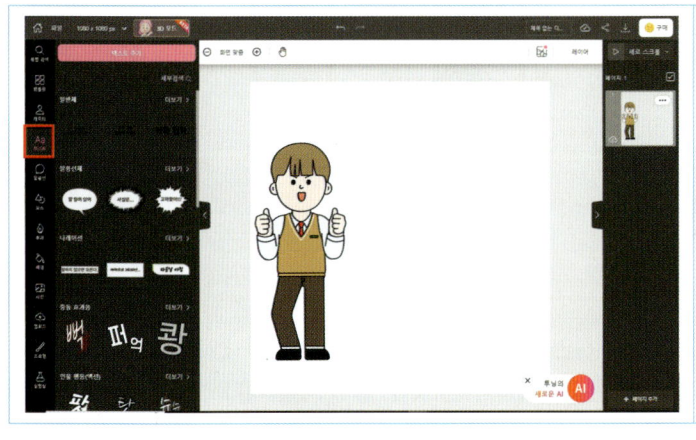

텍스트 콘텐츠 메뉴를 클릭합니다. 일반체, 말풍선체, 나레이션 등의 카테고리를 볼 수 있습니다.

상단의 '텍스트 추가' 버튼을 클릭하면 새로운 텍스트가 삽입됩니다.

추가한 텍스트 창을 더블 클릭하거나, 파란색 키보드 모양의 아이콘을 누르면 내용을 편집할 수 있습니다.

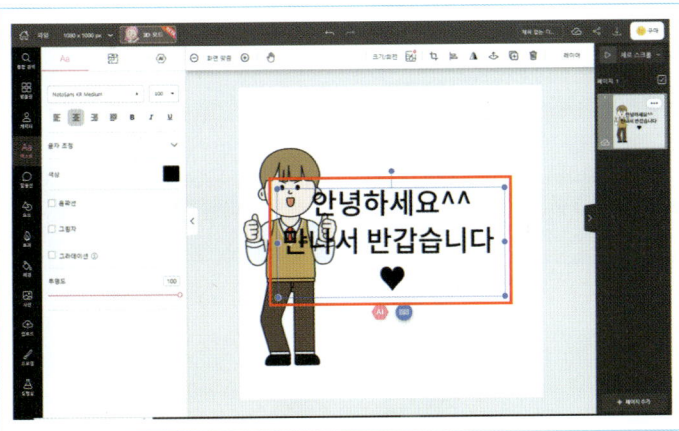

텍스트를 새롭게 입력해 줍니다.

-입력예시:

안녕하세요^^

만나서 반갑습니다

♥

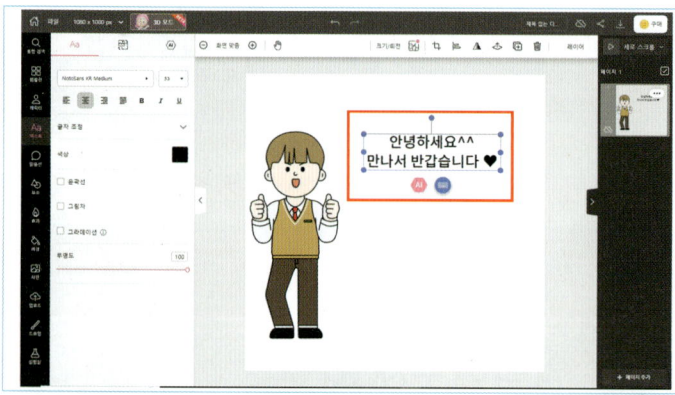

파란색 테두리 상자 상태에서 상하좌우의 파란 점을 드래그하면 텍스트 창의 크기를 조절할 수 있고, 대각선으로 움직이면 비율을 고정한 채 텍스트 크기가 조절됩니다.

말풍선 콘텐츠 메뉴에서 원하는 말풍선 모양을 클릭하면, 텍스트 위치에 맞춰 자동으로 말풍선이 만들어지는 것을 볼 수 있습니다.

참고로 다른 말풍선 모양을 누른다고 말풍선이 교체되는 것이 아닙니다. 위에 덧씌워지는 것입니다.

말풍선의 파란색 테두리 상자를 이용해서 텍스트 크기에 맞춰 크기와 모양을 조절해 줍니다.

03. 요소, 효과 콘텐츠 추가하기

캐릭터, 텍스트, 말풍선을 추가했던 것과 같은 방법으로 요소와 효과 등을 추가하고 크기나 위치를 변경해 완성합니다.

요소 콘텐츠 메뉴에서 소품이 될 것들을 추가해 봅니다. 예시로 가방과 책상을 추가했습니다.

효과 콘텐츠 메뉴에서 원하는 효과를 클릭해서 넣어 봅니다. 예시로 긍정효과를 추가했습니다.

04. 추가한 캐릭터와 요소 편집하기

다음으로는 추가한 캐릭터와 요소를 편집하는 방법을 알아보겠습니다.

화면에 추가된 요소들을 클릭하면, 화면 우측 상단에 조정바가 활성화됩니다.

'크기/회전' 버튼을 클릭하면 콘텐츠 크기를 크게 하거나 작게 줄일 수도 있고,
회전 각도도 바꿀 수 있습니다.

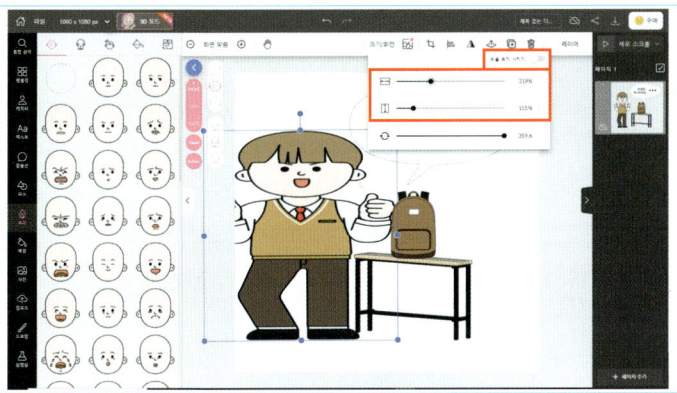

이때, 우측 상단의 '비율 유지 시키기' 버튼을 해제하면 상하 또는 좌우 특정 방향으로만 크기를 조절할 수 있습니다.

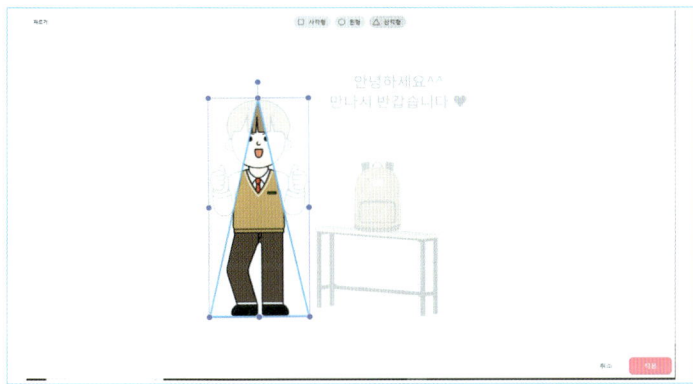

'자르기' 버튼을 클릭하면 콘텐츠를 사각형, 원형, 삼각형 등 특정 형태로 자를 수 있습니다.

피란색 테두리 상자를 드래그하면 잘라낼 영역을 지정할 수 있습니다. '적용' 버튼을 클릭합니다.

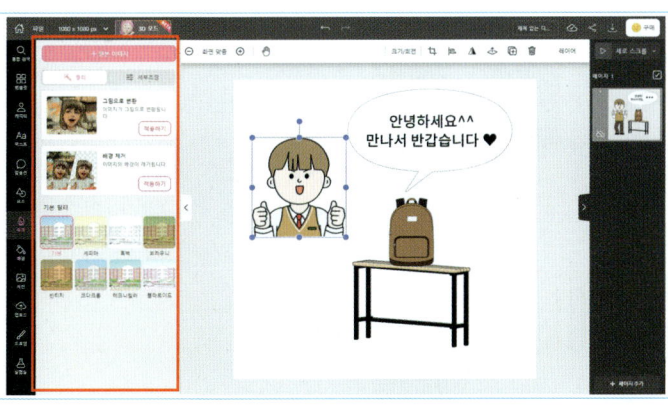

이렇게 자르기를 완료한 콘텐츠는 비트맵 이미지로 변경되기 때문에 더 이상 콘텐츠 특성 세부 설정은 편집할 수 없고, 사진 속성 메뉴만 보입니다.

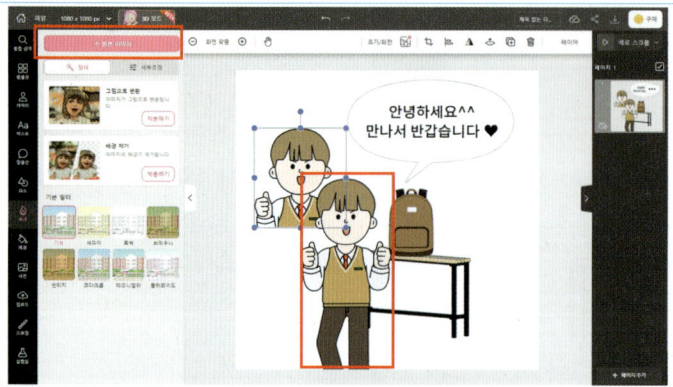

만약 캐릭터를 다시 편집하고 싶다면, 좌측 세부 설정 패널에서 '+원본 이미지 추가' 버튼을 클릭해 벡터 파일을 가져올 수 있습니다.

'정렬' 버튼을 클릭하면 콘텐츠의 위치를 왼쪽, 가운데, 오른쪽 정렬, 위, 가운데, 아래선 기준 정렬을 할 수 있습니다.

'뒤집기' 버튼을 클릭하면, 수평 / 수직 뒤집기를 할 수 있습니다.

'순서' 버튼을 클릭하면 콘텐츠별 레이어의 층 순서를 바꿔 다양한 입체감을 표현할 수 있습니다.

'복제' 버튼을 클릭하면 선택한 콘텐츠를 아트보드에 추가로 만들 수 있습니다.

'삭제' 버튼을 클릭하면 선택한 콘텐츠를 아트보드에서 지울 수 있습니다.

'레이어' 버튼을 클릭하면 현재 페이지 내에 존재하는 콘텐츠 목록을 확인할 수 있습니다.

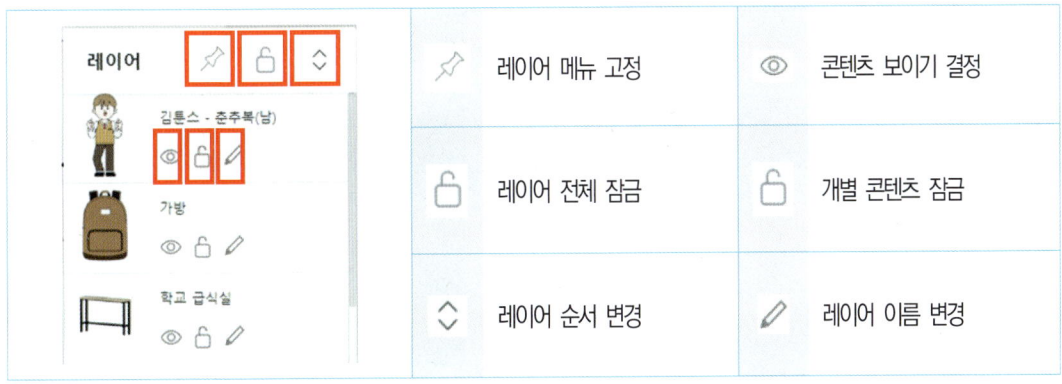

02 말풍선과 텍스트 커스터마이징 및 활용하기

01. 기본적인 텍스트 스타일 설정 방법 알아보기

커스터마이징이란 무슨 뜻일까요? Customer는 고객이라는 뜻입니다. 이에 파생한 '주문 제작'이라는 뜻의 Customize에서 유래한 Customizing은 '고객이 기호에 따라 제품을 요구하면 생산자가 요구에 따라 제품을 만들어주는 일종의 맞춤 제작 서비스'를 말하는 것으로, '개인이 취향과 필요에 따라 제품의 기능과 설정, 디자인 등을 변경하는 것'을 의미하기도 합니다. 게임에서는 플레이어가 게임안에서 자신이 플레이할 아바타의 외형, 복장, 무기, 탈것, 외장과 인테리어 등을 플레이어 자신의 기호에 맞게 맞춰 만드는 것을 지칭하는 용어로 쓰입니다. 즉 '나만의 것'을 '만들고 가진다'라는 의미로 해석하면 됩니다.

먼저 기본적인 텍스트 스타일 설정 방법에 대해 알아보겠습니다.

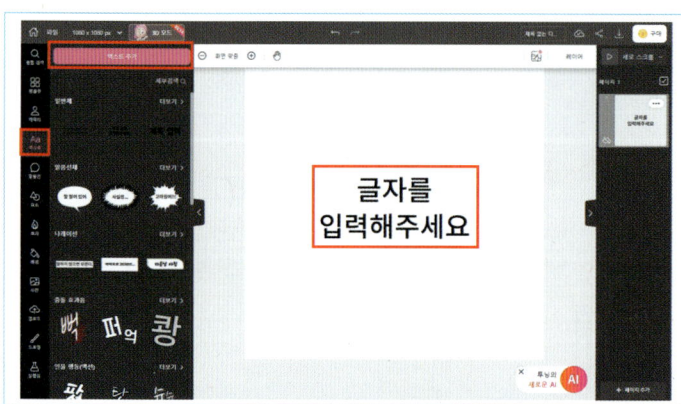

텍스트 콘텐츠 메뉴의 '텍스트 추가' 버튼을 클릭해서 새로운 텍스트를 추가합니다. 텍스트를 입력합니다.
(예시: 안녕하세요. 만나서 반갑습니다.)

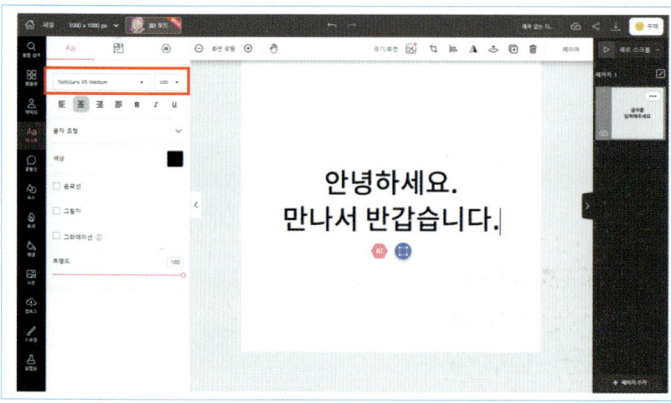

좌측의 세부 설정 패널에서 글씨체와 글씨 크기를 지정합니다.

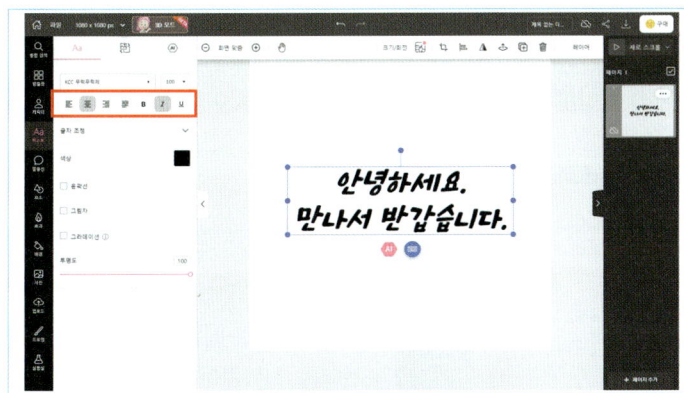

정렬, 볼드(굵게), 이탤릭(기울게), 밑줄 등의 스타일을 적용합니다.

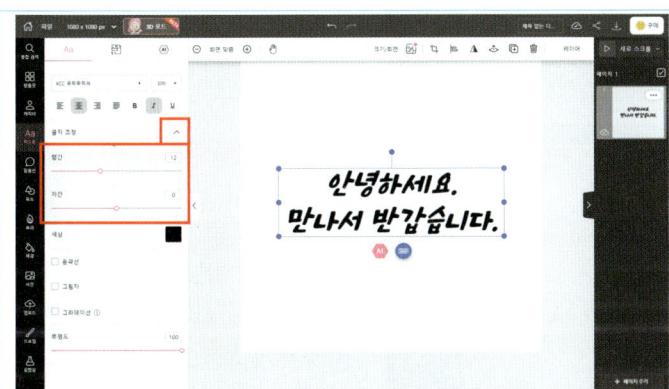

화살표 아이콘을 클릭하면 세부 메뉴를 열 수 있습니다. 행간과 자간을 변경할 수 있습니다.

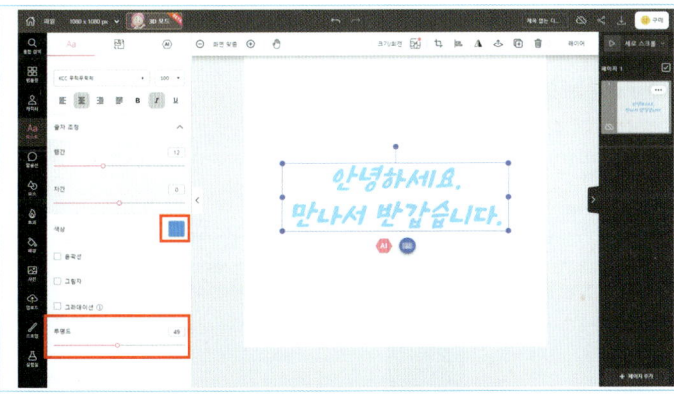

색상을 클릭하여 텍스트의 색상을 변경하고, 투명도를 조절할 수 있습니다.

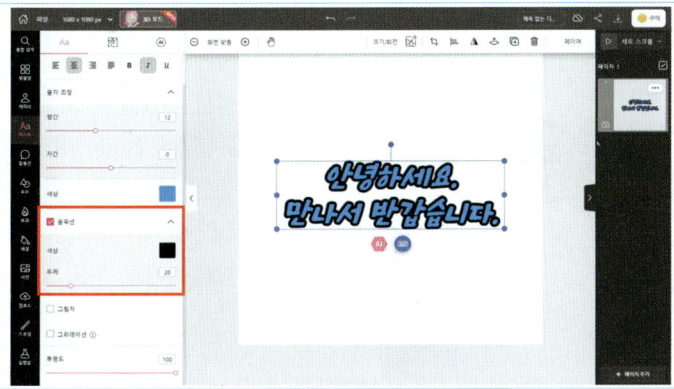

윤곽선을 체크해서 활성화 시키면 색상과 두께를 변경할 수 있습니다.

02. 말풍선과 텍스트 템플릿 활용 방법 알아보기

말풍선과 텍스트 템플릿을 활용하는 방법에 대해 알아보겠습니다.

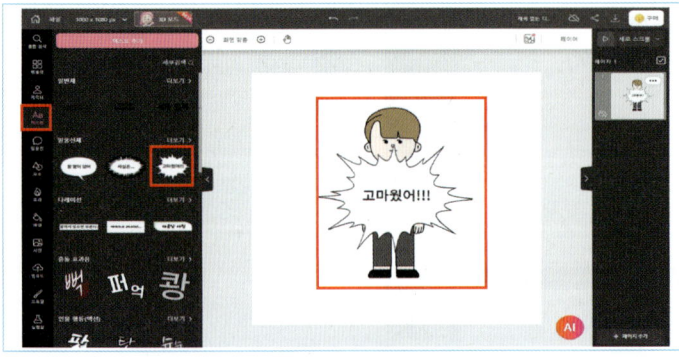

원하는 캐릭터를 추가합니다. 텍스트 콘텐츠 메뉴의 말풍선체 중 하나를 선택하여 추가합니다.

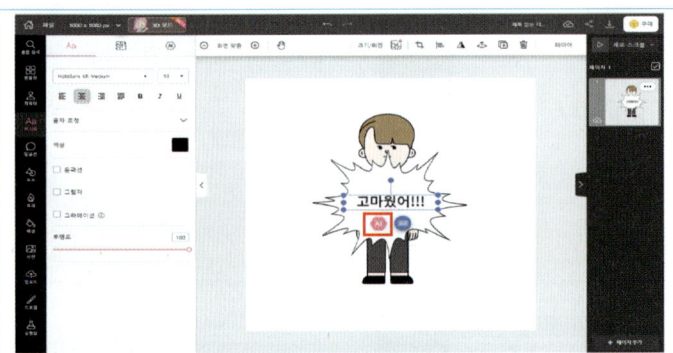

추가된 텍스트 박스를 선택하고, 하단의 AI 버튼을 클릭하면 캐릭터의 표정과 자세를 말풍선의 내용에 맞게 자동으로 연출됩니다.

텍스트의 스타일을 분위기에 어울리게끔 폰트 등을 수정합니다.

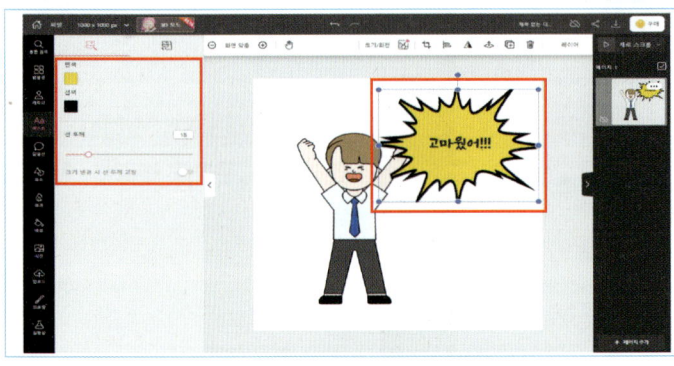

좌측 세부 설정 패널을 통해 말풍선의 색상을 변경하고, 선 두께를 조절할 수 있습니다. 말풍선의 크기를 조절할 때 선 두께가 변하지 않도록 옵션을 설정할 수도 있습니다.

03 다문화 친구들! 안녕? 나를 소개할게

01. 파파고를 활용하여 외국어(영어, 중국어, 러시아어 등) 번역하기

* 출처: [2023 교육통계] ①1년에 학생 10만명 감소…다문화 학생은 연 1만명 증가(교육플러스+, 2023.8.31.)

　2023년 교육통계에 따르면 다문화학생은 전년 대비 1만 2,544명이 늘어난 18만 1,178명으로 집계되었다고 합니다. 전체 학생의 3.5%에 해당한다고 해서 낮은 비율이라고 생각할 수 있지만, 구도심 지역이나 농어촌학교의 다문화 학생 비율은 이미 적게는 30%, 많으면 50%의 비율을 넘는 학교들이 많습니다. 국제결혼가정 다문화 학생 비율이 전체 다문화 학생의 71.7%를 차지하며, 국적은 베트남이 32.1%로 가장 높고, 중국 24.6%, 필리핀 9.1% 등의 순으로 나옵니다. 일례로 충남 아산시의 모 학교는 학생들의 1/3정도가 러시아어를 사용해서 가정통신문이 러시아어로 번역해서 나갈 정도라고 하니, 이제 다문화 교육은 선택이 아니라 필수가 되어가고 있습니다.

　다문화 교육은 창의적 체험활동 시간에 할 수도 있으며, 교과와 연계한 수업을 진행할 수도 있습니다. 이번 교육 사례는 영어교과, 외국어교과와 연계한 수업 사례로 안내드립니다.

- 교과: 영어
- 관련 학년 차시(융통적) : 6학년 1학기
- 주요 표현: What Grade Are You in?
- 다문화 타겟 국가어: 중국어, 베트남어, 러시아어
- 의도: 상대방이 나에 대해 물어보면, 인사를 건넨 뒤, 몇학년인지, 어디에서 왔는지 물어보고, 자신을 소개한다. 캐릭터와 말풍선을 1컷 웹툰으로 표현해서 그림카드를 가지고 돌아다니면서 학급의 친구들과 인사를 나눈다.

김교사는 영어 수업시간에 Key expression으로 "What Grade Are you in?"을 익히고, 상대방의 질문에 대답을 하는 수업을 진행하고자 합니다. 필요한 표현은 다음과 같습니다.

규섭: Hi, My name is Kyu-seop. What grade are you in? Where are you from?

상대방의 질문에 대한 대답은 영어로 다음과 같습니다.

Emily: Hi, my name is Emily. I am in 6th grade. I am from China. What grade are you in?

김교사의 학급에는 베트남 학생, 중국 학생, 러시아 학생 등 다국적 학생들이 모인 학급입니다. 개별화 학습을 위해서 자료를 만들고 있습니다. 어떻게 할까 고민하다가 네이버 파파고를 엽니다. 다음의 문장을 번역해 봅니다.

안녕? 내 이름은 Emily야. 나는 6학년이야. 나는 중국에서 왔어. 너는 몇학년이니?

김교사는 안도의 한숨을 쉽니다. 중국어로 번역이 곧잘 됩니다. 발음듣기도 됩니다. 오오 손쉽네! 이어서 베트남어로도 번역해 봅니다.

아쉽게도 베트남어는 발음듣기 기능이 지원이 되지 않습니다. 이어서 러시아어로도 번역해 봅니다.

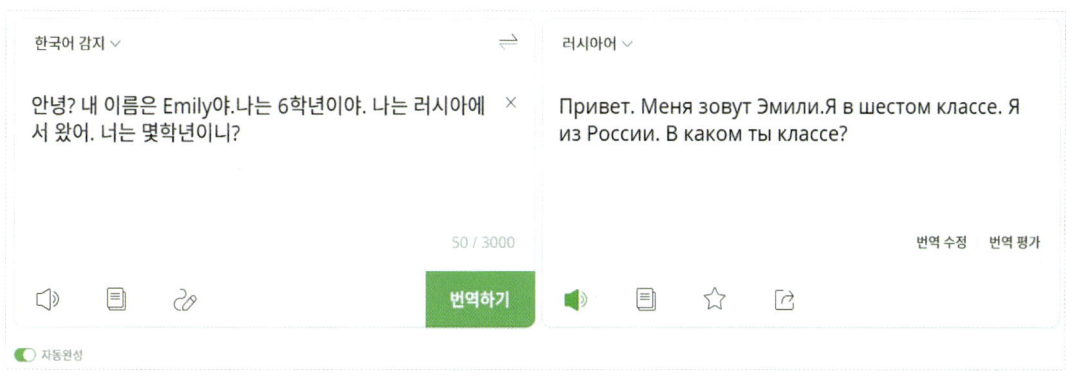

다행히 러시아어는 발음듣기 기능이 지원됩니다.

02. 나를 소개하는 캐릭터의 대사를 외국어로 작성해서 웹툰 표현하기

이어서 앞서 익힌 투닝 캐릭터, 텍스트, 말풍선, 요소, 효과 콘텐츠를 다루며, 학생들 스스로의 개성을 살린 커스터마이징을 통한 작품을 만들라고 합니다. 아무래도 각자 나라의 전통 옷 스타일에 맞춘 캐릭터로 꾸미거나 요소 등으로 나라별 특색있는 분위기를 살리면 좋겠지요.

영어 수업시간에 학생들이 가지고 다니는 자신만의 카드를 만들어 보겠습니다.

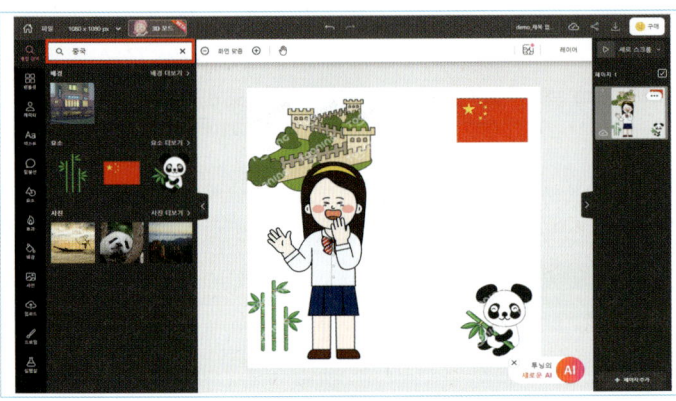

검색창에 '중국'이라고 검색을 합니다. 배경, 요소에 검색되는 것을 잘 활용하여 분위기를 냅니다.

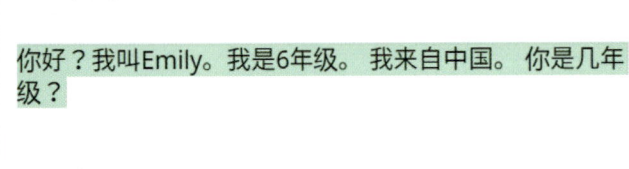

파파고의 번역된 문장을 복사해서 투닝 텍스트 창에 붙여넣습니다.

말풍선 콘텐츠 메뉴에서 마음에 드는 말풍선 모양을 선택해서 텍스트 아래에 배치합니다.

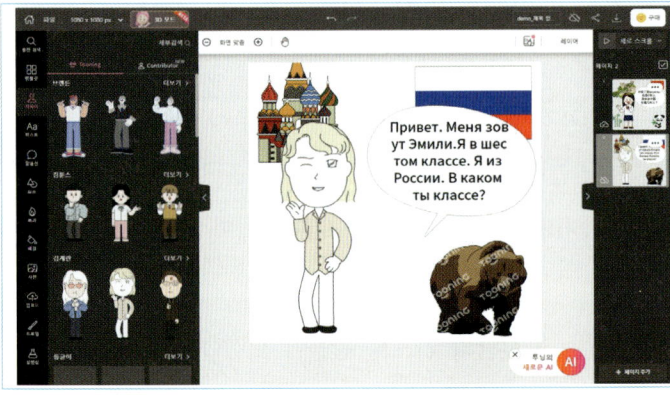

비슷하게 러시아 학생의 자료도 만들어 봅니다.

위 그림카드를 가지고 학생들이 교실을 돌아다니며 서로 인사를 하고 질문과 답변을 주고 받게 합니다. 상대방이 "Hi, My name is 질문자 이름. What grade are you in? Where are you from?"이라고 물어보면, 그림카드를 보여주면서 대답을 해주도록 하는 것입니다.

"Hi, my name is Emily. I am in 6th grade. I am from China. What grade are you?"라고 대답하면서 바로 자신의 모국어도 이어서 말하게 합니다. "你好？我叫Emily。我是6年级。我来自中国。你是几年级？"

학생들은 영어도 공부하고 제3외국어도 공부하고! 일석이조네요! 투닝을 통해 캐릭터를 재밌게 만들면 그 수업 또한 재미있고, 요소들로 인해 이야깃거리도 만드니 일석 삼조! 이렇게 서로 간 더 가까워지는 시간이 되길 바랍니다.

챕터를 마무리하며

지금까지 캐릭터와 텍스트, 말풍선, 요소, 효과 콘텐츠를 다뤄보면서 웹툰의 핵심적인 요소를 알아보았습니다. 또한 다문화를 주제로 한 웹툰을 통해 영어와 외국어로 나를 소개하는 방법을 배웠습니다. 다양한 언어로 캐릭터와 대사를 작성하고 파파고를 활용하여 외국어 번역까지 도전하는 과정을 통해 다문화 친구들과의 소통과 이해를 더욱 즐겁고 효과적으로 할 수 있을 것입니다.
여러분은 창의적인 아이디어와 디자인으로 멋진 작품을 완성하길 기대합니다!

TOONING

4단원. 투닝의 사진 편집기능과 드로잉 기능을 알아보기

〈챕터1〉 투닝에서의 사진 편집 기능 알아보기

    01. 세부검색기능 활용하기
    02. 내가 가진 사진을 업로드하고 편집하기
    03. 요소를 이미지로 변환하기

〈챕터2〉 투닝 드로잉으로 나만의 책표지 완성하기

    01. 드로잉 생성하기
    02. 드로잉 도구메뉴의 기능 알아보기
    03. 그림으로 요소검색기능(AI기능) 알아보기
    04. 투닝으로 나만의 책표지 만들기

01 투닝에서의 사진 편집 기능 알아보기

01. 세부검색기능 활용하기

웹툰에서는 캐릭터 못지 않게 배경과 소품도 많은 기능을 합니다. 투닝에서는 캐릭터와 어울리는 배경 및 소품 요소들을 쉽게 추가할 수 있습니다.

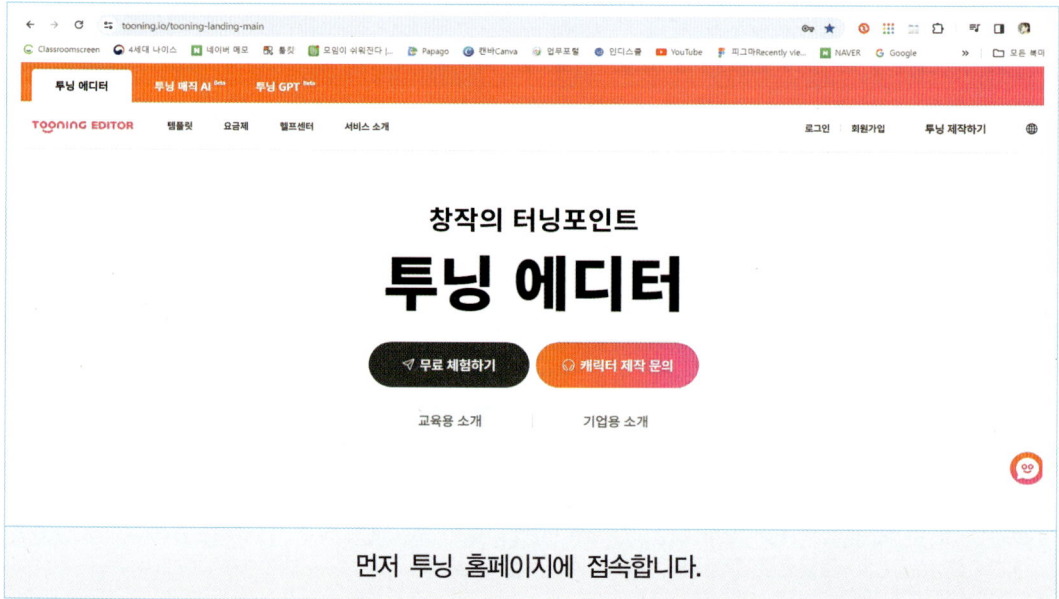

먼저 투닝 홈페이지에 접속합니다.

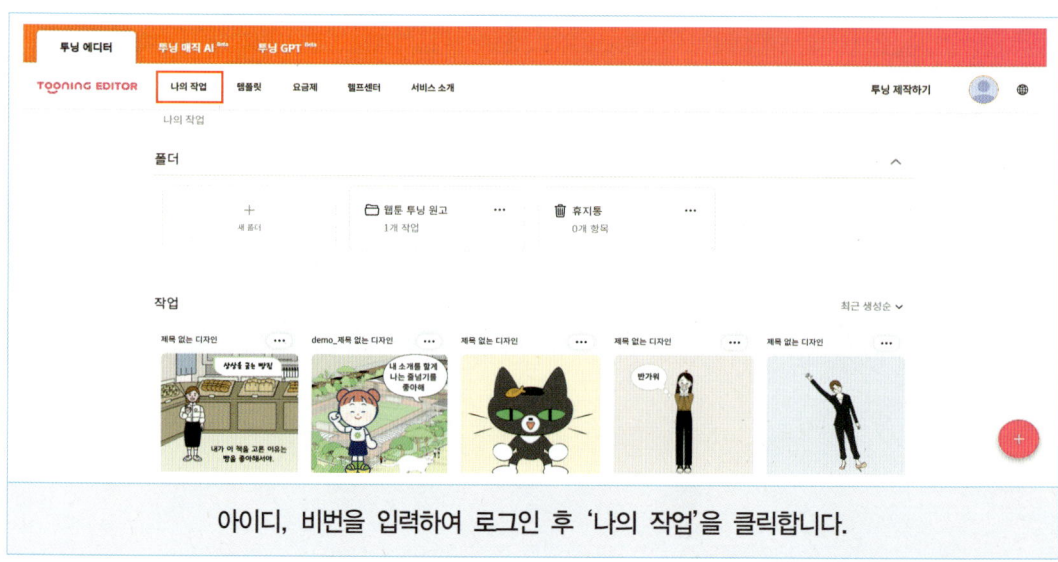

아이디, 비번을 입력하여 로그인 후 '나의 작업'을 클릭합니다.

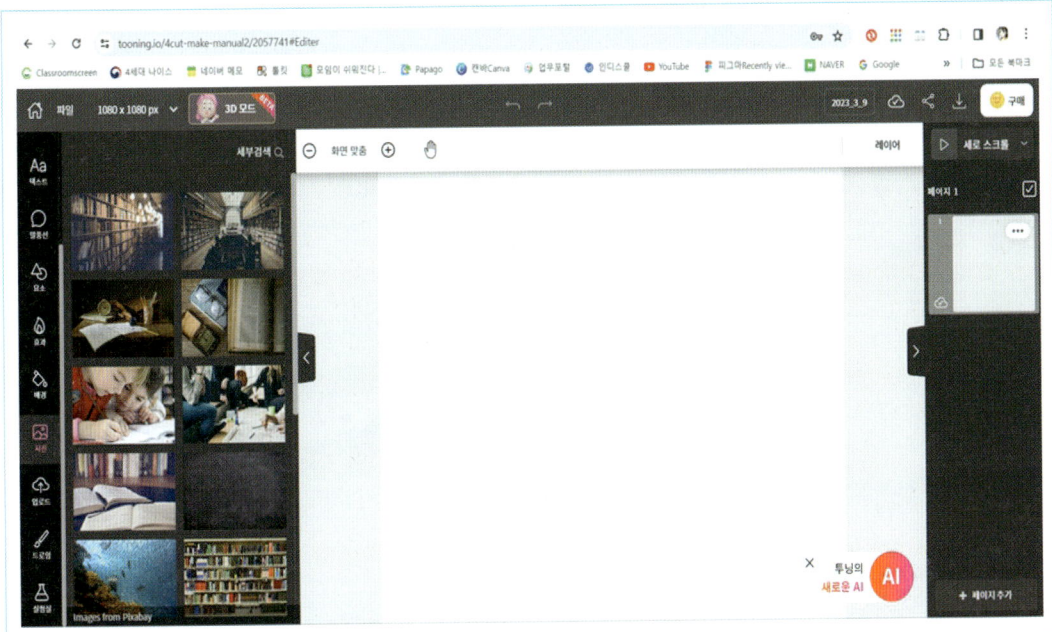

좌측 메뉴바에서 사진 메뉴에 들어가 추가하고자 하는 사진을 클릭하여 화면에 사진을 불러옵니다.
사진메뉴의 상단에 '세부검색' 옆 돋보기를 누르면 사진 세부검색이 가능합니다.

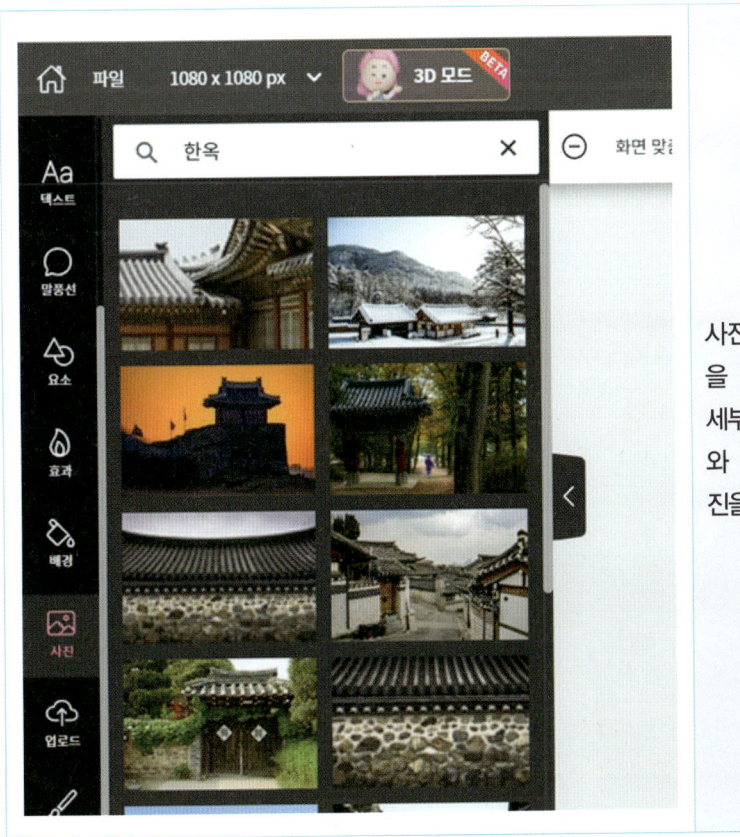

사진 세부검색의 예시로는 '한옥'을 검색해보았습니다. 위와 같이 세부검색기능을 활용하면 캐릭터와 어울리는 원하는 분위기의 사진을 손쉽게 찾을 수 있습니다.

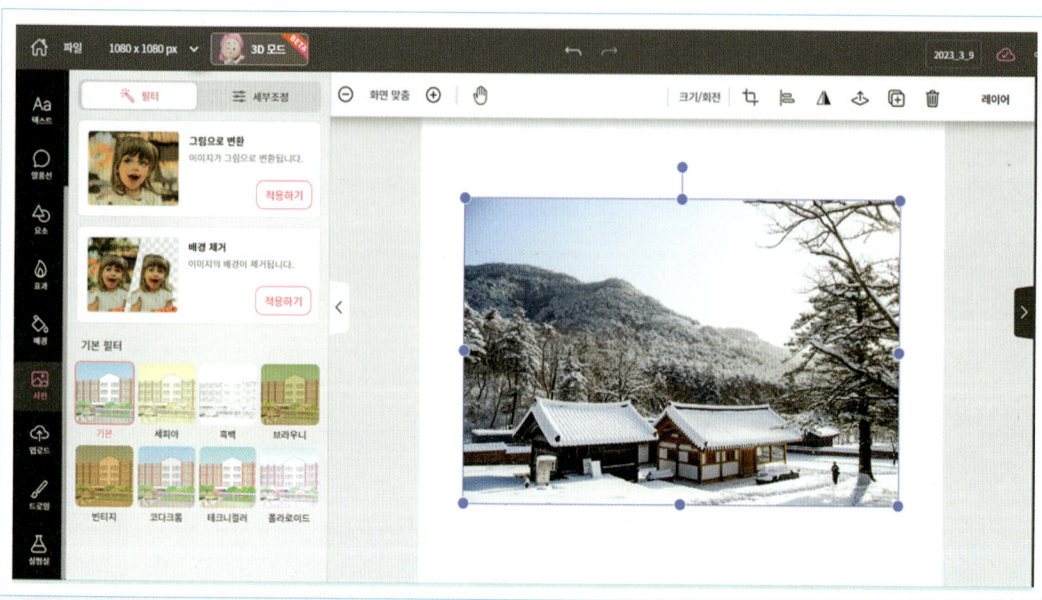

이미지를 선택하면 파란색 편집박스가 생성되고, 편집이 가능합니다. 테두리의 파란점을 누르면 크기 조절 및 사진 회전이 가능합니다.

좌측 세부설정패널에서 사진을 편집할 수 있습니다.

기본필터로는 8가지 필터가 제공됩니다. 필터를 활용하면 배경을 보다 감성적으로 보이게끔 보정할 수 있습니다.

기본필터의 종류는 기본, 세피아, 흑백, 브라우니, 빈티지 등의 다양한 필터가 있으며 캐릭터 및 웹툰 내용에 어울리는 분위기의 필터로 쉽게 적용이 가능합니다.

세부조절 패널을 누르면 사진의 투명도, 블러효과, 라인효과(테두리 효과), 그림자 효과 등을 줄 수 있습니다.

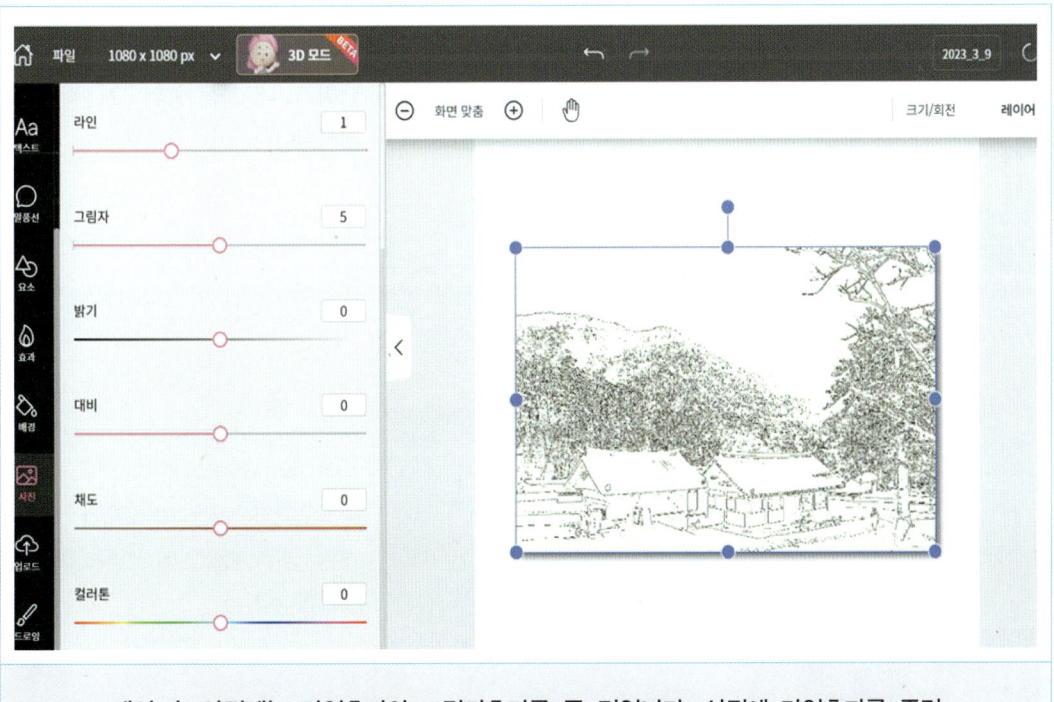

예시 속 사진에는 라인효과와 그림자효과를 준 것입니다. 사진에 라인효과를 주면 배경 사진의 테두리만 딴 것처럼 보여집니다.

02. 내가 가진 사진을 업로드하고 편집하기

투닝에서는 웹툰 속에 내가 가진 사진을 업로드할 수도 있습니다. 가끔씩 만화 속에 내가 직접 등장하는 모습을 상상해보신 적은 없나요? 투닝의 '내 사진 불러오기' 기능을 활용하면 나의 모습을 업로드하여 만화 속에 내 모습을 등장시킬 수 있습니다.

내가 가지고 있는 이미지나 내 사진을 투닝 에디터 툴 내에 업로드하기 위해서는 좌측 메뉴바의 '업로드' 메뉴에 들어갑니다.

좌측 메뉴바에서 '업로드' 메뉴에 들어가 '내 사진 불러오기' 버튼을 클릭합니다.

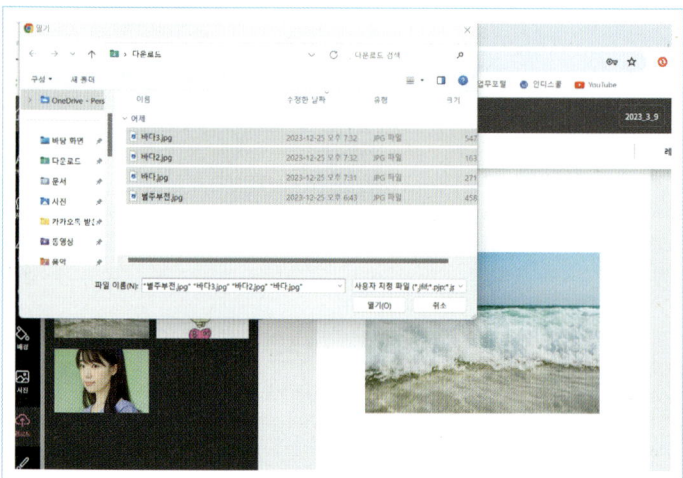

불러오고자 하는 이미지가 여러 개일 경우 한꺼번에 선택하여 업로드합니다.

내 사진을 클릭하면 사진 편집 패널이 나와서 배경을 제거할 수 있습니다.

불러온 내 사진을 페이지에 넣어 만화처럼 편집합니다.

어때요? 내 모습이 만화 속에 등장하니 더욱 실감나고 재미있는 느낌이지요? 여러분의 사진을 직접 '업로드' 메뉴에 올린 뒤 배경 제거를 통해 훨씬 배경과 잘 어울리는 느낌으로 바꿀 수 있습니다.

03. 요소를 이미지로 변환하기

투닝에서의 '요소 메뉴'는 웹툰에 다양하고 풍성한 볼거리를 더해주는 구성 요소를 담고 있습니다.

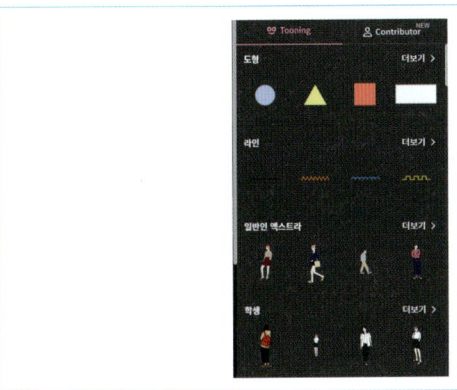

요소에는 도형, 라인, 일반인 엑스트라, 학생, 사람 일러스트 등 웹툰의 장면을 꾸며줄 수 있는 다양한 컨텐츠들이 있습니다.

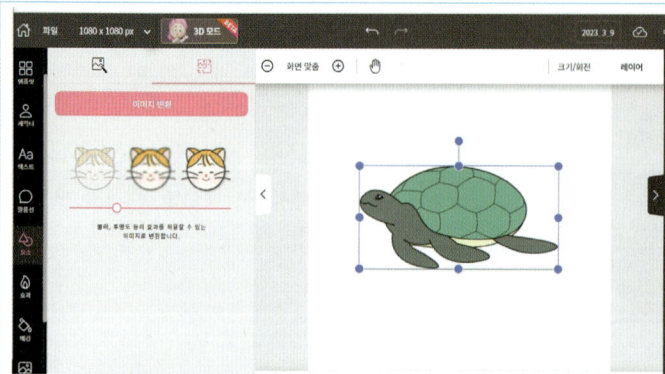

요소를 이미지로 변환하면 편집도 가능해집니다. 먼저 좌측 패널의 '요소' 메뉴에서 이미지로 만들고자 하는 요소를 클릭하고, 좌측 패널 상단 오른쪽 '이미지 변환' 아이콘을 누릅니다.

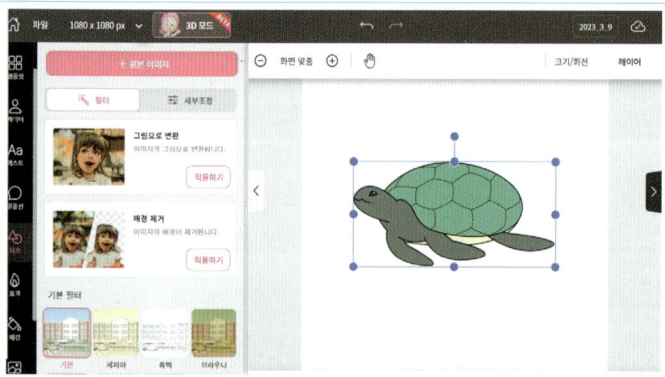

비트맵이미지로 변환된 요소는 다른 이미지들과 마찬가지로 좌측 세부설정 패널을 통해 이미지 조정 및 필터 사용이 가능합니다.

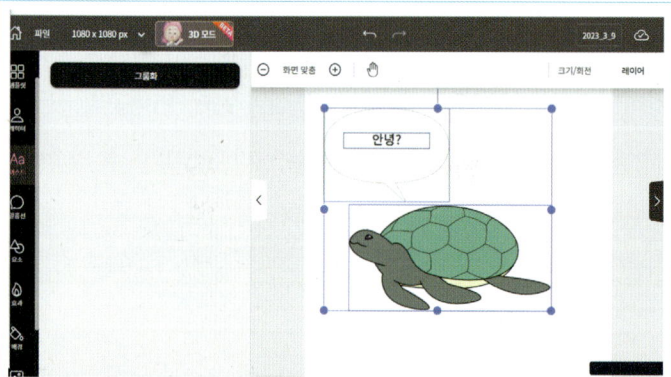

여러 개의 요소를 한번에 이미지로 변환하기 위해서는 변환하려는 요소를 모두 선택해준 다음 좌측 세부설정 패널에 활성화된 '그룹화' 버튼을 클릭합니다. 이때 '그룹화'는 마우스 우클릭 또는 키보드단축기 'Ctrl+G' 버튼을 통해서도 사용이 가능합니다.

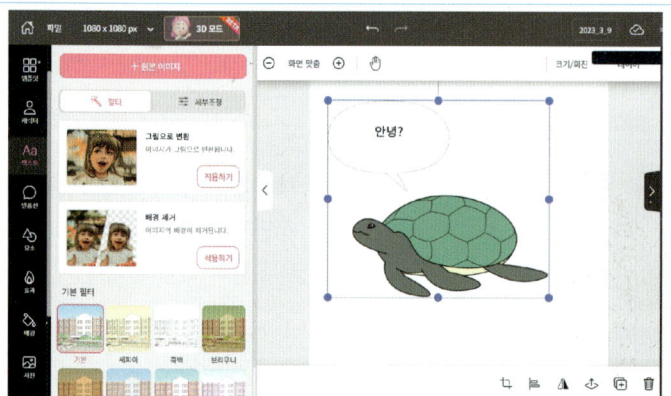

원래의 이미지를 다시 불러오고 싶다면 좌측 패널 상단의 '원본 이미지 추가' 버튼을 클릭하여 원본 요소파일을 불러올 수 있습니다.

02 투닝 드로잉으로 나만의 책표지 완성하기

01. 드로잉 생성하기

    기존에 있는 캐릭터와 요소를 활용하는 것도 좋지만 나만의 개성을 더 많이 드러내기 위해서는 직접 그린 나의 작품이 웹툰에 반영되는 것도 좋겠지요? 투닝에서는 드로잉 기능이 있어 원하는 그림을 직접 그릴 수도 있습니다.

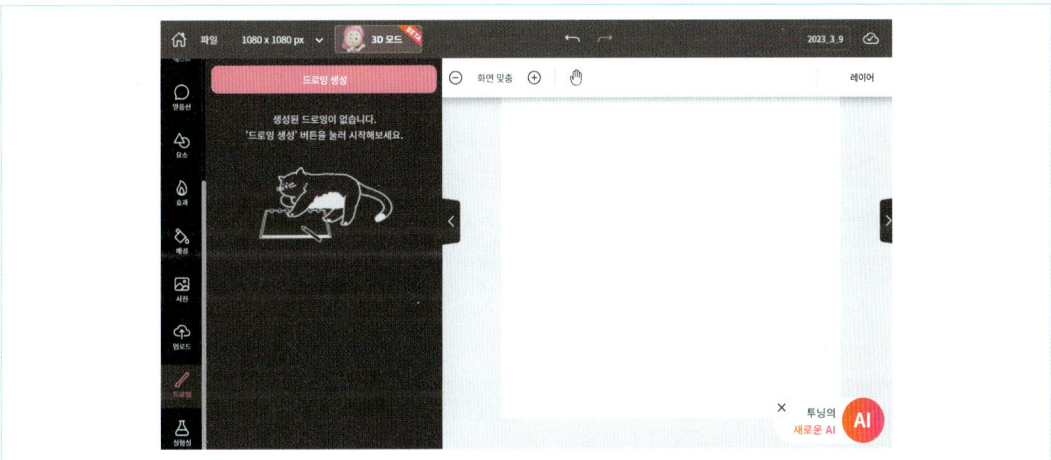

투닝에서는 직접 원하는 그림을 그릴 수도 있습니다. 드로잉 기능을 활성화하면 나만의 특별한 작품을 만들어낼 수 있습니다. 이번에는 투닝 편집툴의 '그리기 도구' 및 기능에 대해 알아보도록 하겠습니다. 좌측 메뉴바의 '드로잉' 메뉴로 진입하여 '드로잉 생성' 버튼을 클릭합니다.

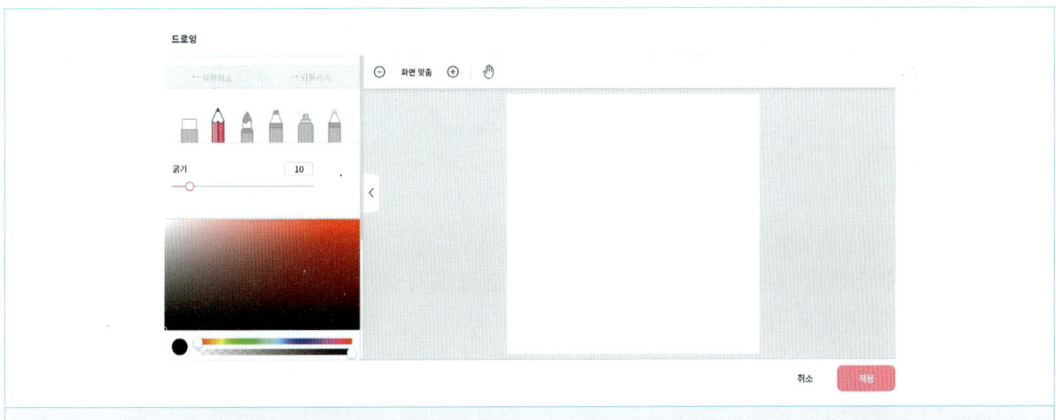

드로잉 기능이 활성화되면 좌측패널에 새로운 도구 메뉴가 나타나는 것을 확인할 수 있습니다.

02. 드로잉 도구메뉴의 기능 알아보기

드로잉 메뉴에서는 연필, 붓펜, 형광펜, 스프레이 등 다양한 브러쉬를 선택한 뒤 사이즈 및 색상을 조절하여 캔버스에 그림을 추가할 수 있습니다.
드로잉 작업물을 지우려면 Ctrl+Z버튼을 클릭하거나 지우개 도구를 사용합니다. 작업한 그림을 모두 지우고 싶을 때에는 '전체 삭제' 버튼을 클릭하여 캔버스를 초기화할 수 있습니다.

그림을 완성했다면 우측 하단의 '적용' 버튼을 눌러 드로잉이 추가되었는지 확인합니다.
완성된 드로잉은 비트맵 이미지로 아트보드에 추가되며, 다른 이미지와 마찬가지로 이미지 조정 및 필터사용이 가능합니다.
이렇게 추가한 드로잉은 투닝 홈페이지의 '나의 작업' 페이지에서 볼 수 있으며, 나의 다른 작업물 내에서도 불러오기 및 사용이 가능합니다.

03. 그림으로 요소검색기능 알아보기(AI기능)

　투닝에서는 AI로 그림을 검색하는 기능도 있습니다. 혹시 내가 모르는 한자를 검색할 때, 한자 그리기로 해당 한자를 찾아본 경험이 있으신가요? 이처럼 투닝에서는 내가 원하는 이미지를 최소한의 도형으로 그리면 비슷한 이미지를 찾아주는 기능이 있습니다.

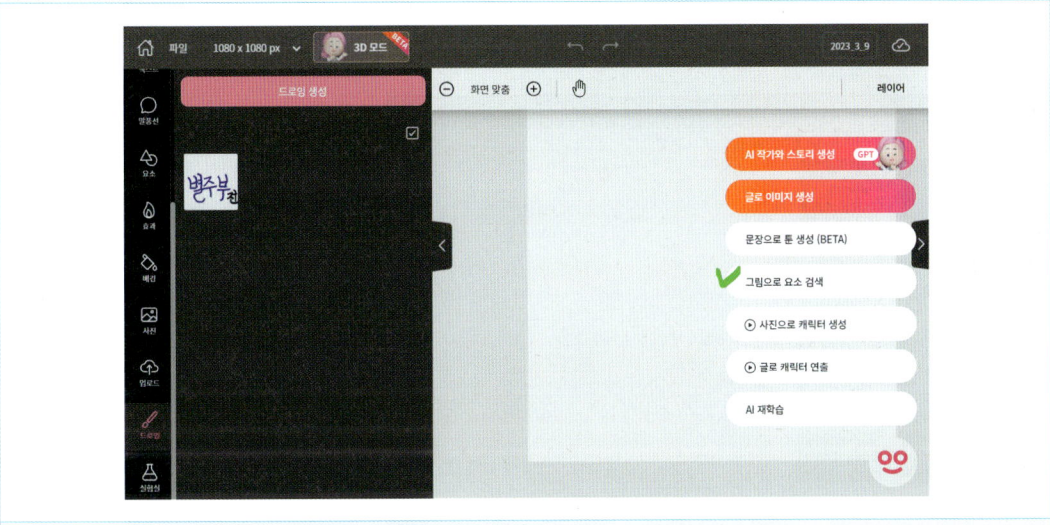

먼저 투닝 편집툴의 우측 하단에 위치한 AI버튼을 클릭하고, '그림으로 요소검색'을 클릭합니다.

캔버스가 나타나면 연필툴을 이용하여 검색하고자 하는 요소를 그림으로 표현합니다.
인공지능이 나의 그림을 분석하고, 이에 맞는 배경과 요소를 제시하면
내가 원하는 요소를 선택하여 화면에 가져올 수 있습니다.
사용하고자 하는 요소를 찾았다면 해당 요소를 클릭 후
'리소스 추가'를 눌러 에디터 화면에서 편집을 계속할 수 있습니다.

04. 투닝으로 나만의 책표지 만들기

평소 저는 학급에서 매월 말이 되면 학교 도서관에서 학생들과 단체로 학급도서를 대출하러 갑니다. 학생들이 1권씩 책을 골라오고 나면 직접 본인이 고른 책표지 그림 그리기부터 시작하여 여러 가지 독서 활동도 한 달 동안 진행하였습니다.

그런데 투닝으로 수업을 시작한 이후부터는 '투닝으로 책표지 그림 그리기'를 하고 있습니다. 이번 챕터에서 선생님들과 작업해볼 작품은 '별주부전'의 표지입니다.

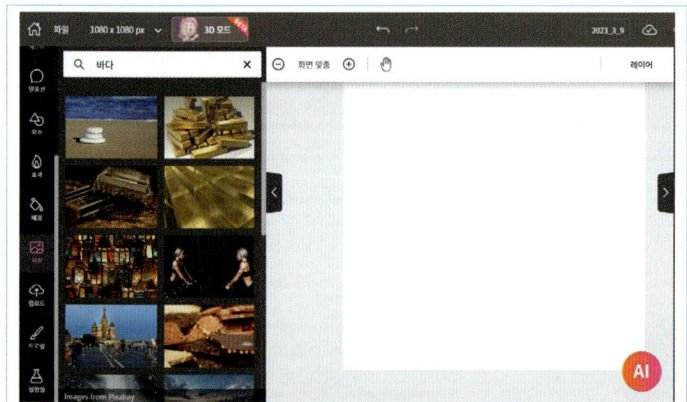

먼저 사진 메뉴로 들어가 보겠습니다. 별주부전의 배경이 바다이므로 세부검색에 '바다'라고 검색해 볼까요?

마음에 드는 사진을 골라서 화면에 가지고 옵니다.

배경의 필터를 편집하고 배경에 '폴라로이드' 효과를 줍니다. 이때, 투명도를 조절하면 텍스트와 그림이 더 돋보이게 됩니다.

별주부전의 주인공이 되는 자라와 토끼를 추가해볼까요?
요소를 클릭한 뒤 거북이를 검색하여 추가합니다.

요소에서 '갓'이라고 검색하여 별주부에 어울리는 멋진 관모도 씌웁니다.

요소 또는 캐릭터에서 '토끼'를 검색하여 토끼도 추가합니다.

책표지의 화룡점정이 될 '책 제목'을 드로잉으로 추가해보겠습니다. 앞서 그려둔 드로잉을 리소스로 가져온 뒤 그림자를 추가했습니다.

책 제목 뒤에 띠나 네모박스, 테두리를 가져오고 싶다면 요소에서 '제목'이라고 검색하여 추가하면 됩니다.

띠를 글자 뒤로 보내고 싶다면 띠를 선택한 뒤 마우스 우클릭하여 '뒤로 보내기'를 누르면 됩니다. 투닝에서의 요소나 이미지들은 레이어처럼 겹쳐져 있으므로 요소별로 '앞, 뒤 보내기'를 하여 순서를 바꿀 수 있습니다.

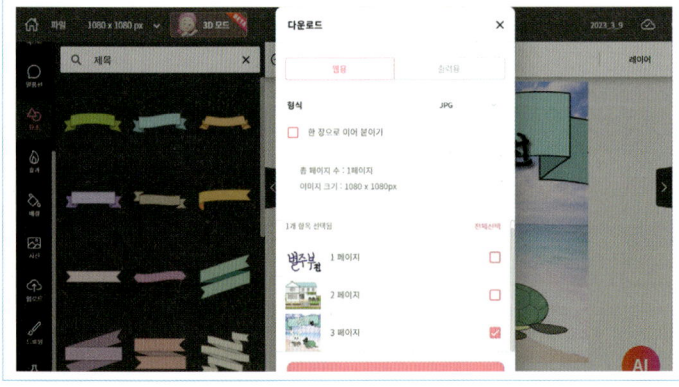

완성된 이미지는 우측 상단의 다운로드 버튼을 클릭하여 원하는 페이지만 선택하여 다운로드 받거나 여러 장의 이미지를 한장으로 이어붙이기 등 내가 원하는 이미지 파일의 형식으로 다운로드 받아서 활용할 수 있습니다.

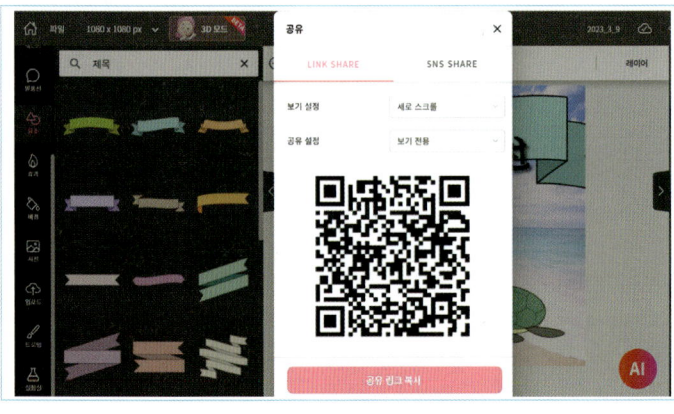

또한 링크를 공유하여 온라인 보드에 게시하거나 다른 사람들에게 복제할 수 있도록 링크 공유도 가능합니다.

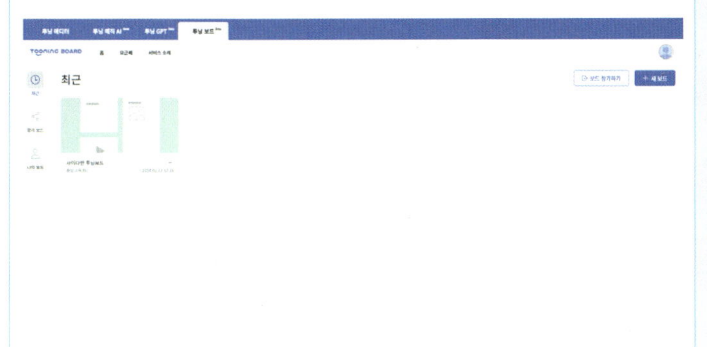

투닝사이트에는 '투닝보드'라는 메뉴가 생겨서 패들렛처럼 학생들의 작품을 공유할 수 있는 공간이 만들어졌습니다.

내 작품 상단에 공유버튼을 누르면 '투닝 버튼에 공유하기' 버튼이 나와서 투닝보드에 손쉽게 작품을 공유할 수 있습니다.

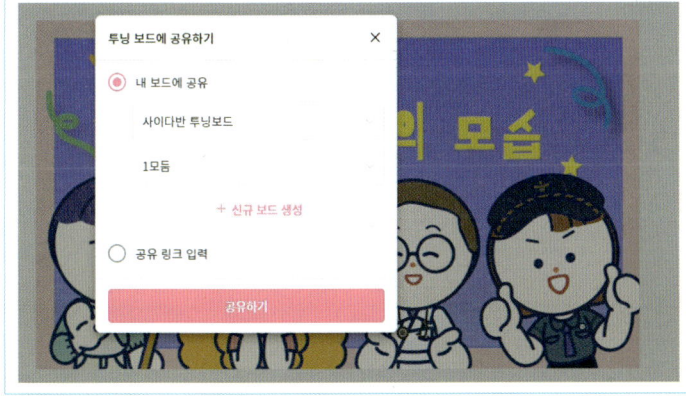

내 보드에 공유하기를 누르거나 공유보드 링크만 입력하면 되니 학생들도 더 쉽게 작품을 공유할 수 있겠죠?
투닝보드를 통해 학생들의 좋은 작품을 더 많이 볼 수 있게 되기를 기대합니다.

챕터를 마무리하며

　이번 챕터에서는 국어와 미술 수업에 적용할 수 있는 사례로 '투닝의 기능을 활용하여 나만의 책 표지 완성하기' 활동에 대해 알아보았습니다. 투닝을 활용하면 평소 종이로만 했던 활동에 새로움과 다양함을 더할 수 있습니다. 투닝으로 책 표지 만들기 활동을 통해 독후 활동의 새로운 지표를 열 수 있기를 기대합니다.

TOONING

5단원. 투닝 캐릭터 커스터마이징과 AI 자동 생성 기능으로 네컷 웹툰 만들기

⟨챕터1⟩ 투닝 캐릭터 커스터마이징

    01. 투닝 캐릭터 살펴보기
      01.01. 'Tooning' 캐릭터와 'Contributor' 캐릭터
    02. 투닝 캐릭터 커스터마이징 하기
      02.01. 교과서 장면에 등장하는 캐릭터 커스터마이징 하기

⟨챕터2⟩ AI 자동 생성 기능으로 네컷 웹툰 만들기

    01. 투닝의 AI 자동 생성 사용 방법 알아보기
    02. 교과서 장면에 어울리는 네컷 웹툰 만들기

01 투닝 캐릭터 커스터마이징

01. 투닝 캐릭터 살펴보기

투닝은 웹툰 제작에 특화된 디자인 플랫폼답게 다양한 기본 캐릭터들을 제공합니다. 여러 가지 그림체와 특색이 돋보이는 캐릭터들이 있는데, 사용자가 표현하고 싶은 방식과 장면에 따라서 동작과 표정, 색상 등을 구체적으로 커스터마이징을 할 수 있다는 것이 큰 특징입니다.

커스터마이징이란 무슨 뜻일까요? Customer는 고객이라는 뜻이지요? '주문 제작'이라는 뜻의 Customize에서 유래한 Customizing은 '고객이 기호에 따라 제품을 요구하면 생산자가 요구에 따라 제품을 만들어주는 일종의 맞춤 제작 서비스'를 말하는 것으로, '개인이 취향과 필요에 따라 제품의 기능과 설정, 디자인 등을 변경하는 것'을 의미하기도 합니다. 게임에서는 플레이어가 게임 안에서 자신이 플레이할 아바타의 외형, 복장, 무기, 탈것, 외장과 인테리어 등을 플레이어 자신이 기호에 맞게 맞춰 만드는 것을 지칭하는 용어로 쓰입니다. 즉 '나만의 것'을 '만들고 가진다'라는 의미로 해석하면 됩니다.

01.01. 'Tooning' 캐릭터와 'Contributor' 캐릭터

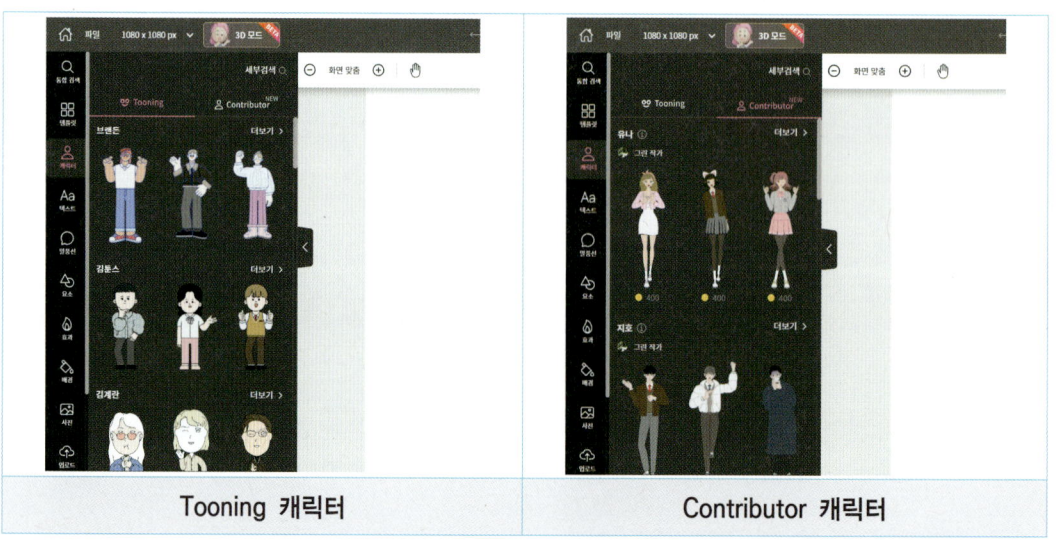

투닝 작업 창에서 좌측의 '캐릭터' 메뉴를 누르면 다양한 캐릭터들을 볼 수 있습니다. 'Tooning' 버튼을 누르면 투닝에서 직접 제작하여 제공하는 투닝 캐릭터가 나옵니다.

'Contributor' 버튼을 누르면 외부 작가가 제작한 작가 캐릭터가 나옵니다. 투닝 캐릭터는 무료 캐릭터와 유료 캐릭터가 같이 있고 작가 캐릭터는 모두 유료 캐릭터입니다.

캐릭터 아래에 코인표시가 붙은 것은 유료 캐릭터입니다. 일반사용자가 유료 캐릭터를 클릭하면 'Tooning' 워터마크가 붙은 채로 캐릭터가 삽입됩니다. 워터마크로 일부 가려지지만 유료 캐릭터도 커스터마이징이 가능합니다. 투닝캐릭터 중 코인 표시가 없는 무료 캐릭터들은 워터마크 없이 삽입됩니다.

02. 투닝 캐릭터 커스터마이징 방법 알아보기

캐릭터를 커스터마이징하기 위해서는 가장 먼저 원하는 캐릭터를 삽입해야 합니다. 캐릭터를 선택할 때 유의할 점이 있습니다. 동작이나 색은 커스터마이징하여 변경이 가능하지만 의상의 형태는 바꿀 수 없습니다. 그러므로 캐릭터의 얼굴보다는 옷의 생김새를 보고 선택하는 것이 더 좋습니다.

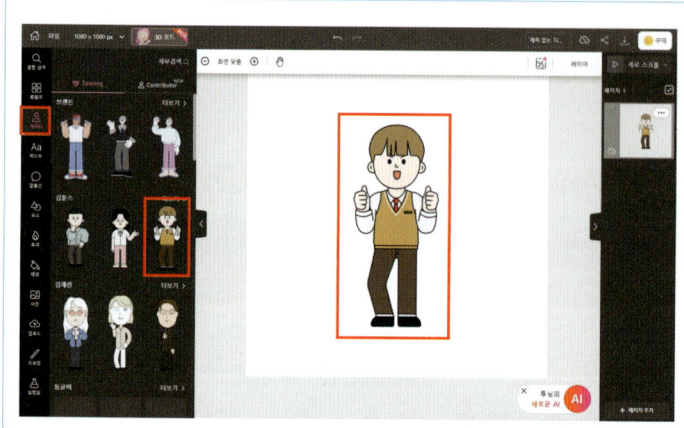

캐릭터 콘텐츠 메뉴에서 원하는 캐릭터를 클릭해 아트보드에 추가합니다.

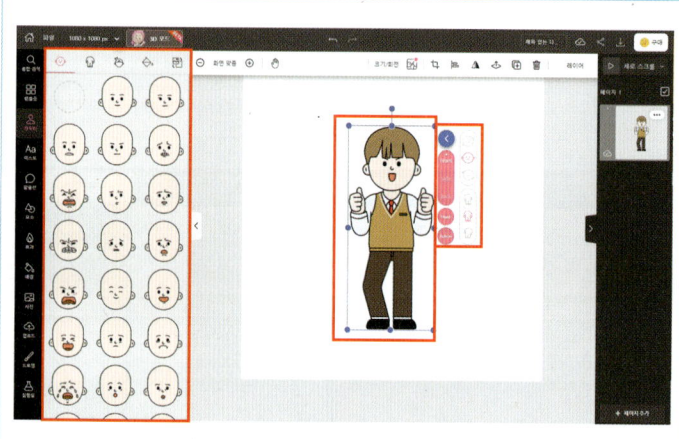

추가된 캐릭터를 클릭하면 파란색 테두리 상자와 캐릭터 컨트롤러가 나오고, 좌측에는 세부 설정 패널이 활성화 됩니다.

캐릭터 컨트롤러의 메뉴를 자세히 살펴보겠습니다.

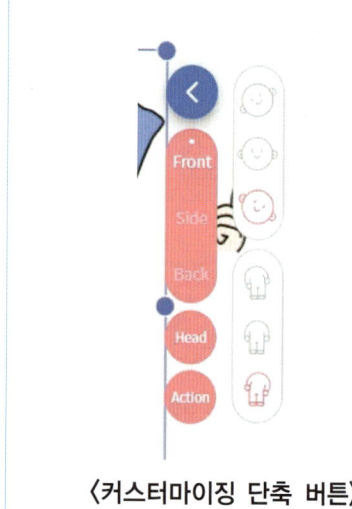

〈커스터마이징 단축 버튼〉

캐릭터를 클릭하면 분홍색 버튼이 옆에 뜨는 것을 볼 수 있습니다.

Front, Side, Back 버튼은 캐릭터가 바라보는 방향을 설정할 수 있습니다.

머리와 몸 버튼을 눌러 고개의 각도, 자세의 각도를 바꿀 수 있습니다. 다양한 캐릭터 커스터마이징을 빠르고 쉽게 할 수 있습니다.

좌측 세부 설정 패널의 메뉴를 자세히 살펴보겠습니다.

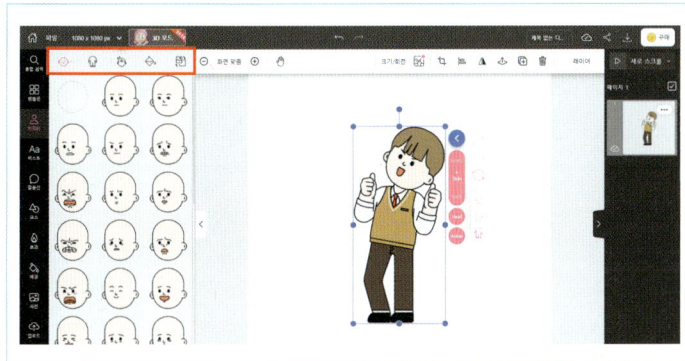

좌측 세부 설정 패널의 다섯 가지 탭이 있습니다.

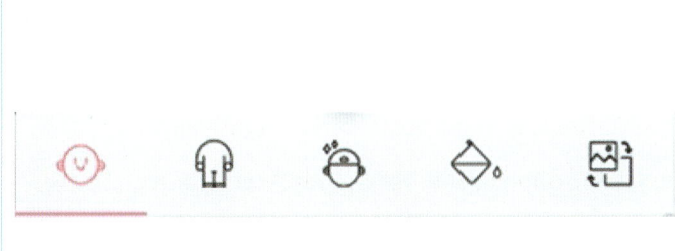

탭 메뉴의 순서는 표정, 동작, 얼굴, 색상 편집과 이미지 변환입니다.

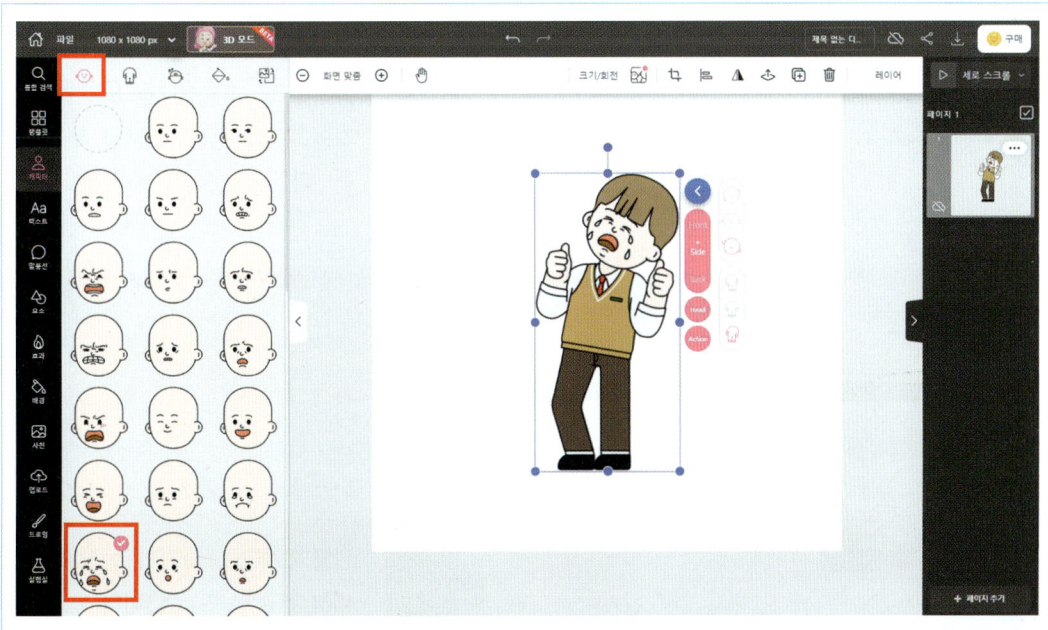

첫 번째 '얼굴 버튼 ⓥ'을 눌러봅니다. 다양한 표정으로 캐릭터를 변경할 수 있습니다. 많은 표정을 제공하기 때문에 표현하고자 하는 감정을 효과적으로 나타낼 수 있습니다.

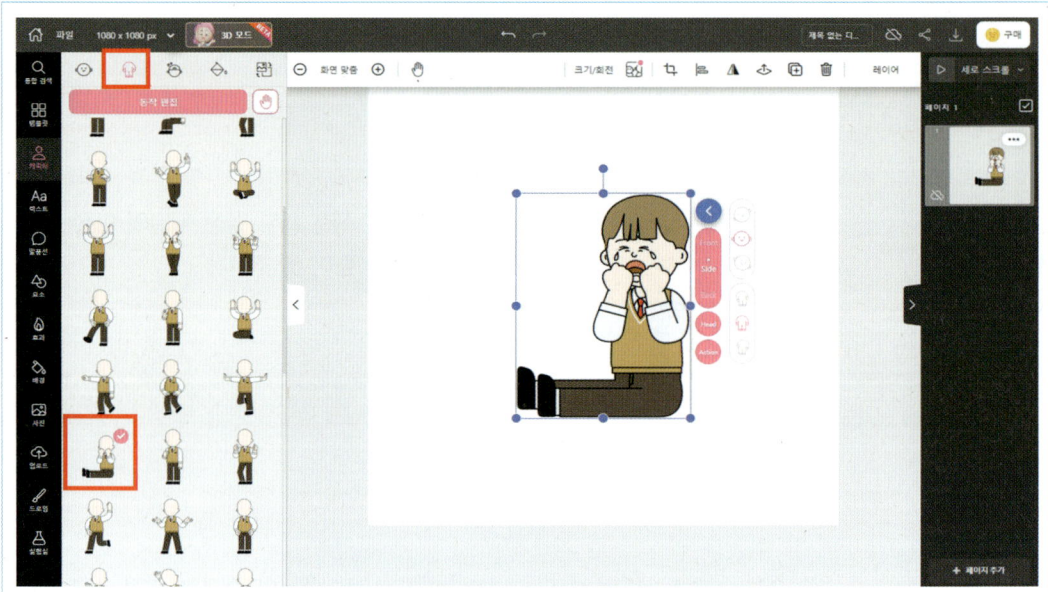

두 번째인 '몸 버튼🎧'을 누르면 다양한 동작들로 캐릭터를 바꿀 수 있습니다.
앉아있는 동작이나 누워있는 동작도 있습니다.

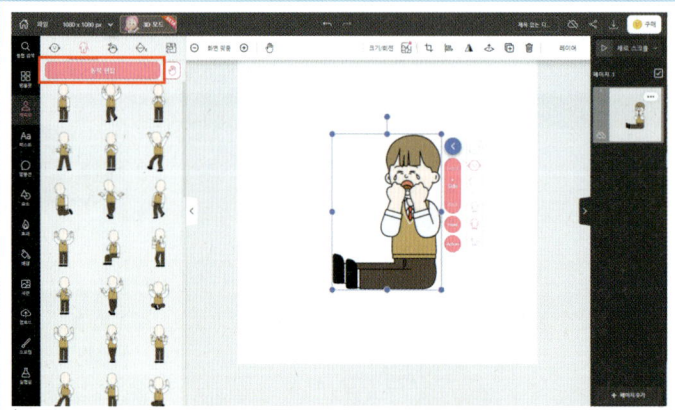

동작을 더 구체적으로 바꾸고 싶다면 '동작 편집' 버튼을 누르면 됩니다.

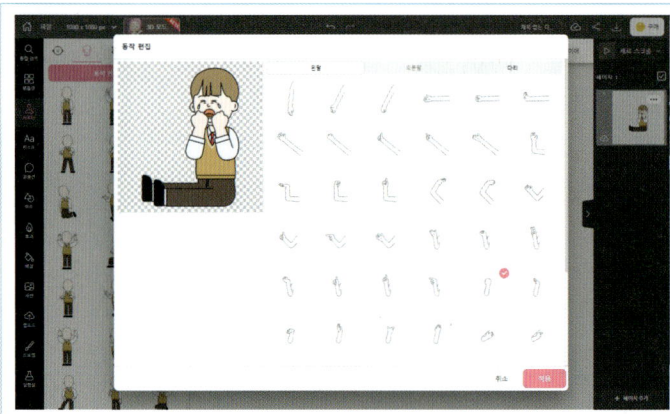

왼팔, 오른팔, 다리의 동작을 자세히 변경할 수 있습니다.

가운데에 있는 '얼굴 편집 버튼 '에서는 캐릭터의 머리 부분에 대해 상세한 설정을 할 수 있습니다.

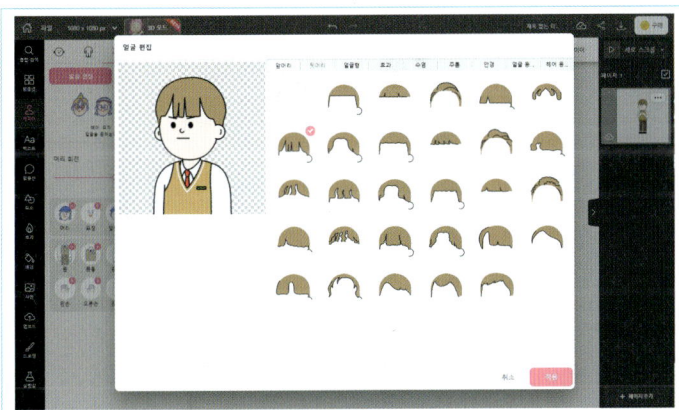

'얼굴 편집'을 누르면 헤어나 표정, 액세서리를 구체적으로 바꿀 수 있습니다.

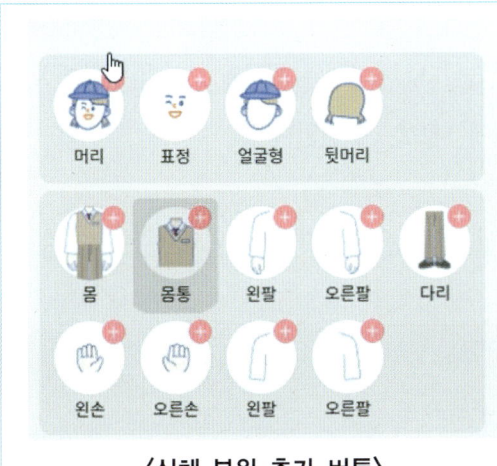

〈신체 부위 추가 버튼〉

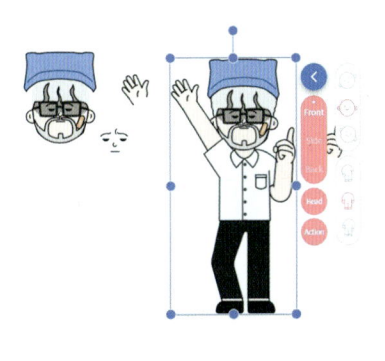

〈신체 부위 추가된 모습〉

또 다양한 신체 부분을 일부만 표현할 수도 있습니다. 편집 패널의 하단에 다양한 신체 부위 버튼을 클릭하면 지금 있는 캐릭터의 머리나 팔, 다리만 따로 추가됩니다.

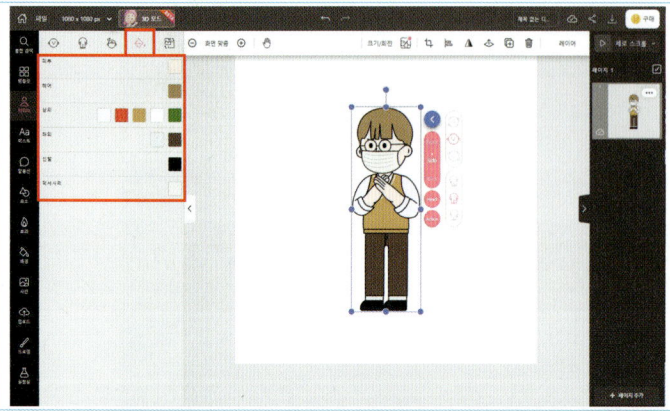

네 번째 기능인 '페인트 버튼◇'을 사용하면 캐릭터의 색상을 다양하게 변경할 수 있습니다. 피부색이나 헤어, 옷, 신발 등을 내가 원하는 색으로 다시 칠할 수 있습니다.

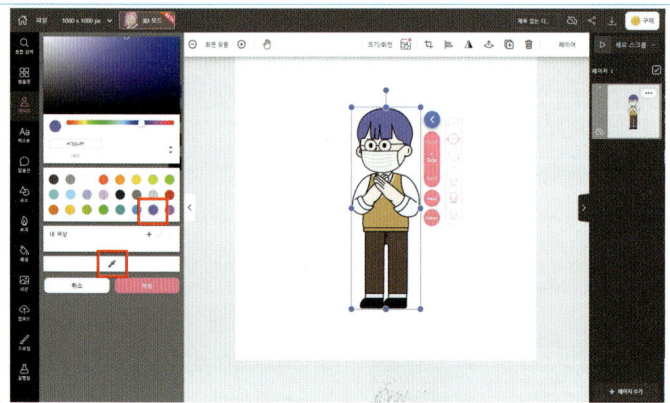

스포이트 툴을 이용해 다른 색상을 클릭하여 추출하는 것도 가능합니다.

02.01 교과서 장면에 등장하는 캐릭터 커스터마이징 하기

투닝 캐릭터를 커스터마이징하는 방법을 알아보았습니다. 이번에는 제시된 교과서 상황에 어울리는 캐릭터를 만들어 볼까요? 3학년 국어 교과서에 나오는 장면입니다.

> 정원사는 한 발자국 한 발자국 내디뎌 보다가 덩실덩실 춤을 추었어요. 정원사가 웃으며 큰 소리로 외쳤어요. "이제 하나도 아프지가 않아!"
>
> 출처: 국어 교과서 3-2(가) 52쪽 '거인 부벨라와 지렁이 친구' 中

내용만 봐도 즐거움에 춤을 추는 정원사가 떠오르네요. 앞에서 배운 캐릭터 커스터마이징을 적용해서 교과서 캐릭터를 만들어 보겠습니다.

① 캐릭터 선택

캐릭터의 종류는 투닝 캐릭터 중 하나인 '김툰스'로 선택합니다. 캐릭터의 모습을 보고 선택해도 좋지만, 의상은 커스터마이징으로 형태를 바꿀 수 없기 때문에 정원사에 어울리는 의상을 입은 캐릭터를 선택합니다.

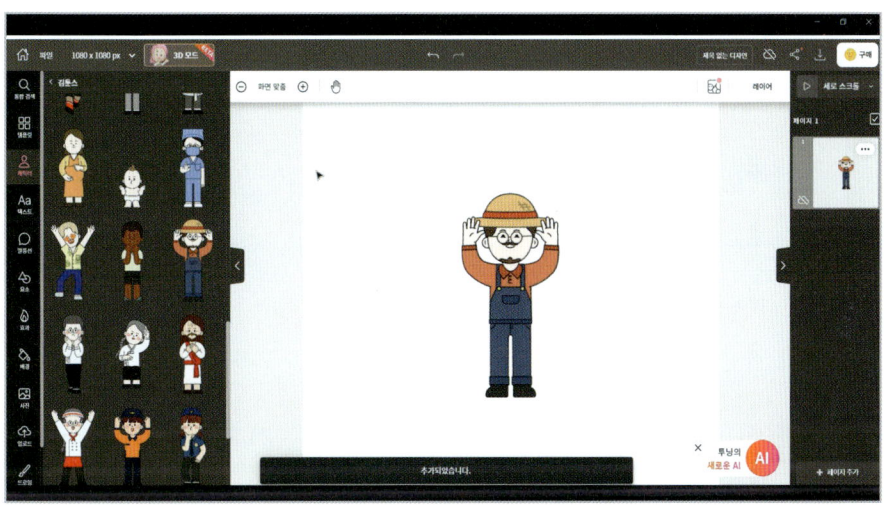

웃으며 멜빵을 입은 모습이 교과서 장면에 제법 어울리지만, 더 구체적으로 수정해 볼까요? 다양한 캐릭터 변경 사항을 적용하면서 내가 상상한 교과서의 정원사의 모습으로 변경합니다.

② 캐릭터 얼굴 커스터마이징

이야기 장면에 어울리는 활짝 웃는 얼굴로 표정을 변경합니다.

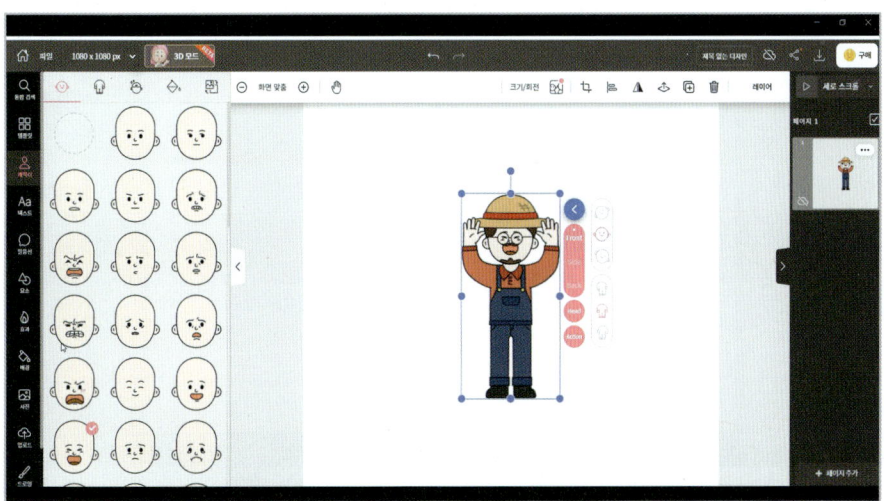

③ 캐릭터 동작 커스터마이징

동작을 변경합니다. 교과서 장면에서 '덩실덩실 춤을 추었'다고 했으니 춤을 추는 동작을 선택합니다. 더 자세히 동작을 변경하고 싶다면 '동작 편집' 버튼을 눌러 팔다리의 움직임을 각각 설정합니다.

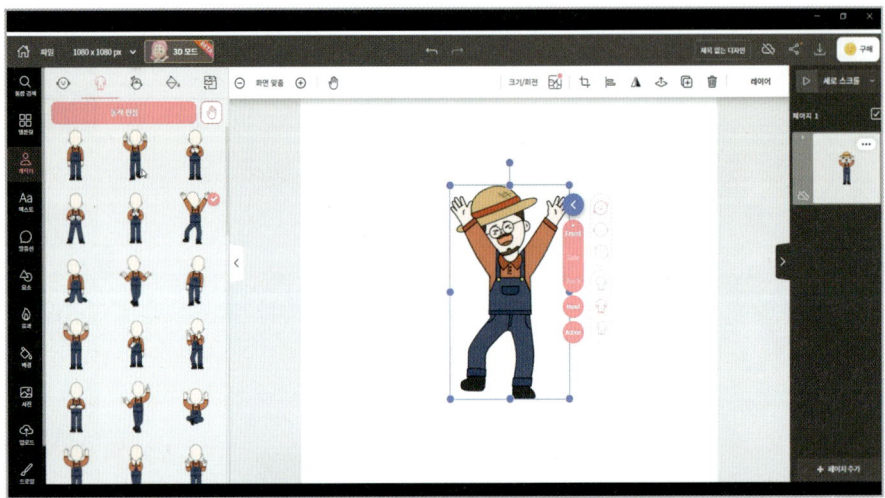

④ 캐릭터 얼굴 편집

'얼굴 편집'에 들어가 인물의 자세한 부분을 묘사합니다. 나이 든 정원사를 표현하기 위해 주름을 추가하고 어울리는 모자를 삽입합니다. 기본 설정이 되어 있는 안경도 해제합니다.

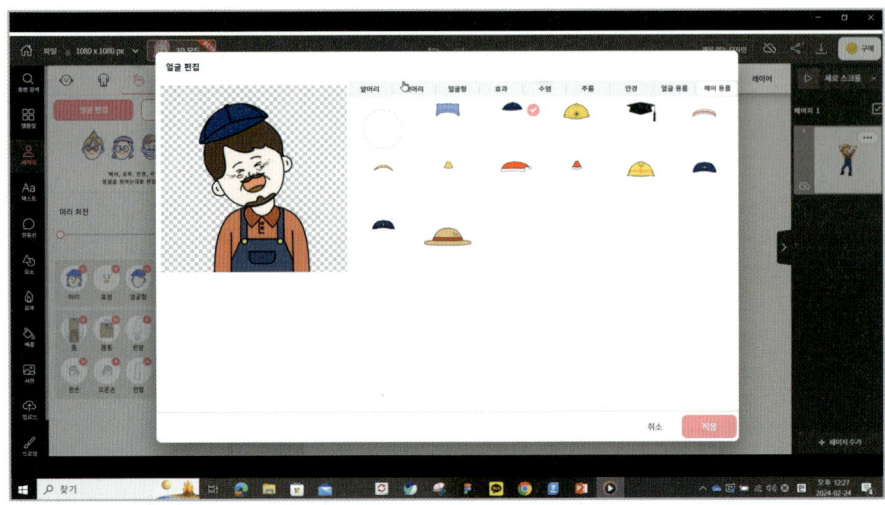

⑤ 캐릭터 색상 변경

마지막으로 페인트 도구를 클릭해서 캐릭터의 색을 변경합니다. 피부색과 머리카락의 색, 의상의 색을 세세하게 변경할 수 있습니다. 이야기 속 인물의 모습을 상상하면서 인물을 구체화합니다.

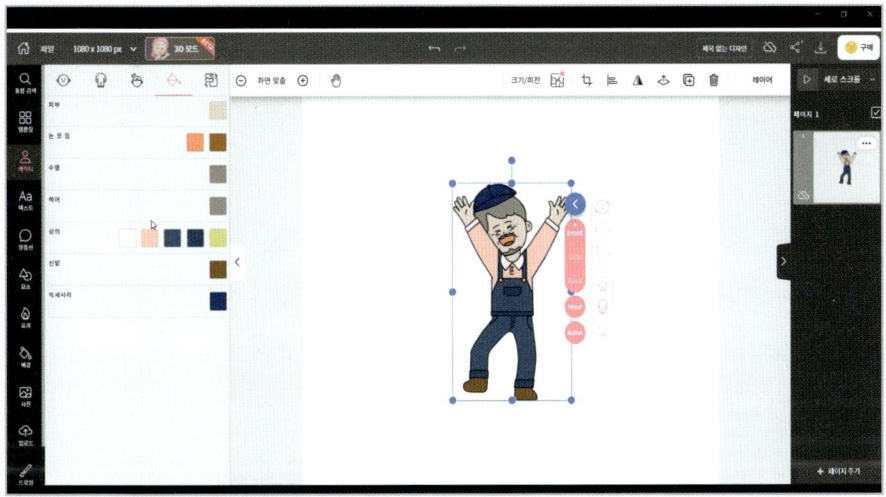

흥겹게 춤을 추는 몸동작과 주름진 얼굴로 교과서 이야기의 정원사가 완성되었습니다. 이렇게 투닝의 다양한 커스터마이징 기능으로 교과서나 이야기에 등장하는 인물 외에도 내 모습이나 가족의 모습 등 실제 인물의 캐릭터도 만들 수 있습니다.

02 투닝 캐릭터 커스터마이징과
AI 자동 생성 기능으로 네컷 웹툰 만들기

투닝의 캐릭터 커스터마이징과 AI 자동 생성 기능을 활용하여 수업에 다양하게 접목할 수 있는 네컷 웹툰을 만들어 보겠습니다.

01. 투닝의 AI 자동 생성 사용 방법 알아보기

투닝에서도 AI를 활용할 수 있습니다. 투닝의 다양한 AI 자동 생성 기능을 알아볼까요? 투닝 작업 창에서 우측 하단의 AI 버튼을 누르면 다양한 투닝AI 기능을 체험할 수 있습니다. AI 기능과 회원제의 종류에 따라 사용 횟수 제한이 있으니 잘 확인하고 활용하시기를 바랍니다.

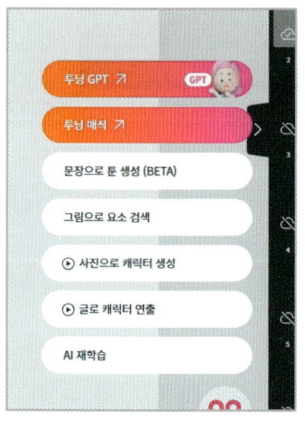

① 투닝 GPT TOONING GPT

투닝 GPT는 가상의 특정 인물과 대화를 할 수 있는 생성형 AI입니다. 다양한 화자에게 학생들이 직접 생각하고 질문하여 답을 얻을 수 있습니다. 생성형 AI 서비스의 특성상 사용 가능 연령 제한이 있기 때문에 초등학생은 교사의 시연 중심으로, 중고등학생은 직접 실습으로 수업에 활용할 수 있습니다.

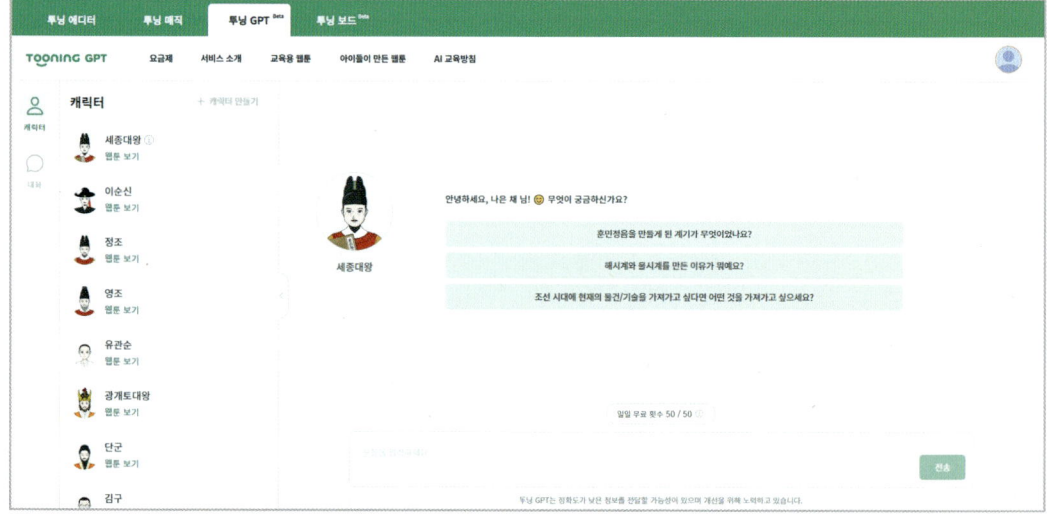

투닝 GPT는 여러 가지 캐릭터에게 질문을 하는 형식입니다. 역사적인 인물들과 특정 직업인과 가상으로 대화할 수 있습니다. '웹툰 보기' 버튼을 누르면 각 캐릭터와 역사적 상황에 어울리는 투닝 웹툰을 감상할 수 있습니다.

투닝GPT의 역사적 캐릭터	투닝GPT의 직업 캐릭터

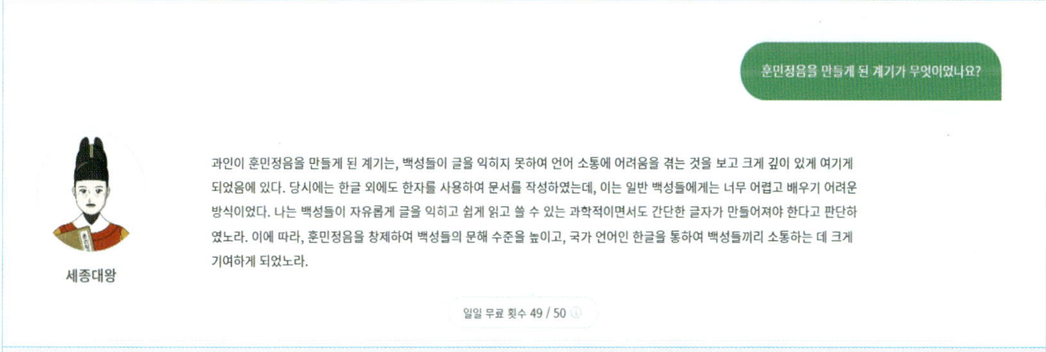

투닝GPT 세종대왕 캐릭터와 대화하기

② 투닝 매직 TOONING MAGIC

투닝 매직은 AI를 사용해서 이미지를 생성할 수 있는 기능입니다. 기존이 다른 이미지 생성형 AI보다 단순하고 쉬운 작동법으로 초등 학습자가 활용하기 좋습니다.

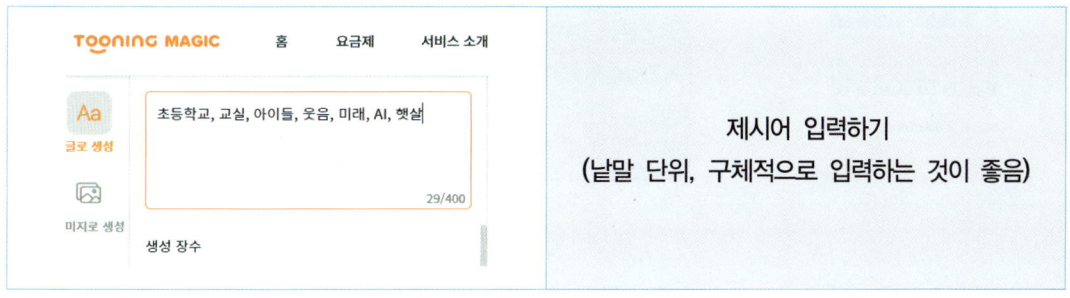

제시어 입력하기
(낱말 단위, 구체적으로 입력하는 것이 좋음)

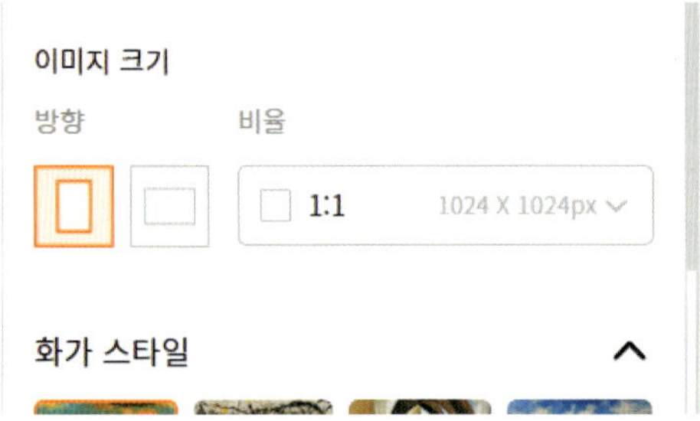

(이미지 크기 설정 화면)	이미지의 크기와 방향을 설정
(화가 스타일 선택 화면)	(이미지 스타일 선택 화면)
화가 스타일 선택	이미지 스타일 선택 후 '이미지 생성' 클릭

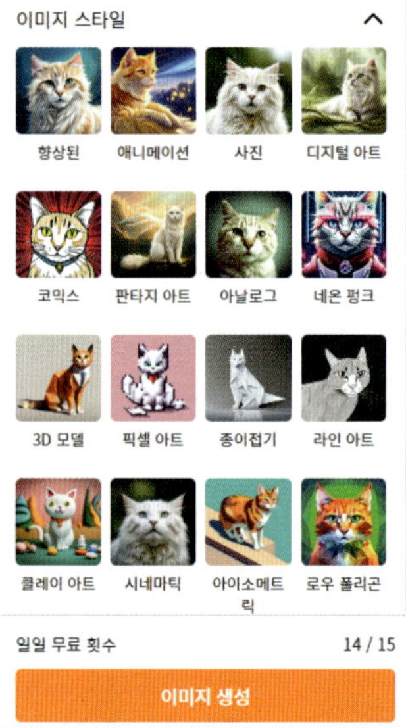

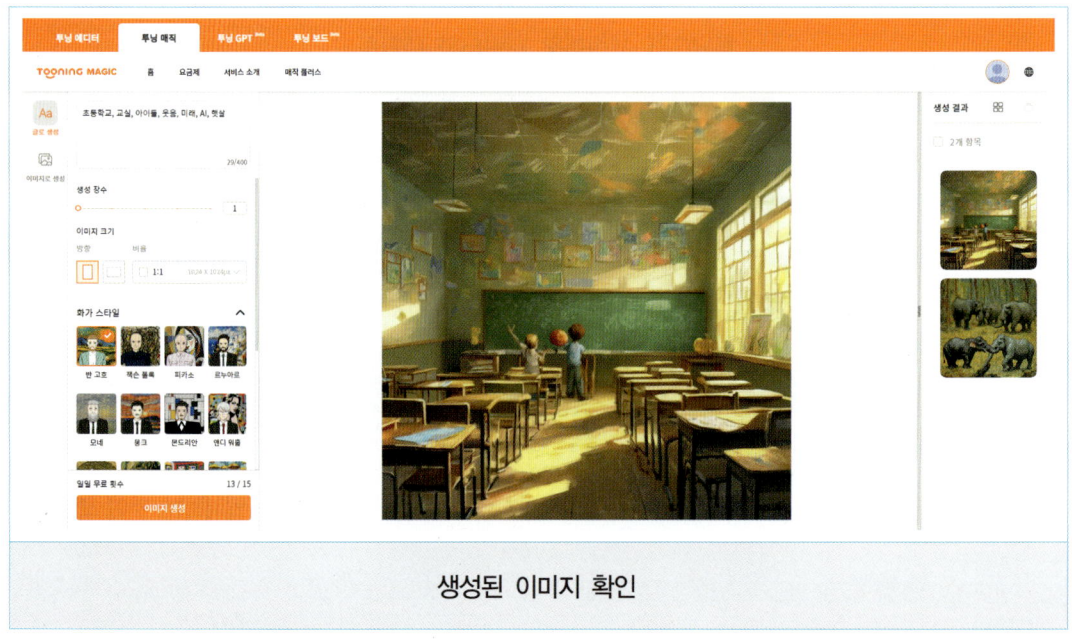

생성된 이미지 확인

③ 문장으로 툰 생성

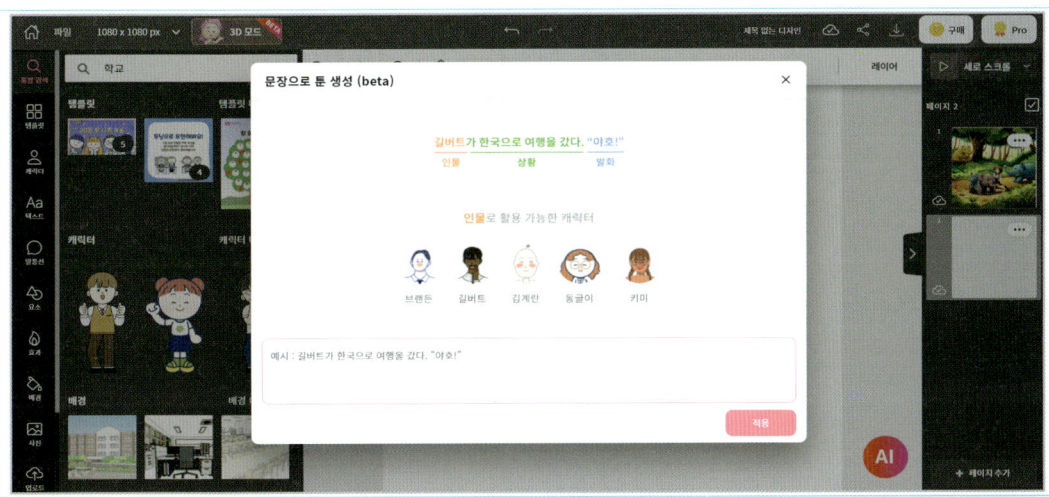

투닝AI에서 세 번째 버튼 '문장으로 툰 생성'을 누르면 예시와 함께 문장을 입력할 수 있는 창이 뜹니다. 인물과 상황, 발화를 입력하라는 안내가 나옵니다.

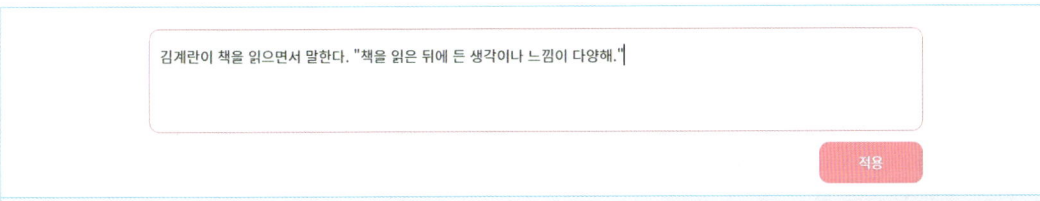

인물로 활용할 수 있는 캐릭터는 다섯 캐릭터가 있습니다. 이 내용들을 확인하고 예시 문장을 입력합니다. 인물과 상황, 발화가 드러나도록 입력해 보겠습니다.

「김계란이 책을 읽으면서 말한다. "책을 읽은 뒤에 든 생각이나 느낌이 다양해."」

적용 버튼을 누르면 내가 입력한 문장에 어울리도록 자동으로 생성된 툰을 볼 수 있습니다.

좌측 패널에서 장면 추천을 적용할 수 있습니다.
투닝의 장면 추천에 따라 구도를 변경할 수 있습니다.

웹툰 장면을 빈 화면에서 만들기보다 이렇게 '문장으로 툰 생성' 기능을 이용한 뒤 수정한다면 작업 속도를 훨씬 절약할 수 있습니다.

④ 글로 캐릭터 연출

투닝AI에는 캐릭터를 일일이 커스터마이징하지 않고 글을 입력해 자동으로 연출할 수 있는 기능이 있습니다.

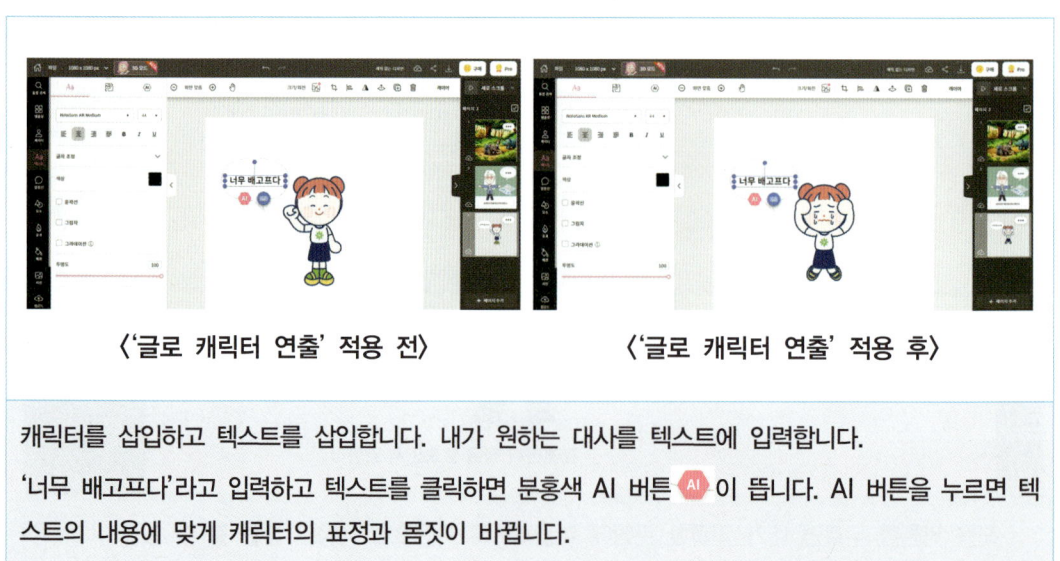

〈'글로 캐릭터 연출' 적용 전〉   〈'글로 캐릭터 연출' 적용 후〉

캐릭터를 삽입하고 텍스트를 삽입합니다. 내가 원하는 대사를 텍스트에 입력합니다.
'너무 배고프다'라고 입력하고 텍스트를 클릭하면 분홍색 AI 버튼 이 뜹니다. AI 버튼을 누르면 텍스트의 내용에 맞게 캐릭터의 표정과 몸짓이 바뀝니다.

좌측의 텍스트 창에 있는 AI 버튼을 눌러서 빠르게 AI 연출을 적용할 수도 있습니다.

02. 교과서 장면에 어울리는 네컷 웹툰 만들기

이렇게 투닝의 다양한 AI 자동 생성 기능들을 알아보았습니다. 배운 내용들을 생각하면서 교과서 이야기에 이어질 내용을 상상하며 네컷 웹툰을 만들어 볼까요? 4학년 국어 교과서에 나오는 초록 고양이의 이야기입니다.

> 초록 고양이가 엄마를 항아리에 숨기자 꽃담이는 엄마 냄새를 맡고 엄마를 찾아냈어요. 이번에는 초록 고양이가 꽃담이를 항아리에 숨겼어요. 40개의 항아리 중에 꽃담이가 있는 항아리를 맞춰야 엄마는 꽃담이를 되찾을 수 있어요.
>
> 출처: 국어 교과서 4-1(가) 156-161쪽 '초록 고양이' 요약

어떤 이야기가 이어질까요? 엄마가 항아리를 들어서 무게로 꽃담이를 찾아낼 수도 있겠지요. 이 내용으로 투닝AI를 활용해서 네컷 웹툰을 만들어 보겠습니다.

① 빈 페이지 추가하기

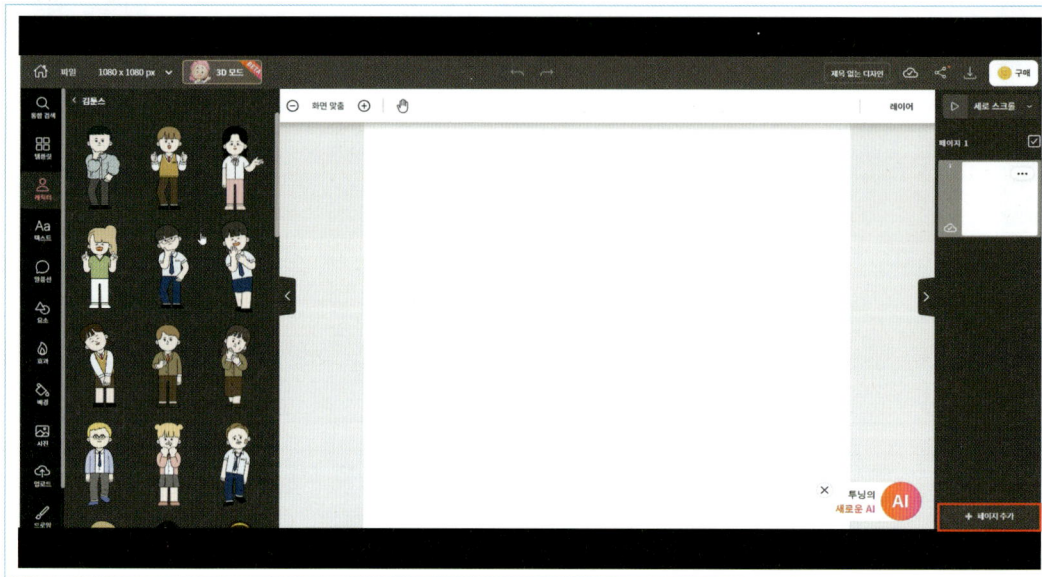

네컷 웹툰은 네 개의 장면이 필요합니다.
우측 하단의 페이지 추가 버튼을 눌러서 네 개의 페이지를 생성합니다.

② 배경 설정하기

교과서에서는 이야기의 배경이 꽃담이 집 화장실입니다. 좌측 '배경' 탭에서 '화장실'을 검색해서 적절한 이미지를 배경으로 삽입합니다.

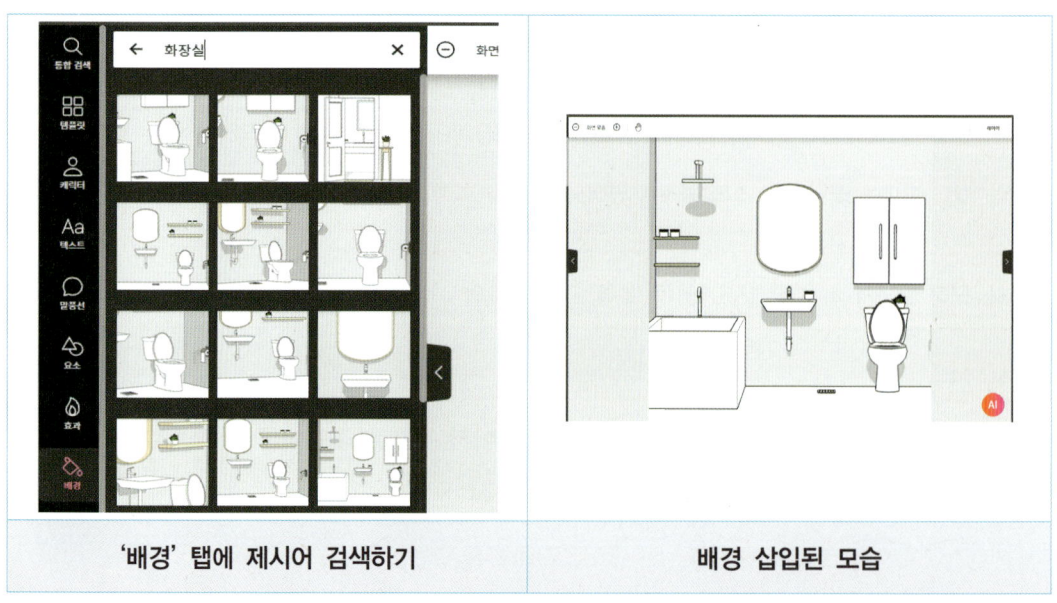

| '배경' 탭에 제시어 검색하기 | 배경 삽입된 모습 |

③ 이미지 요소 삽입하기

이야기에 나오는 항아리 이미지가 필요합니다. 투닝 에디터 '사진' 탭에서 '장독대'를 검색하여 이미지를 삽입하고 배경 제거 기능을 사용합니다. 배경이 삭제된 장독대 이미지를 배경과 장면에 어울리게 배치합니다.

사진 검색, 삽입하기

이미지 '배경 제거'하기

④ 캐릭터 연출하기

주인공 캐릭터인 초록 고양이를 연출해 보겠습니다. 고양이 캐릭터를 커스터마이징하여 이야기의 초록 고양이를 나타낼 수 있습니다.

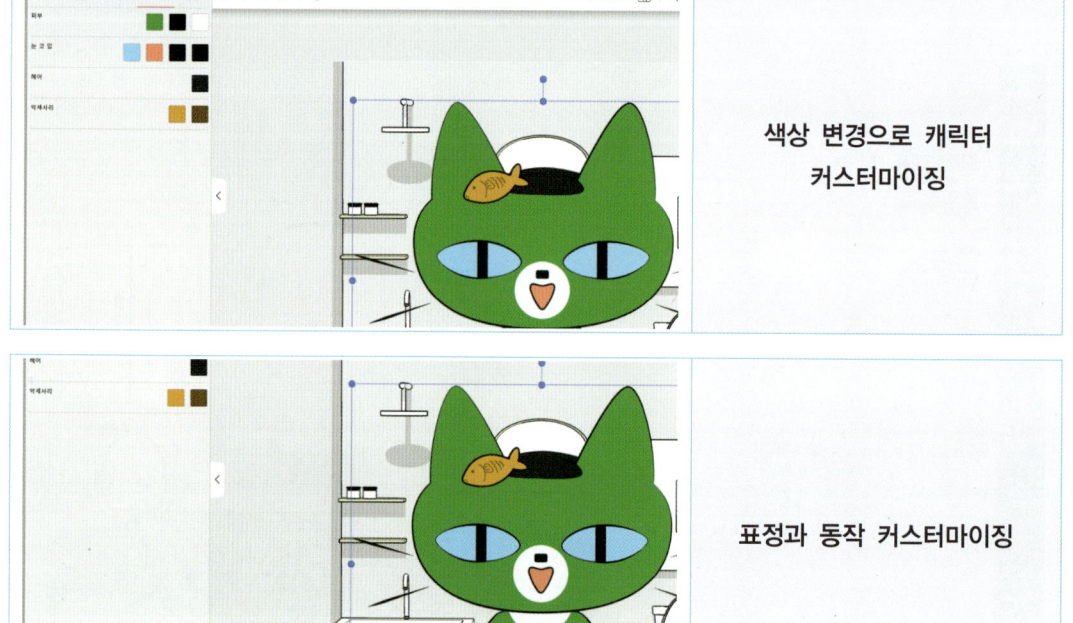

	삼식이 캐릭터의 '더보기' 클릭
	원하는 캐릭터 삽입하기
	색상 변경으로 캐릭터 커스터마이징
	표정과 동작 커스터마이징

꽃담이 엄마 캐릭터도 필요합니다. 이야기 속 인물의 모습을 상상하면서 어울리는 캐릭터를 삽입합니다.

텍스트를 넣어서 대사를 입력합니다. '이걸 어떻게 하지?'라고 입력하고, 투닝AI의 '글로 캐릭터 연출' 기능으로 캐릭터의 표정과 몸짓을 바꿉니다.

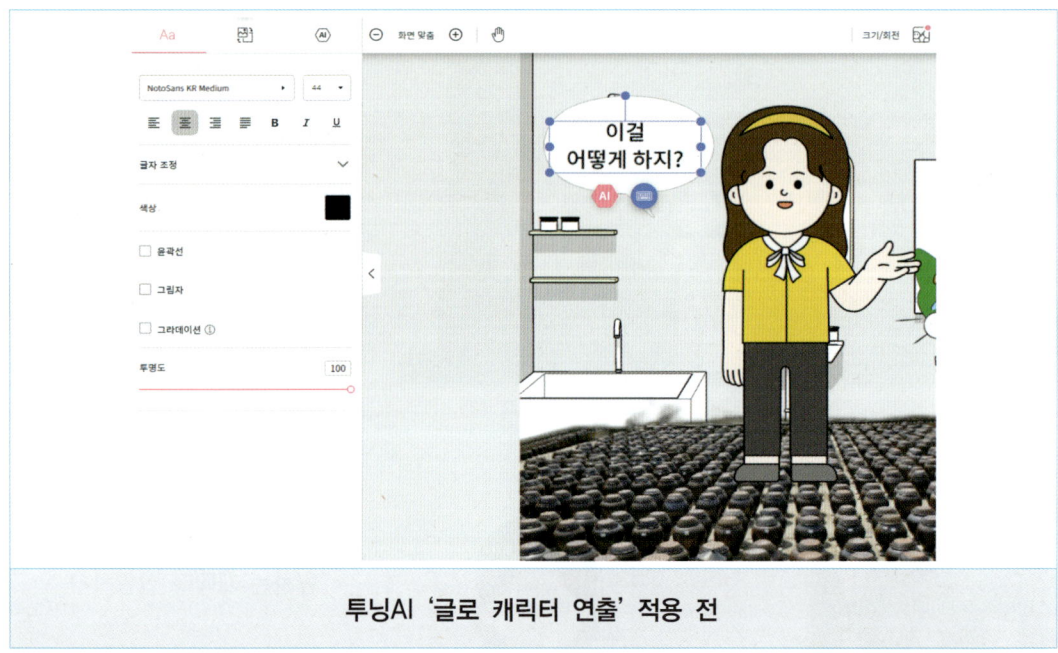

투닝AI '글로 캐릭터 연출' 적용 전

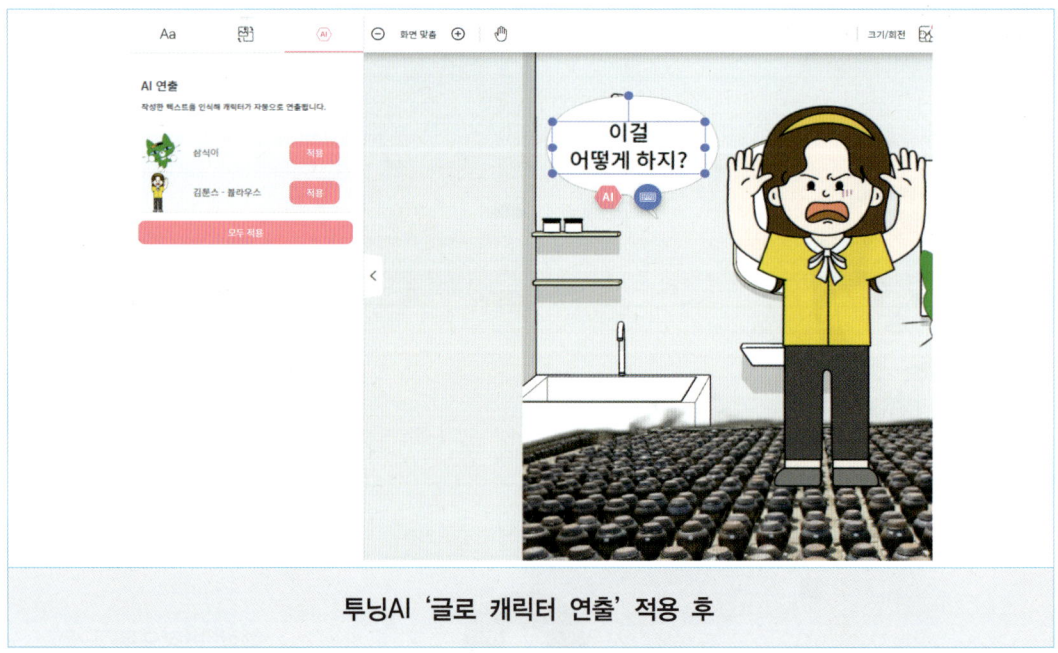

투닝AI '글로 캐릭터 연출' 적용 후

말풍선과 캐릭터 요소들을 적절하게 배치하여 장면을 연출합니다. 이렇게 첫 번째 컷이 완성되었습니다.

나머지 컷도 투닝AI 자동 생성을 사용해서 장면을 연출할 수 있습니다.

교과서 장면에 어울리는 네컷 웹툰

TOONING

TOONING

Stories Change the World.

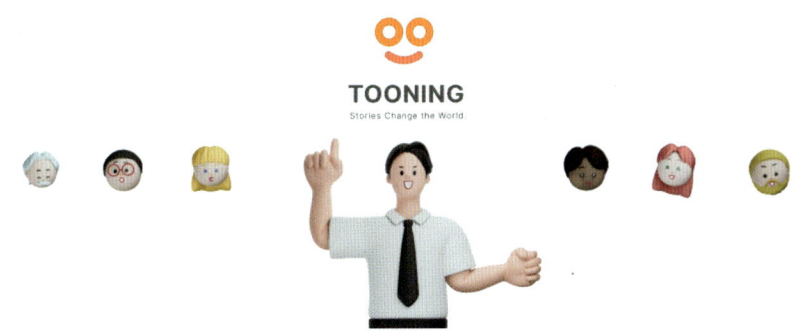

6단원. 투닝 매직을 활용한 직업 소개툰 만들기

〈챕터1〉 투닝 매직 사용방법 알아보기

01. 투닝 매직 기능 알아보기

02. 투닝 매직 플러스 - 입문자 모드, 전문가 모드 알아보기

〈챕터2〉 직업 소개툰 만들기

01 투닝 매직 사용방법 알아보기

01. 투닝 매직 기능 알아보기

투닝에는 '투닝 매직' 기능이 있습니다. 투닝의 매직 기능은 웹툰 제작과 관련된 기능을 갖춘 인공지능(AI)입니다. 웹툰 제작 과정에서 인공지능 기능을 활용해 쉽고 빠르게 이미지를 만드는데 도움을 줍니다. 투닝 매직에서는 텍스트를 입력하거나 클릭하여 이미지로 바꾸어주는 기능을 대표적으로 이용할 수 있습니다. 더불어 반 고흐, 피카소 등 유명 화가들의 화풍을 적용하여 새로운 작품 이미지를 생성할 수 있습니다. 그림을 잘 그리지 못하는 사람도 투닝 매직을 활용하면 손쉽게 나만의 이미지를 만들 수 있습니다.

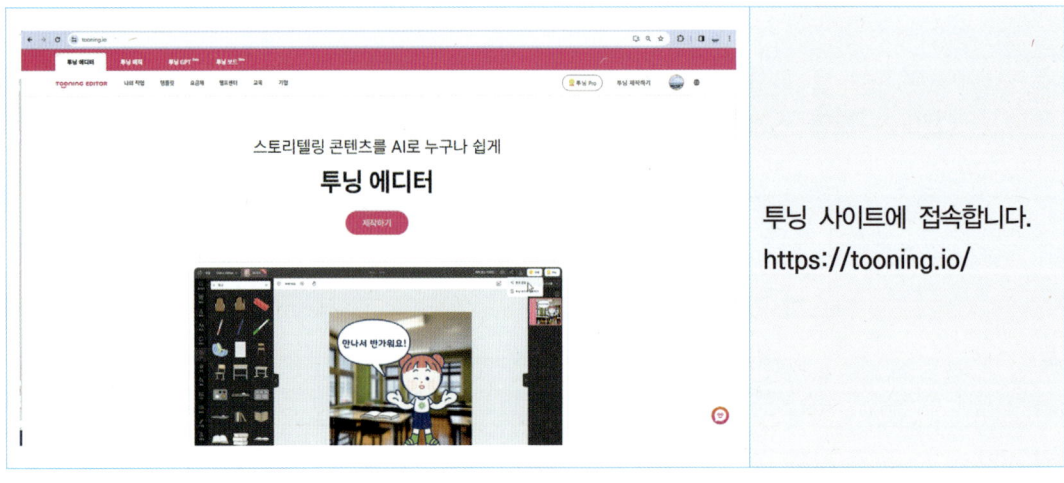

투닝 사이트에 접속합니다.
https://tooning.io/

상단에서 '투닝 매직'을 선택합니다.

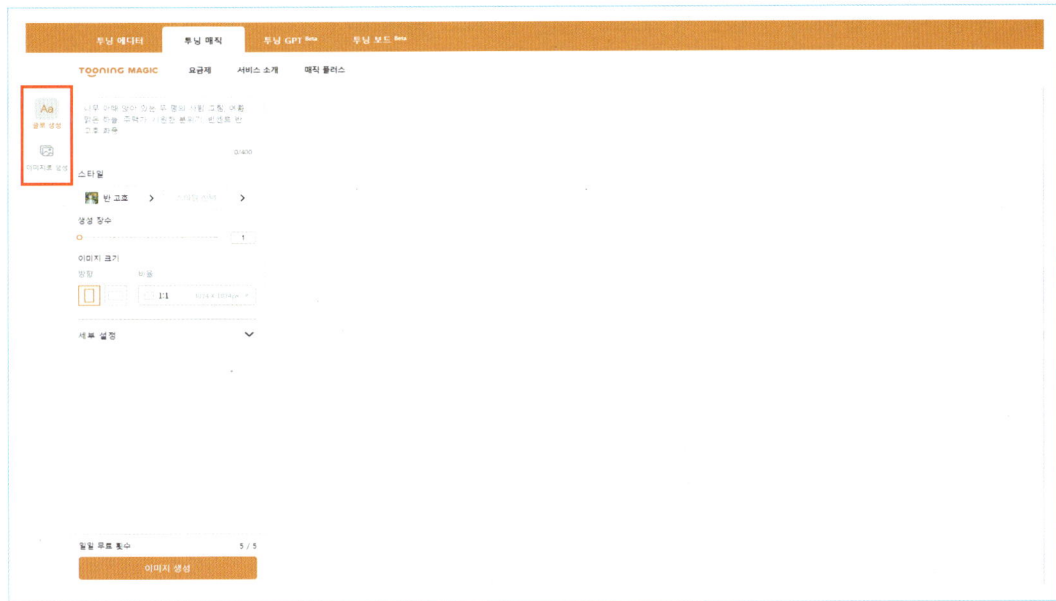

'투닝 매직'에서는 '글로 생성', '이미지로 생성' 두 가지 기능을 활용하여 인공지능으로 이미지를 손쉽게 생성할 수 있습니다.

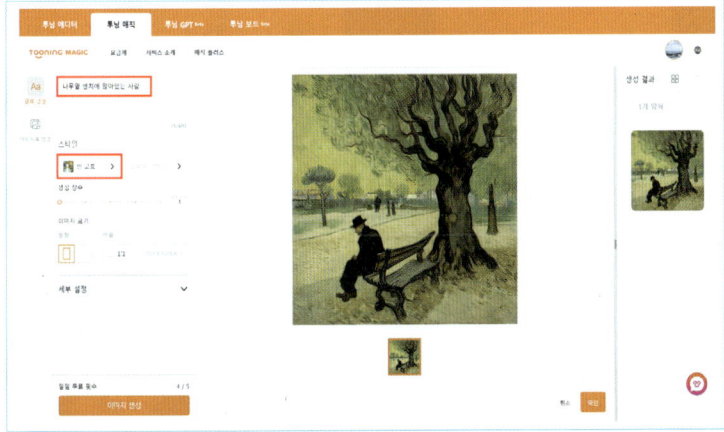

'글로 생성' 콘텐츠 메뉴의 입력 공간에 '나무 옆 벤치에 앉아있는 사람'이라고 입력합니다. 스타일은 '반 고흐'로 설정합니다. 생성 장수는 1~5장까지 원하는대로 설정할 수 있습니다. 이미지 방향과 이미지 비율도 조절이 가능합니다.

'이미지로 생성' 콘텐츠 메뉴에서는 가지고 있는 이미지를 업로드하면 업로드 한 이미지와 작성한 텍스트를 바탕으로 새로운 이미지가 생성됩니다.

02. 투닝 매직 플러스 - 입문자 모드, 전문가 모드 알아보기

　투닝 매직 플러스에는 '캐릭터' 탭, '배경' 탭, '요소' 탭에서 제공되는 다양한 키워드를 클릭하여 이미지를 생성할 수 있는 '입문자 모드'와 프롬프트에 생성하기를 원하는 내용을 입력하여 새로운 이미지를 만들 수 있는 '전문가 모드'가 있습니다. 입문자 모드를 사용하면 초보 사용자도 생성하기를 원하는 키워드를 클릭하여 쉽게 이미지를 생성할 수 있는 장점이 있습니다. 반면 전문가 모드를 사용하면 구체적인 내용을 직접 프롬프트에 입력하여 원하는 이미지를 생성할 수 있는 장점이 있습니다. 이러한 각각의 특성을 활용하여 입문자 모드와 전문가 모드에서 인공지능 기능으로 새로운 이미지를 생성해 보겠습니다.

투닝 매직 플러스 입문자 모드에서는 캐릭터, 배경, 요소 콘텐츠 메뉴에 있는 키워드를 클릭하여 이미지를 생성할 수 있습니다.

먼저 캐릭터 콘텐츠 메뉴에 있는 키워드를 선택하여 이미지를 생성해 보겠습니다. '소녀', '미소짓는', '양쪽 팔을 들다', '서다', '웨이브 머리', '맨투맨', '청바지', '스니커즈 운동화'를 선택하고 이미지를 생성합니다. 선택한 키워드들을 반영한 이미지가 생성됩니다.

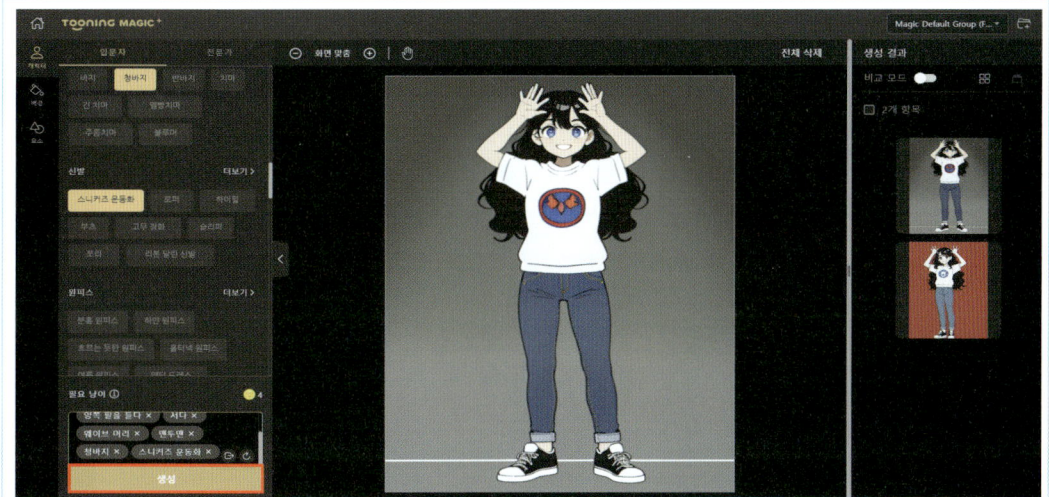

이번에는 같은 키워드로 새로운 이미지를 생성해 보겠습니다. 이전에 선택한 키워드를 변경하지 않고 다시 한번 '생성' 버튼을 클릭합니다. 같은 키워드가 선택되었지만 생성된 이미지가 이전과 달라진 것을 확인할 수 있습니다.

다음으로 배경 콘텐츠 메뉴에 있는 키워드를 선택하여 이미지를 생성해 보겠습니다. '마법의 숲', '호수', '마법같은' 키워드를 선택하고 이미지를 생성합니다.

선택한 키워드를 반영하여 마법의 숲 가운데 호수가 있는 이미지가 생성되었습니다.

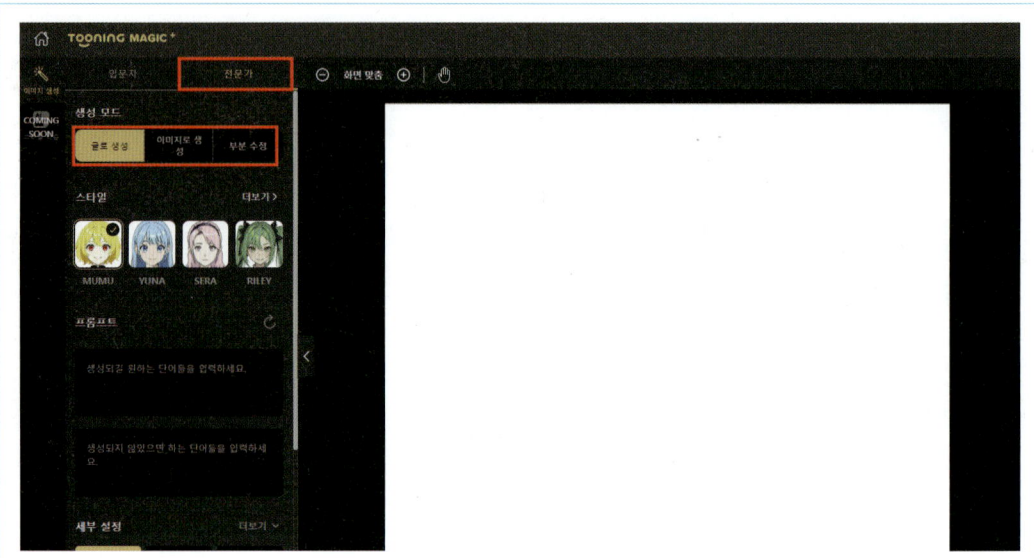

이번에는 투닝 매직 플러스 전문가 모드에서 이미지를 생성해 보겠습니다. 전문가 모드에는 글로 생성, 이미지로 생성, 부분 수정 기능이 있습니다.

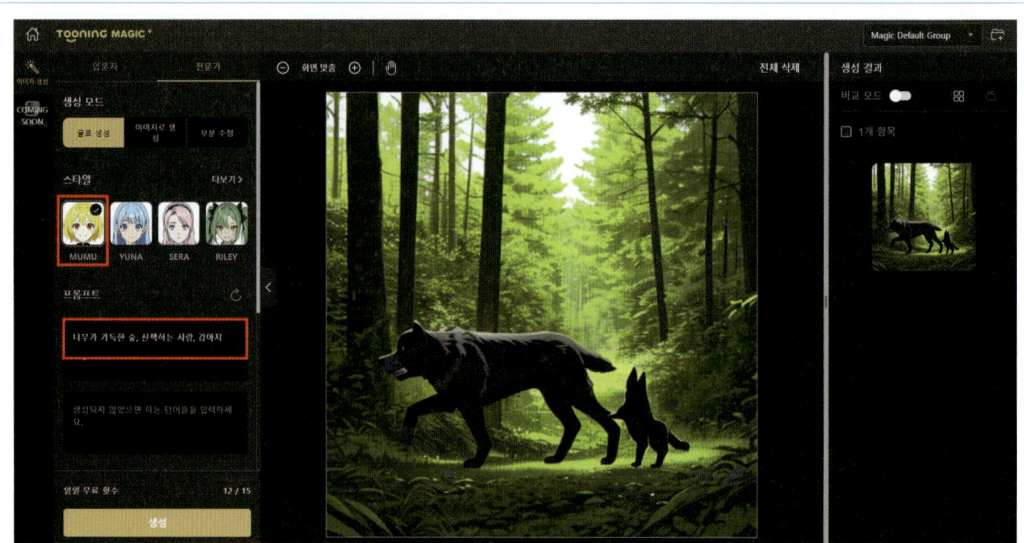

먼저 글로 생성 모드에서 이미지를 생성해 보겠습니다.
- 스타일에서 원하는 캐릭터를 MUMU로 선택하고 이미지를 생성하기 위해 프롬프트를 입력합니다
- 프롬프트는 생성을 원하는 키워드를 중심으로 적되 콤마(,)로 연결하여 입력합니다.
- 프롬프트에 나무가 가득한 숲, 산책하는 사람, 강아지를 입력합니다.
- 나무가 가득한 숲과 강아지는 이미지로 생성되었지만 산책하는 사람은 생성되지 않았습니다. 생각하던 강아지 이미지와는 다르게 검정색 강아지가 생성되었는데 이를 갈색 강아지로 바꾸어 보겠습니다.

생성되길 원하는 이미지를 떠올리면서 프롬프트의 내용을 이전보다 구체적으로 적고 이미지를 다시 생성합니다. '나무가 가득한 숲', '귀여운 갈색 강아지와 함께 산책하는 사람'으로 프롬프트를 수정하여 다시 한번 이미지를 생성하였더니 원하는 이미지가 생성되었습니다.

[더 알아보기 - 원하는 이미지 생성하기]

이미지를 생성할 때에는 프롬프트를 최대한 구체적으로 입력해야 원하는 결과를 얻을 수 있습니다. '강아지' 보다는 '갈색 강아지', '소녀' 보다는 '흰색 원피스를 입고 있는 소녀'처럼 생성하기를 원하는 이미지를 상상해보고 구체적으로 입력할수록 원하는 이미지를 생성할 수 있습니다. 만약 원하는 이미지가 생성되지 않았다면 프롬프트를 구체적으로 변경하면서 원하는 이미지를 출력하기 위해 여러 번 이미지 생성 시도를 해보는 과정이 필요합니다.

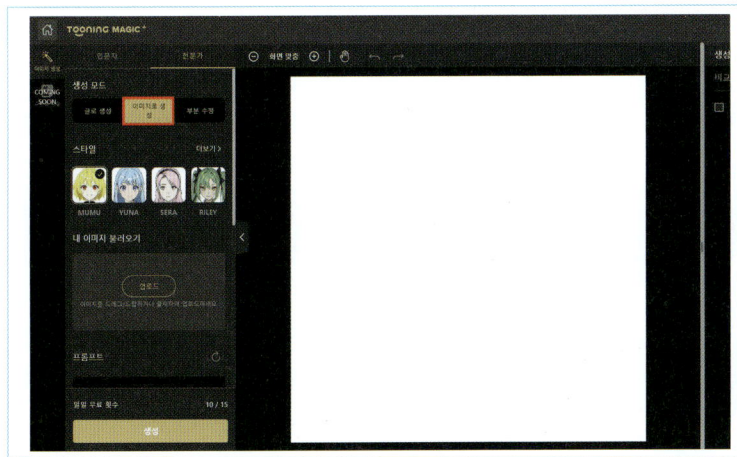

이번에는 전문가 모드에서 이미지로 생성 모드를 체험해보겠습니다. '이미지로 생성 모드'는 기존에 가지고 있던 이미지를 업로드하고 업로드한 이미지를 바탕으로 입력한 프롬프트에 알맞은 새로운 이미지를 생성할 수 있는 기능입니다.

가지고 있는 사진을 '내 이미지 불러오기'에 업로드하였습니다.
- 프롬프트에는 '나무가 가득한 숲', '다람쥐'를 입력하고 생성 버튼을 클릭합니다.
- [세부설정]에서는 이미지 사이즈(512×512, 768×512, 576×768)를 선택할 수 있습니다.

업로드한 사진과 입력한 프롬프트를 바탕으로 나무가 가득한 숲에 서있는 다람쥐 이미지가 생성되었습니다.

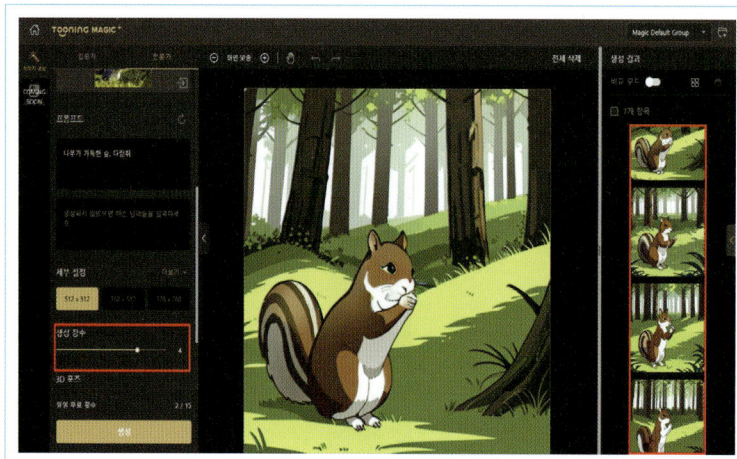

'생성 장수'를 4장으로 조절하여 다시 이미지를 생성해 보겠습니다. 오른쪽 생성 결과 부분에 4장이 추가로 생성된 모습을 확인할 수 있습니다. 생성 장수를 조절하면 조금씩 다른 이미지가 여러장 생성되기 때문에 다양한 이미지 결과를 얻을 수 있습니다.

02 직업 소개툰 만들기

학생들과 창체 교과를 활용한 진로 수업을 진행하거나 교과 시간을 활용하여 투닝으로 직업소개툰을 만들 수 있습니다. 영어교과 시간을 활용해 직업을 소개하는 표현을 배우고 꿈꾸는 미래 직업을 소개하는 만화를 투닝을 활용하여 만들어 보았습니다. 학생들은 교육청에서 제공되는 학생용 구글계정을 연동하여 투닝을 쉽게 가입할 수 있습니다. 더욱이 태블릿 PC 및 컴퓨터를 활용해 투닝으로 재미있는 직업 소개툰을 손쉽게 만들 수 있습니다. 그럼 지금부터 직업 소개툰을 만들어 보겠습니다.

투닝 첫 화면 – 제작하기 버튼을 클릭합니다.

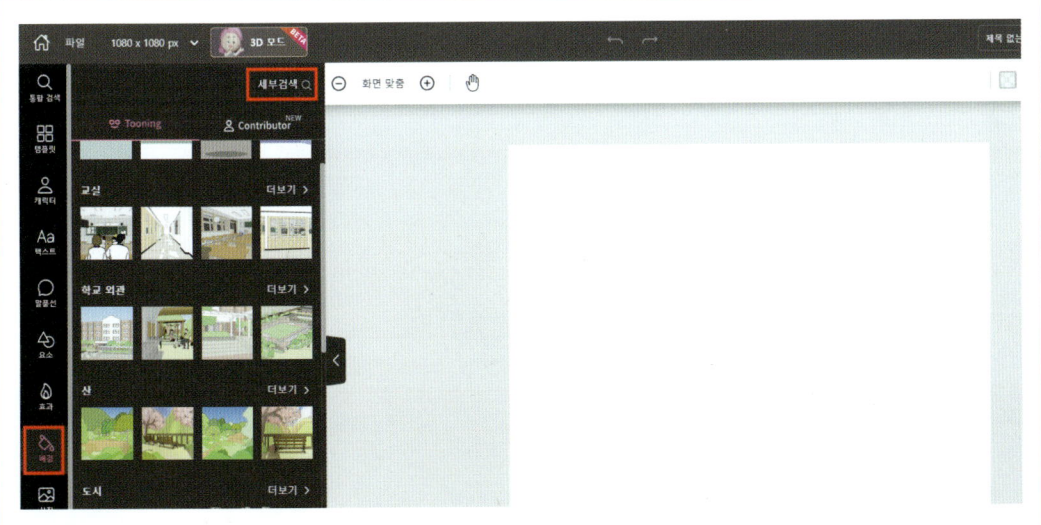

먼저 직업 소개툰에 어울리는 배경을 검색합니다. '환경을 보호하는 건축물을 만드는 건축가'의 모습이 담긴 직업 소개툰을 만들기 위해 배경 콘텐츠 메뉴 – 세부검색에서 '나무'를 검색합니다.

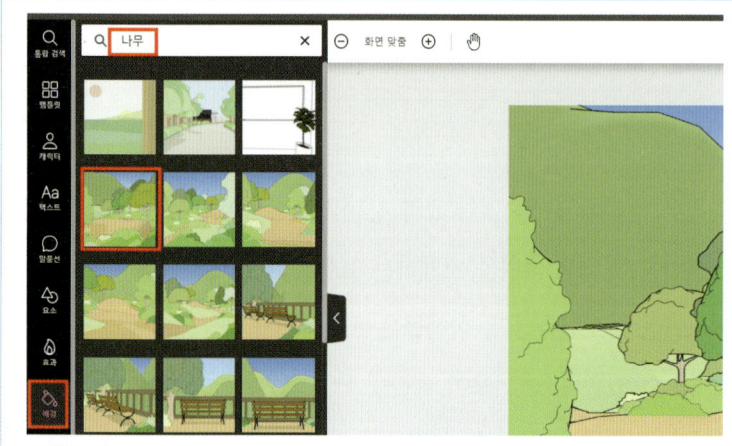

검색 결과로 나온 이미지 중 원하는 이미지를 선택하여 배경에 적용합니다.

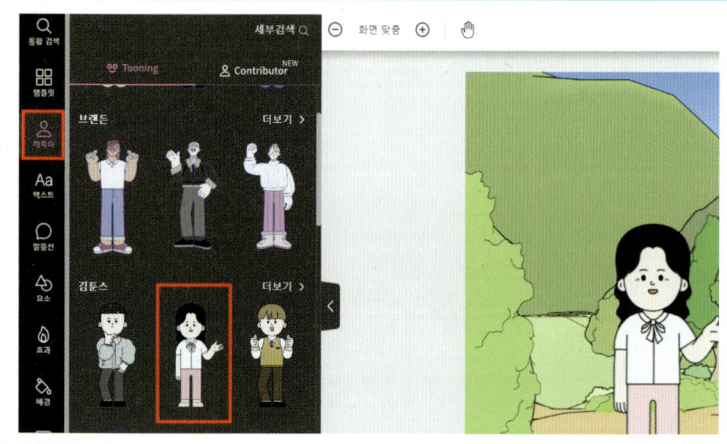

캐릭터 콘텐츠 메뉴에서 마음에 드는 캐릭터를 선택합니다.

캐릭터의 얼굴 표정, 몸의 방향, 머리 스타일 등 세부사항도 조절합니다.

말풍선 콘텐츠 메뉴에서 원하는 모양의 말풍선을 선택합니다.

'건축을 할 때마다 자연을 생각하면서, 환경을 보호하는 것이 내 일이야'라는 내용을 말풍선에 입력합니다.

페이지 추가 버튼을 눌러 2페이지를 추가하고 1페이지에서 만들었던 캐릭터를 복사하여 2페이지로 가지고 옵니다. 그리고 친환경 건축가를 소개하는 내용을 말풍선에 입력합니다.

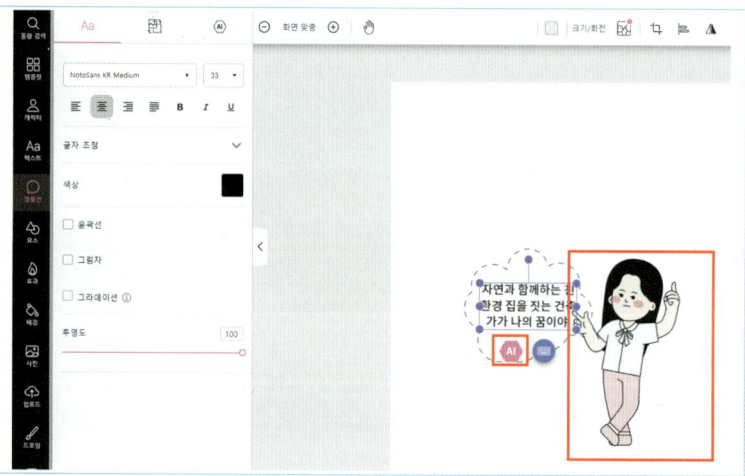

입력한 텍스트 내용을 선택하면 AI 버튼을 클릭할 수 있게 활성화 됩니다. AI 버튼을 클릭하면 입력한 텍스트에 알맞는 캐릭터로 자동으로 바꾸어주는 인공지능 기능이 적용됩니다.

이제 투닝 매직을 사용하여 어울리는 배경을 생성하여 적용해 보겠습니다. 우측 하단의 투닝 이모티콘을 클릭하면 활성화되는 버튼 중 '투닝 매직'을 클릭합니다.

투닝 매직의 전문가 모드로 이동하여 프롬프트 입력란에 '자연과 함께하는 친환경 집'을 입력합니다. 입력한 프롬프트에 알맞은 이미지가 생성된 모습을 확인할 수 있습니다.

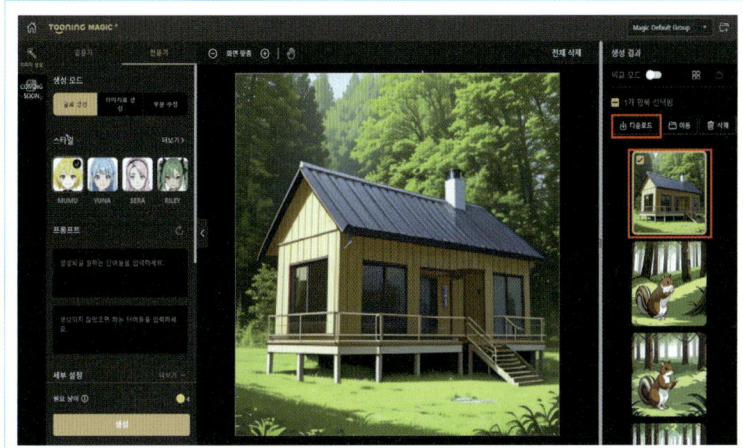

'생성 결과'에서 생성된 사진을 선택하여 다운로드 합니다.

업로드 콘텐츠 메뉴 - 내 사진 불러오기에서 투닝 매직에서 생성하여 다운로드한 사진을 불러옵니다.

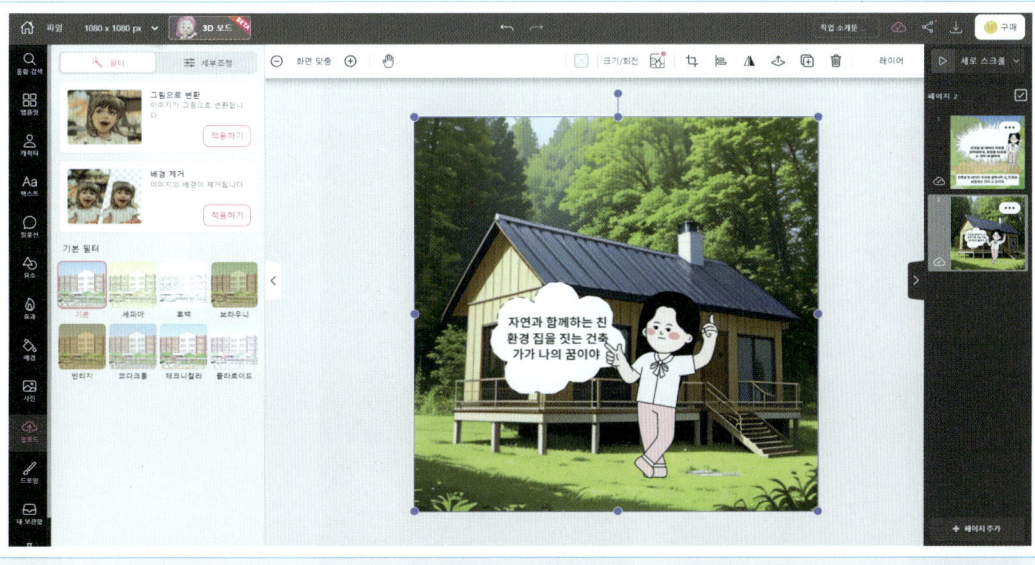

불러온 사진은 우클릭 - 맨 뒤로 보내기를 클릭하여 배경으로 설정해줍니다.

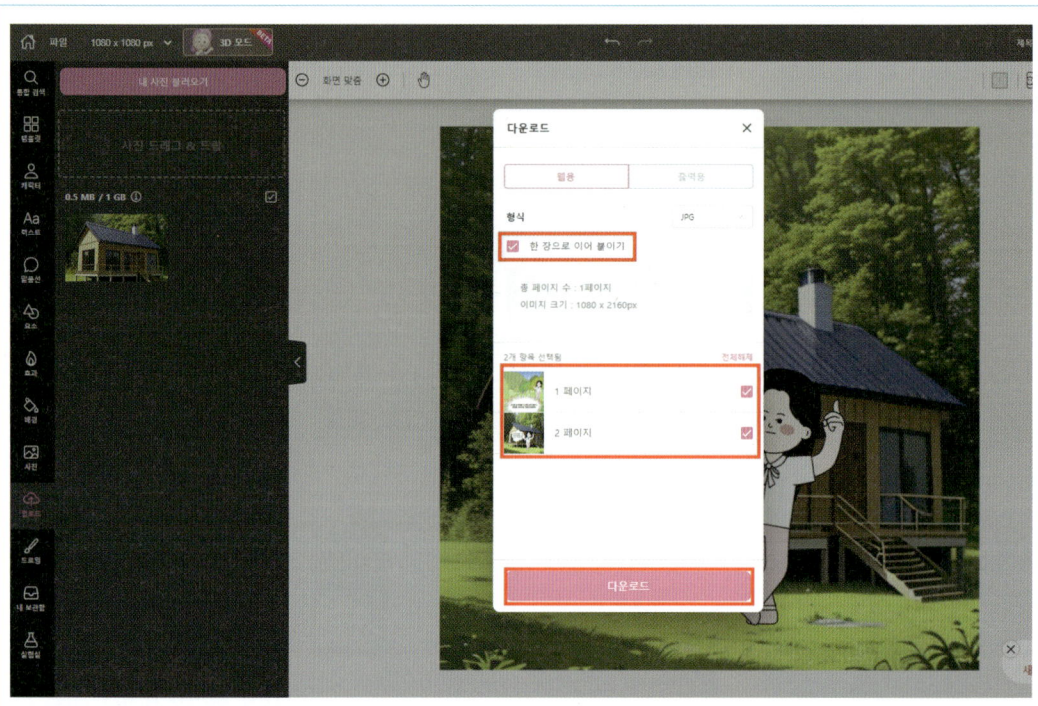

우측 상단의 다운로드 버튼을 클릭하여 '한 장으로 이어 붙이기'를 선택하고, 1페이지와 2페이지를 한 장으로 이어 붙여 다운로드합니다.

한 장으로 이어 붙인 직업 소개툰이 완성되었습니다.

완성된 직업 소개 툰을 패들렛에 올려 학급의 친구들과 작품을 공유합니다.

챕터를 마무리하며

이번 시간에는 '투닝 매직', '매직 플러스' 기능에 대해 알아보고 함께 실습해 보았습니다. 실제로 투닝에서 서비스되고 있는 이미지 생성 AI는 미드저니, 달리, 빙 이미지 크리에이터 등의 다양한 사이트에서도 체험할 수 있는 기능입니다. 이렇듯 이미지를 생성하는 인공지능의 기능을 이제는 투닝 사이트에서도 활용할 수 있게 되었는데요. 특히 만화의 배경, 캐릭터 등을 생성할 때 도움을 받을 수 있으며, 이를 통해 나만의 직업 소개 툰을 더욱 다양하게 완성할 수 있습니다.

Tooning

7단원. ChatGPT와 투닝을 활용한 학교폭력예방교육 웹툰 그리기

〈챕터1〉 인공지능 챗봇 ChatGPT 이해하기

    01. ChatGPT의 돌풍
    02. 챗봇이란?
    03. 인공지능 챗봇, ChatGPT
    04. ChatGPT의 능력과 특징
    05. 더 놀라워진 ChatGPT-4의 능력
    06. 생성형 인공지능(Generative AI)
    07. ChatGPT 접속, 회원가입, 로그인 방법
    08. 교육을 위한 ChatGPT, 어떤가?

〈챕터2〉 인공지능 채색툴 AI페인터 다루는 방법 알아보기

    01. 네이버 웹툰의 웹툰 AI 페인터 알아보기
    02. 웹툰 AI 페인터 접속 및 기본적인 사용 방법 알아보기

〈챕터3〉 학교폭력 예방 웹툰 만들기 계기교육 수업 사례

    01. 수업 설계하기
    02. ChatGPT로 웹툰 스토리 생성하기
    03. 투닝으로 '학교폭력 없는 나의 학교 생활' 웹툰 만들기

01 인공지능 챗봇 ChatGPT 이해하기

01. ChatGPT의 돌풍

2022년 11월 30일, OpenAI가 ChatGPT를 세상에 선보인 이래로, 이 서비스는 놀라운 속도로 사용자를 끌어들이고 있습니다. 출시된 지 단 5일 만에 일일 사용자 수가 100만 명을 돌파했으며, 40일이 채 되지 않아 1천만 명을 넘어섰습니다. 이에 따라 ChatGPT에 대한 관심이 급증하며 관련 기사가 쏟아지고 있습니다.

아래 〈그림1〉에서 볼 수 있듯이, ChatGPT의 사용자 증가 속도는 주목할 만합니다. 이를 다른 유명 서비스와 비교해보면 더욱 인상적입니다. 넷플릭스는 3.5년, 페이스북은 10개월, 인스타그램은 2.5개월 만에 각각 100만 사용자를 확보한 반면, ChatGPT는 단 5일 만에 같은 수의 사용자를 확보했습니다.

〈그림2〉에 나타난 그래프는 ChatGPT의 론칭 이후 같은 기간 동안 인스타그램 사용자 수와 ChatGPT 사용자 수를 비교한 것입니다. 이 그래프에서 볼 수 있듯이, ChatGPT의 사용자 증가율은 인스타그램과 비교할 수 없을 정도로 가파릅니다. 단순히 일시적인 반응이 아니라, 최근까지도 지속적으로 사용자가 증가하고 있음을 알 수 있습니다. 물론 각 플랫폼의 특성과 장단점이 다르기 때문에 직접 비교는 어렵지만, ChatGPT가 대중에게 널리 사용되고 있다는 사실은 분명합니다.

〈그림1〉 〈그림2〉

※출처: https://tech.kakaoenterprise.com/181 (카카오엔터프라이즈 기술전략팀 세미나자료 요약)

2016년 11월, 딥마인드의 알파고가 이세돌 9단과의 역사적인 대결에서 승리한 이후, 인공지능 분야에 두 번째로 큰 변화의 물결이 일고 있다고 평가되고 있습니다만, ChatGPT가 받고 있는 주목의 정도는 이전과는 비교할 수 없을 정도입니다. 그렇다면 ChatGPT는 어떤 독특한 특성을 가지고 있기에 이처럼 전 세계적인 관심을 끌고, 이렇게 엄청난 변화를 일으키고 있는 것일까요?

02. 챗봇이란?

챗봇(Chatbot)은 메신저를 통해 사용자와 소통하는 대화형 인공지능의 한 형태로, 자동으로 작동하는 인공지능 캐릭터를 의미합니다. 이들은 단순히 정해진 규칙에 따라 메시지에 반응하는 기본적인 챗봇부터, 상대방의 발화를 분석하여 인공지능 수준의 대답을 제공하는 고도화된 챗봇까지 다양합니다.

챗봇은 소프트웨어의 복잡성에 따라 여러 방식으로 작동합니다. 가장 기본적인 형태는 단순한 단어 인식 시스템으로, 많은 웹사이트에서 볼 수 있는 '실시간 채팅' 위젯 뒤에 자리잡고 있는 기술입니다. 이러한 기본적인 챗봇은 키워드를 스캔하는 기능에 지나지 않지만, 사용자에게는 특정 상황에 유용한 정보를 제공할 수 있습니다. 예를 들어, 사용자가 '청구서에 적힌 요금을 지불하고 싶어'라고 질문하면, '지불'과 '청구서'라는 키워드를 인식하여 관련 페이지를 안내합니다.

음성 인식 비서 서비스인 애플의 Siri나 삼성의 빅스비도 챗봇의 일종으로 볼 수 있습니다. 이들은 음성 인식 기술을 챗봇에 접목시켜, 사용자의 말을 텍스트로 변환하고, 이를 바탕으로 적절한 답변을 생성한 후 TTS 기술을 사용해 음성으로 전환합니다. 순수한 챗봇은 이러한 음성 인식 기능 없이 텍스트 입력만으로 작동합니다.

2022년에 등장한 ChatGPT는 단순한 소통을 넘어 검색 엔진을 뛰어넘는 기술로 발전했습니다. 이는 대화를 설득력 있게 시뮬레이션하고, 잘 구성된 주장과 아이디어를 제시하며, 사람이 쓴 것과 구별하기 어려운 텍스트를 생성하는 등, 진정한 인공지능에 가까운 발전된 형태의 챗봇입니다. 이러한 이유로 사람들은 ChatGPT에 더욱 열광하고 있습니다.

03. 인공지능 챗봇, ChatGPT

ChatGPT는 OpenAI가 개발한 GPT-3.5 및 GPT-4를 기반으로 하는 대화형 인공지능 서비스이자 언어 모델입니다. 'Generative Pre-trained Transformer'의 약자인 GPT를 내포하고 있는 ChatGPT는 자연어 생성 모델로, 주어진 텍스트의 다음 단어를 예측하는 과정을 통해 의미있는 텍스트를 생성합니다. 이를 바탕으로 사용자가 입력한 문장을 이해하고, 관련 있는 답변을 생성하여 마치 사람과 대화하듯 자연스러운 언어로 의사소통을 할 수 있습니다. OpenAI는 블로그를 통해 "ChatGPT는 대화 형식으로 추가적인 질문에 답하고, 실수를 인정하며, 잘못된 전제에 대해 이의를 제기하고 부적절한 요청을 거부할 수 있다"고 설명하고 있습니다.

2022년 11월에 출시된 3.5 버전의 ChatGPT는 현재까지 무료로 이용 가능합니다. 이는 OpenAI가 개발한 GPT-n 시리즈의 세 번째 세대에 속하는 자기회귀 언어 모델로, 출시 즉시 전 세계적으로 큰 반향을 일으켰습니다. 이전까지 가장 큰 언어 모델은 2020년 2월에 마이크로소프트가 선보인 튜링 NLG였는데, GPT-3의 용량은 그보다 10배나 많습니다. GPT-3.5는 무려 1,750억 개의 매개변수로 구성되어 있어, 그 규모가 매우 방대합니다.

《 ChatGPT 발전 단계 》

단계	시기	매개변수	주요기능
GPT-1	2018년	1억1700만개	문장 의미 유사도 판단, 분류
GPT-2	2019년	15억개	번역, 작문, 대화
GPT-3	2020년	1750억개	간단한 코딩, 보다 자연스러운 대화, 요약, 생략된 텍스트 삽입 등
GPT-4	2023년	1조개이상(추정)	

* 출처: https://v.daum.net/v/20221213060140254 (아시아경제)

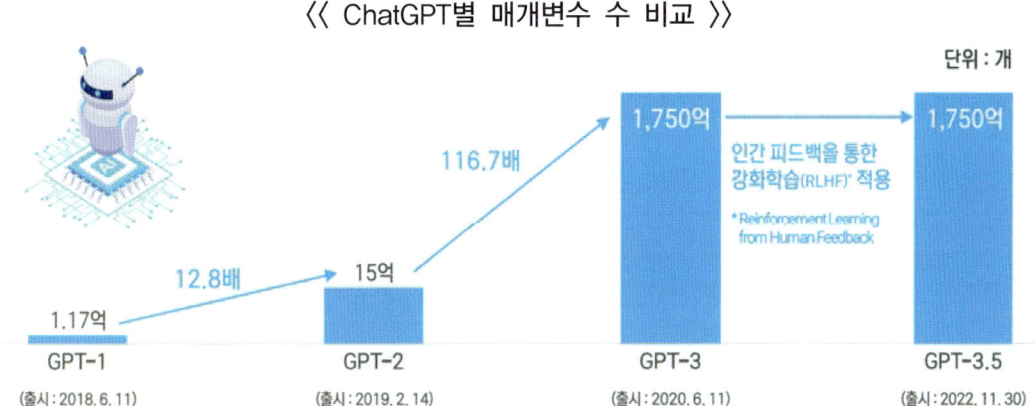

* 출처: THE AI REPORT 2023-1 (김태원 수석연구원(AI 미래전략센터), NIA 한국지능정보사회진흥원)
https://www.nia.or.kr/site/nia_kor/ex/bbs/View.do?cbIdx=82618&bcIdx=25163&parentSeq=25163

ChatGPT의 등장으로 현재 IT 업계의 초대형 글로벌 기업들이 긴장하고 있습니다. 이유는 바로 이 대화형 인공지능 챗봇이 기존에 그들이 구축해 놓은 시장을 위협하고 있기 때문입니다. 구글은 ChatGPT에 대응하기 위해 경계령을 발동했으며, 마이크로소프트는 아예 ChatGPT 개발사 onenAI에 13조 이상을 투자하고 있는 것으로 알려져 있습니다.

그렇다면, 기존의 AI 챗봇 서비스들이 존재함에도 불구하고 왜 ChatGPT에 대해 특별히 두려움을 표하는 것일까요? 기존 챗봇들은 주로 정보 제공 차원의 단답형 대답에 국한되었으며, 과거의 질의 내용이나 대화를 기억하지 못하는 일방적인 소통의 한계를 가지고 있었습니다.

그러나 ChatGPT는 이러한 한계를 넘어서, 인공지능이 스스로 언어를 생성하여 대답하고, 대화 시 다음 상황을 예측하는 능력을 갖추었습니다. 이는 단순한 답변을 넘어서 추론, 이의 제기 등 더 나아가는 대응을 가능하게 하여, 기존 검색 엔진 시장을 독점하던 구글의 생태계를 위협하는 새로운 대안으로 부상했습니다. 이에 구글은 적색 경보를, 마이크로소프트는 적극적인 투자를 이어가는 것입니다. 이러한 변화는 MZ 세대가 텍스트 중심의 포털사이트 대신 영상과 이미지 중심의 소셜 미디어를 선호하는 현상과 유사하게, '챗봇 네이티브' 세대의 부상으로 전통적인 검색 엔진의 경쟁력이 저하될 위기에 처해 있다는 것을 시사합니다.

《 ChatGPT와 기존 검색 엔진 간 차이점 》

구분	ChatGPT	검색엔진
인공지능 기술	인공지능 기술인 언어 모델링을 사용하여 사용자 질문에 대한 답변 생성	키워드 검색을 통한 정보 제공
생성성	사용자 질문에 대해 새로운 정보를 생성하는 기능이 있어 기존 검색 엔진보다 더 생성적인 답변 제공 가능	새로운 정보를 생성할 수 없음
상호작용	사용자 친화적인 상호작용을 통해 질문을 이해하고 대답하는 방식	키워드 검색을 통한 정보 제공으로 사용자와의 상호작용은 없음
질의 및 컨텍스트 이해도	자연어처리 기술을 통해 사용자 질문을 이해하여 의도에 맞는 결과를 제공하며, 사용자의 이전 질문을 기억하고 연관성을 고려하여 유연성 있게 답변	사용자 질문을 이해하고 답변하는 방식이 아닌 키워드 검색을 통한 정보 제공 방식으로 질문에 대한 답변을 제공하지 않으며 각 검색마다 독립적으로 정보를 제공

* 출처: THE AI REPORT 2023-1 (김태원 수석연구원(AI 미래전략센터), NIA 한국지능정보사회진흥원)

04. ChatGPT의 능력과 특징

ChatGPT는 다양한 기능을 가진 인공지능입니다. 이는 분류, 대화, 번역, 이모티콘으로의 변환, 요약, 완성, 질의응답, 텍스트 삽입, 생략된 주어 삽입 등을 수행할 수 있습니다.

예를 들어, 사용자가 '양자 물리학을 쉽게 설명해 줘', '전교 학생회장 임원 선거 연설문을 작성해 줘', '로봇 청소기를 만들기 위한 코딩을 도와줘'와 같은 요청을 하면, ChatGPT는 이에 대해 적절하고 정확한 답변을 제공합니다. 이러한 다양한 요구에 대응할 수 있는 능력은 ChatGPT의 주요 특징 중 하나이며, 이를 통해 사용자의 다양한 요구를 만족시킬 수 있습니다.

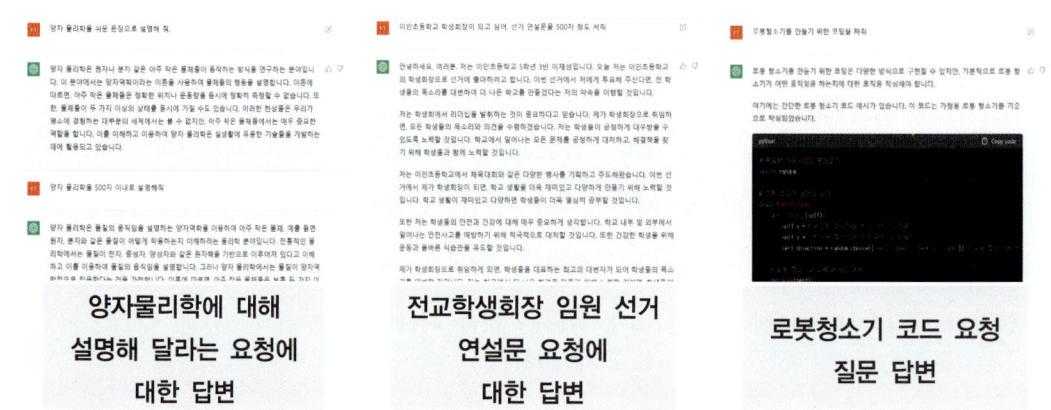

양자물리학에 대해 설명해 달라는 요청에 대한 답변 | 전교학생회장 임원 선거 연설문 요청에 대한 답변 | 로봇청소기 코드 요청 질문 답변

ChatGPT는 사용자의 대화 내용을 기억하고, 제시된 답변에 대한 수정 요청에도 응답할 수 있습니다. 사용자가 ChatGPT의 답변에 만족하지 않을 경우, 재차 답변을 요청하거나 현재의 답변을 긍정적 혹은 부정적으로 평가할 수 있습니다.

네트워크 불안정이나 웹브라우저 문제로 대화가 중단되었을 때, 'Your response was interrupted.', 'Keep going', '계속 말해줘', '이어서 말해줘' 등의 메시지를 통해 답변을 이어나갈 수 있습니다. 또한, 사용자가 더 구체적인 답변을 원할 경우, '5가지 이유나 사례를 말해줘'와 같이 구체적인 요구를 하면, 그에 따라 답변합니다. 많은 답변을 요구할 수도 있지만, 너무 많은 답변을 요구하면 일부는 반복적인 내용이 될 수 있으므로 적당한 양의 답변을 요청하는 것이 좋습니다.

ChatGPT는 가능한 한 모든 질문에 답변하려 노력하지만, 정치적 성향을 띤다거나 혐오 발언, 선정성 발언, 저작권 침해, 군사 기밀 유출, 사회적 비판이나 부적절한 요청에 대해서는 거부하거나 윤리적 규범에 맞춘 답변을 제공합니다. 서비스 초기에는 가끔 주제에서 벗어난 답변을 내놓곤 했었지만, 지속적인 사용자 피드백을 통해 개선되어 가고 있습니다. 그러나 간접적으로 정치적 성향이나 의도치 않는 편향성 등이 드러날 수 있습니다.

ChatGPT는 현재 데이터를 실시간으로 학습하지는 않습니다. 예를 들어, GPT-3.5는 2021년 10월까지의 데이터를 학습한 상태이며, 새로운 이슈에 대한 정보를 제공하려면 모델 자체의 업데이트가 필요합니다.

다양한 플랫폼에서 ChatGPT를 활용할 수 있습니다. 예를 들어, 'ChatGPT for Google'과 같은 구글 크롬 확장 프로그램을 통해 구글 검색 시 ChatGPT의 답변을 함께 볼 수 있으며, 스캐터랩의 국산 챗봇 애플리케이션에는 ChatGPT API가 연동되어 있어 모바일에서 대화를 나눌 수 있습니다.

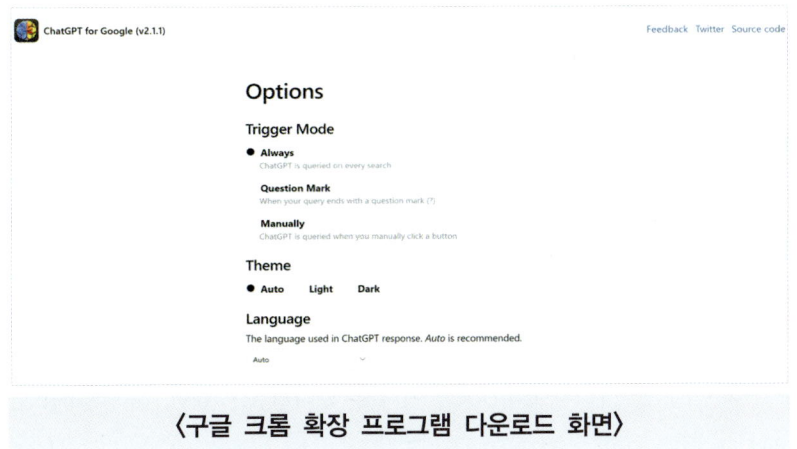

〈구글 크롬 확장 프로그램 다운로드 화면〉

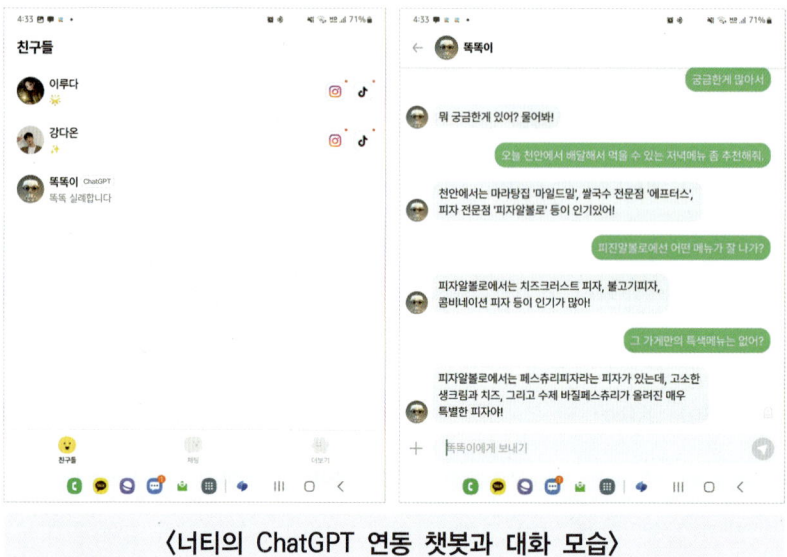

〈너티의 ChatGPT 연동 챗봇과 대화 모습〉

05. 더 놀라워진 ChatGPT-4의 능력

GPT-3.5의 인상적인 성능에 전 세계가 주목했음에도, ChatGPT-4의 등장은 더욱 큰 놀라움을 안겨주었습니다. GPT-4의 새롭고 향상된 기능들을 살펴보겠습니다.

첫째, OpenAI에 따르면 GPT-4의 가장 혁신적인 변화 중 하나는 이미지 인식 및 해석 능력입니다. GPT-3.5가 텍스트 입력에만 국한되었던 것과 달리, GPT-4는 이미지를 통한 질문 처리가 가능합니다. 결과물은 여전히 텍스트로만 제공되지만, 예를 들어 뉴욕타임스에 따르면 냉장고 안의 식재료 사진을 바탕으로 '어떤 요리를 만들 수 있는지' 물어볼 경우, GPT-4는 사진 속 재료를 인식하고 요리 메뉴를 추천할 수 있다고 합니다.

둘째, 전문적 지식 및 추론 능력 면에서 GPT-4는 인간 수준에 가까운 성능을 보여줍니다. GPT-3.5가 미국 변호사 시험에서 하위 10%의 성적을 기록했던 것과 대조적으로, GPT-4는 별도의 특별한 훈련 없이도 상위 10%에 해당하는 성적을 달성했습니다. 또한, 미국 대학수학능력시험(SAT)의 읽기 및 쓰기, 수학 부문에서도 높은 성적을 기록했습니다.

셋째, 언어 처리 능력의 향상도 주목할 만합니다. GPT-3.5는 최대 8,000단어까지 기억할 수 있었지만, GPT-4는 그 8배인 약 64,000단어까지 처리할 수 있어, 대화 내용을 더 풍부하고 정확하게 파악할 수 있습니다.

넷째, GPT-4는 영어뿐만 아니라 비영어권 언어에 대한 사용성도 개선되었습니다. OpenAI는 GPT-4가 한국어를 포함한 26개의 비영어권 언어에서 70% 이상의 정확도를 달성했다고 밝혔습니다.

다섯째, 논쟁의 여지가 있는 질문이나 비윤리적인 대답을 유도하는 소위 '탈옥(jailbreak)' 문제에 대한 대응도 강화되었습니다. OpenAI는 GPT-4가 GPT-3.5 대비 허용되지 않은 콘텐츠에 응답할 확률이 82% 감소했으며, 사실에 기반한 대답 비율이 40% 가까이 향상되었다고 전했습니다.

《 ChatGPT와 기존 검색 엔진 간 차이점 》

구분	ChatGPT	검색엔진
출시	2022년 11월 30일	2023년 3월 14일
인식 형식	텍스트	이미지, 텍스트
대화 기억력	최다 4096토큰 (약 8천단어)	최다 3만 3768토큰 (약 6만 4천단어)
언어 처리 역량 (미국 변호사 시험 기준)	하위 10% 수준	상위 10% 수준
지원 언어	영문 데이터 기반	한국어 포함 26개 언어 능력 향상

* 출처: https://n.news.naver.com/article/020/0003485591?cds=news_edit

OpenAI는 GPT-4가 실무에 바로 적용될 수 있다는 점을 인정하면서도, 이 기술이 만능은 아니라고 분명히 밝히고 있습니다. 여전히 오답을 정답으로 잘못 제시하는 문제가 남아 있기 때문입니다. 이와 같이, ChatGPT는 아직 완벽하지 않으며 인간보다 능력이 떨어지는 부분도 많습니다. 이에 따라 해결해야 할 과제들이 여전히 존재합니다.

이러한 ChatGPT를 교육 분야에 어떻게 효과적으로 활용할 수 있을까요? ChatGPT의 능력과 특성, 이로 인한 변화와 긍정적 및 부정적 측면, 우리에게 주는 시사점 등을 이해하기 위해서는 교육 전문가들의 의견에 귀 기울일 필요가 있습니다.

한편, 현재는 ChatGPT-4가 유료 버전에서만 이용 가능한 상태이므로, 학교에서는 무료 버전인 ChatGPT 3.5를 활용하는 것이 바람직합니다. 또한, ChatGPT의 사용 연령 제한과 관련된

OpenAI의 정책이 있음을 유념하고, 교육부 및 각 시도 교육청에서 제시하는 가이드라인을 따르는 것이 중요합니다. 이러한 가이드라인에 따라, ChatGPT를 수업에 활용할 경우 교사가 중심이 되어 학생들과 효율적으로 소통하는 방식으로 진행되어야 합니다.

06. 생성형 인공지능(Generative AI)

생성형 인공지능은 사용자의 특정 요구에 맞춰 다양한 결과물을 창출하는 인공지능을 말합니다. 이는 데이터 원본을 기반으로 한 학습을 통해 소설, 시, 이미지, 비디오, 코딩, 미술 등 다양한 콘텐츠를 생성하는 데 활용됩니다. 기존 인공지능이 데이터와 패턴을 학습하여 대상을 이해하는 데 집중했다면, 생성형 인공지능은 기존 데이터와의 비교 학습을 통해 새로운 창작물을 만들어내는 데 그 특징이 있습니다.

머신러닝의 대모라 불리는 페이 페이 리 미국 스탠포드대 교수는 생성형 AI를 "AI의 위대한 변곡점"이라고 최근 스탠포드 HAI연구소가 발표한 보고서(스탠포드HAI가 본 생성형 AI)에서 밝혔습니다. 생성형 AI의 활용 범위는 광범위합니다. 음성 생성 기술은 가상 보이스 어시스턴트, 음성 안내, 게임, 음악 생성 등에 활용될 수 있으며, 이미지 생성 기술은 예술 창작, 디자인, 게임 등 다양한 분야에 적용될 수 있습니다. 자연어 생성 기술은 자동 번역, 대화 시스템, 글쓰기 보조 등에 사용될 수 있습니다.

데이터 기반으로 학습하는 생성형 AI는 학습 데이터의 품질과 다양성에 따라 결과물의 질이 크게 좌우됩니다. 또한, 생성된 정보의 진위 여부를 구분하기 어려워 사기와 같은 범죄에 대한 대비책 마련이 필요합니다.

현재 다양한 생성형 인공지능 플랫폼이 존재하고 있으며, 이를 명확히 구분하기 어려울 정도로 발전하고 있습니다. 그러나 현재까지 학교에서 가장 많이 사용되는 생성형 인공지능 플랫폼으로는 ChatGPT, wrtn(뤼튼), 클로바더빙, Stable Diffusion, PICTORY, pokeit, DALL-E 2, Dream by wombo, STUIO D-ID, TOONING 등이 있습니다.

07. ChatGPT 접속, 회원가입, 로그인 방법

ChatGPT의 간단한 사용 방법을 알려드리겠습니다.

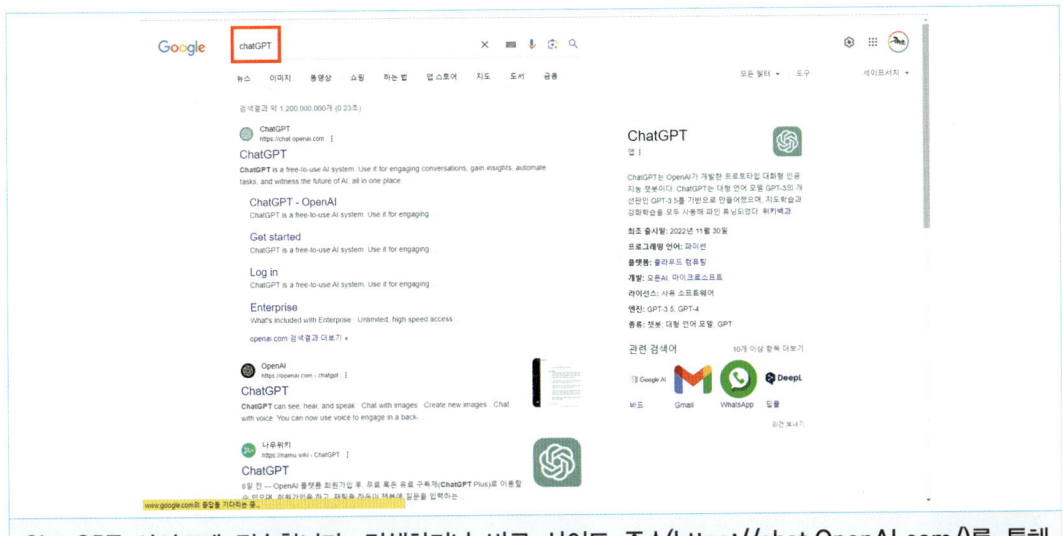

ChatGPT 사이트에 접속합니다. 검색하거나 바로 사이트 주소(https://chat.OpenAI.com/)를 통해 접속할 수 있습니다.

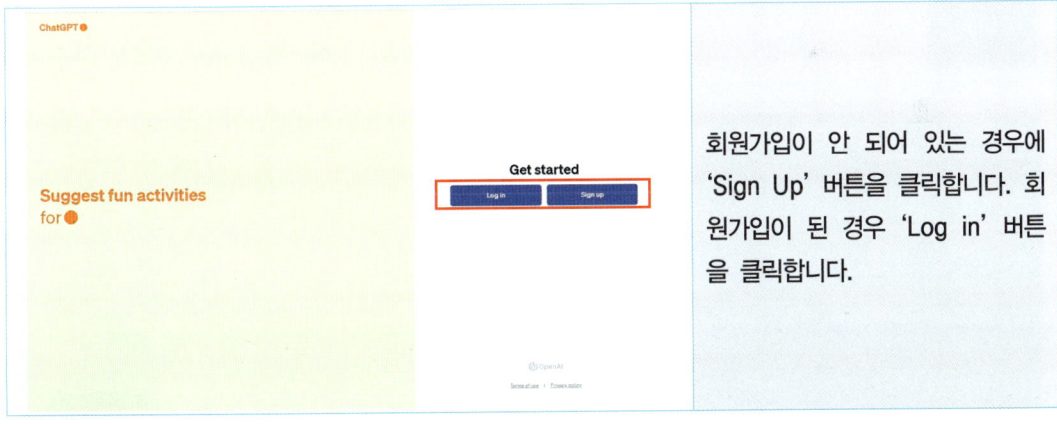

회원가입이 안 되어 있는 경우에 'Sign Up' 버튼을 클릭합니다. 회원가입이 된 경우 'Log in' 버튼을 클릭합니다.

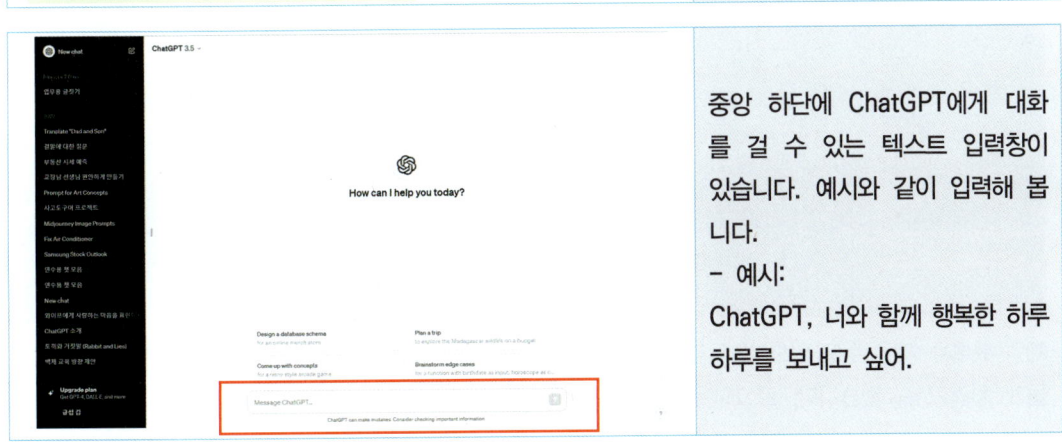

중앙 하단에 ChatGPT에게 대화를 걸 수 있는 텍스트 입력창이 있습니다. 예시와 같이 입력해 봅니다.
- 예시:
ChatGPT, 너와 함께 행복한 하루하루를 보내고 싶어.

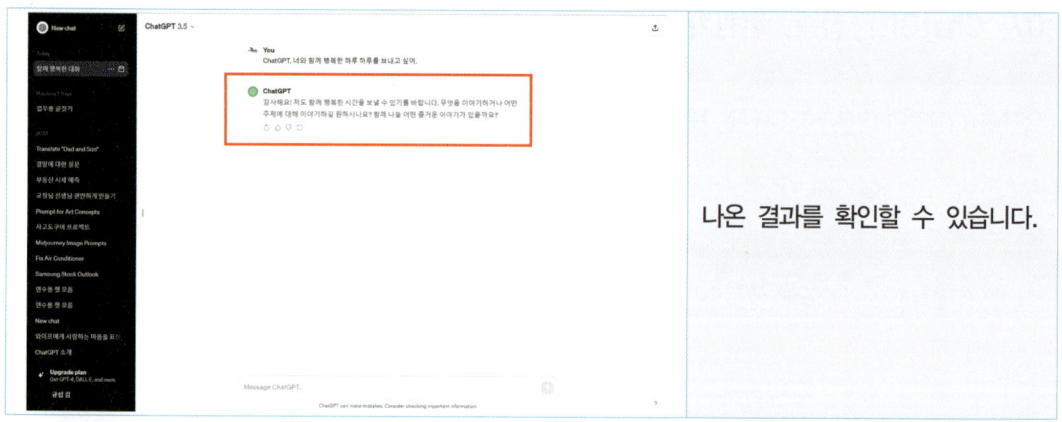

나온 결과를 확인할 수 있습니다.

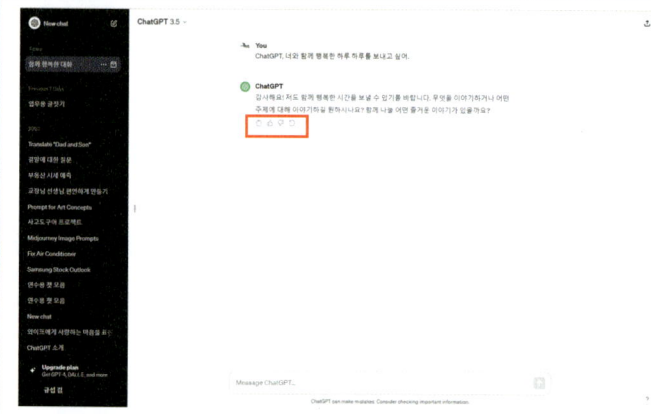

ChatGPT 대답의 하단에 복사하기, 좋아요, 싫어요, '다시 응답받기' 버튼이 있습니다. 'new chat' 버튼을 클릭하면 새로운 채팅 목록을 만들 수 있으며, 아래에는 생성한 질문에 대한 답변 꾸러미들을 볼 수 있습니다.

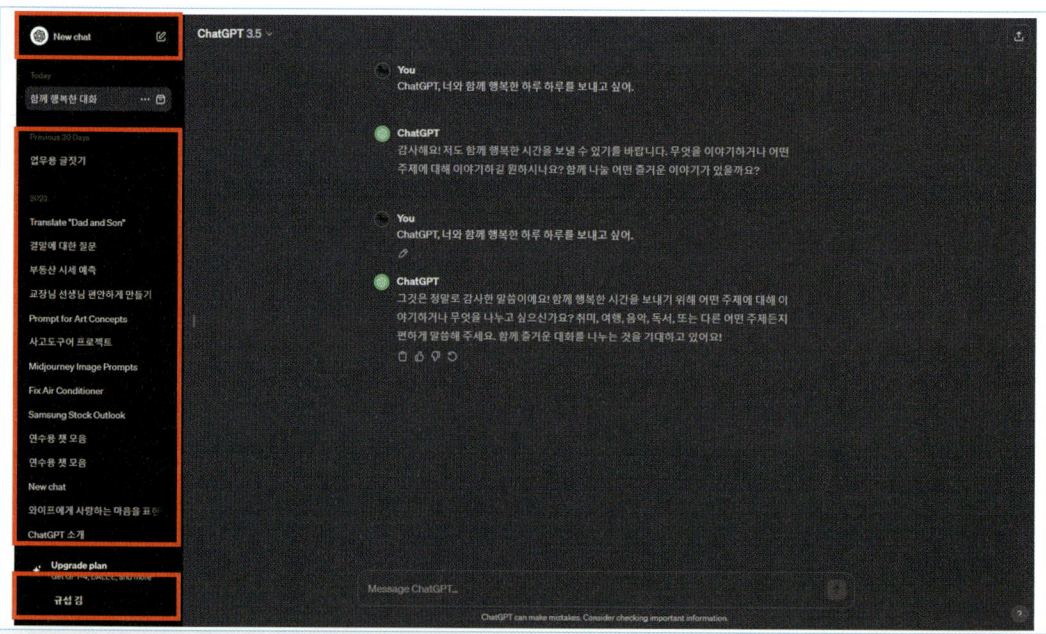

채팅 목록을 지울 수도 있으며, 유료 구독 계정으로 바꿀 수 있고, Dark mode를 선택하면 화면을 어둡게 처리할 수 있습니다. 로그아웃도 할 수 있습니다.

08. 교육을 위한 ChatGPT, 어떤가?

ChatGPT에 대한 학계의 대응은 분분합니다. 홍콩대학교는 ChatGPT 및 기타 AI 도구 사용을 금지하고 있으며, 미국의 여러 학교들도 부정 행위 방지를 위해 ChatGPT 사용을 제한하고 있습니다. ChatGPT를 통한 부정행위를 감지하는 도구인 GPTZero의 등장에도 불구하고, 이러한 감지기의 정확도에 대한 의문이 제기되고 있습니다. 일부 교육자들은 모든 학생을 잠재적 부정행위자로 보는 것에 대한 윤리적 고려를 요구하며, AI 감지기 사용에 반대하고 있습니다.

한편, 독일과 싱가포르는 ChatGPT에 대한 접근 방식에서 차이를 보이고 있습니다. 독일은 구속력 있는 규정의 필요성을 논의 중이지만, 싱가포르 교육부는 ChatGPT를 적극 활용하고 있는 것입니다. 국제바칼로레아기구(IBO)는 ChatGPT 사용을 금지하지 않고, 대신 AI를 윤리적으로 사용하는 방법을 학생들에게 가르칠 것을 제안하고 있습니다.

우리나라 한국의 경우는 어떨까요? 교육부는 ChatGPT의 영향을 고민하며 관련 포럼과 토론회를 개최했습니다. 일부 대학에서는 ChatGPT를 교육에 적극적으로 활용하는 사례가 늘고 있으며, 초중고 교사들 사이에서도 ChatGPT를 금지하기보다는 학생들의 AI 활용 능력을 강화하고 창의적 문제해결력 및 윤리적 감수성을 향상시키는 것이 중요하다는 의견이 나오고 있습니다. 그럼에도, ChatGPT의 활용은 교육 분야에서 많은 논의를 불러일으키고 있습니다. 학생들의 부정행위, 독창성과 비판적 사고 능력 저해, 인공지능이 생성하는 내용이 사실과 다를 수 있어 이로 인해 잘못된 정보를 학습할 위험 등 다양한 위험이 존재합니다.

결국 중요한 것은 ChatGPT를 교육에 어떻게 통합하느냐입니다. 교사들은 이 도구를 활용하여 학생들에게 비판적 사고, 정보 평가, 창의력 발휘 등의 중요한 교육 목표를 가르칠 수 있습니다. 이를 위해선 교육자들이 ChatGPT의 작동 원리와 한계를 이해하고, 학생들에게 이러한 지식을 전달하는 것이 중요합니다. 따라서, ChatGPT는 교육적으로 잠재력이 큰 도구이며, 적절히 활용된다면 학생들의 학습 경험을 풍부하게 할 수 있습니다.

02 인공지능 채색툴 AI 페인터 다루는 방법 알아보기

01. 네이버 웹툰의 '웹툰 AI 페인터' 알아보기

　네이버웹툰이 '웹툰 AI 페인터(WEBTOON AI Painter)'라는 베타 서비스를 출시했습니다. 이 서비스는 아마추어 창작자를 위한 오픈 플랫폼 및 기술 투자를 통해 웹툰 작가들의 창작을 지원하는 것을 목표로 하고 있습니다. '웹툰 AI 페인터'는 스케치에 적합하게 자연스러운 채색을 도와주는 서비스로, 인공지능(AI)이 색을 자동으로 입혀주어 채색 작업의 노력과 시간을 줄일 수 있습니다.

　이 기술은 네이버웹툰이 3년에 걸쳐 개발하고 연구한 결과로, 약 30만 장의 데이터셋을 활용한 딥러닝 기술을 기반으로 합니다. 이를 통해 인물, 배경 등 이미지 속 각 영역의 특징과 다양한 채색 스타일을 학습했으며, 레이어가 분리된 PSD 포맷 저장 기능과 원본 해상도 유지 기술이 적용되어 서비스의 완성도를 높였습니다.

　네이버웹툰은 이 서비스를 시작으로 배경 및 캐릭터 자동 생성 기술도 고도화하여 서비스를 확장할 계획이라고 합니다. 서충현 AI 크리에이션 리더는 "기술 투자를 통해 웹툰 작가들이 창작에 집중할 수 있게 되고, 양질의 작품들이 나올 것으로 기대한다."고 밝혔습니다. 이러한 노력은 글로벌 웹툰 산업 확장과 창작 지원에 기여할 것으로 보입니다.

02. 웹툰 AI 페인터 접속 및 기본적인 사용 방법 알아보기

　웹툰 AI 페인터에 접속, 로그인과 기본적인 사용 방법을 알아보겠습니다.

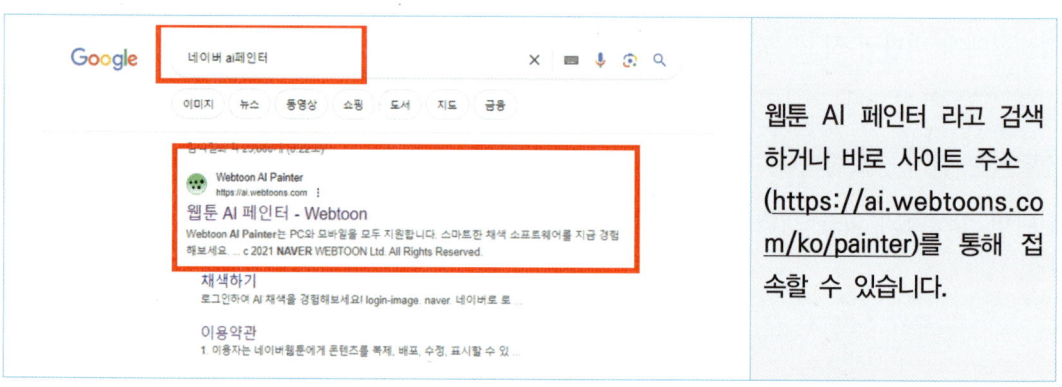

웹툰 AI 페인터 라고 검색하거나 바로 사이트 주소 (https://ai.webtoons.com/ko/painter)를 통해 접속할 수 있습니다.

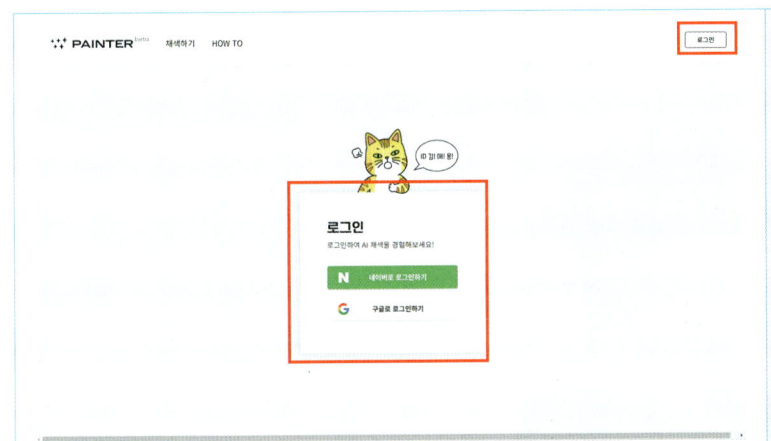

네이버 아이디와 구글로 로그인을 할 수 있습니다.

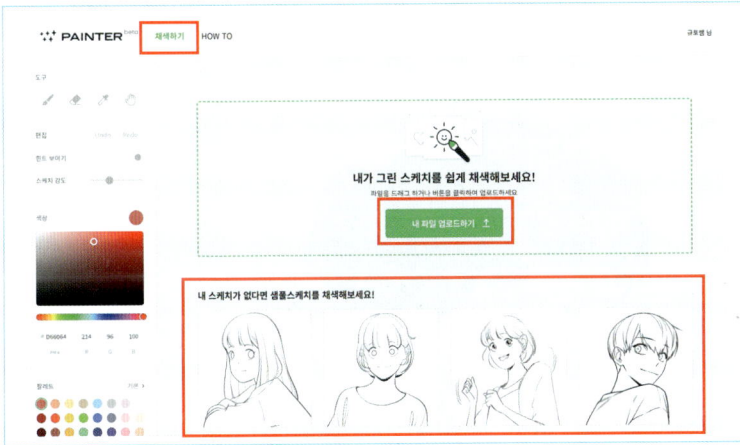

'채색하기' 버튼을 클릭하고, 직접 스케치한 그림 파일을 업로드해서 채색할 수 있습니다. 예시로 보이는 스케치 작품들 중에서 하나를 선택해 보겠습니다.

머리를 갈색으로 채색해보겠습니다. 붓 도구를 선택 후에, 색상을 선택합니다. 그리고 머리를 선택하면 자동 채색되는 것을 볼 수 있습니다.

머리 뿐만 아니라, 인공지능이 판단하기에 비슷한 색 계열이 포함된 곳을 전체 칠해준 것을 볼 수 있습니다. 옷을 녹색으로 칠해보겠습니다.

머리와 옷을 붓도구로 찍은 곳에 녹색 점이 생긴 것을 볼 수 있습니다. 지우개 도구를 이용해 삭제도 할 수 있습니다.

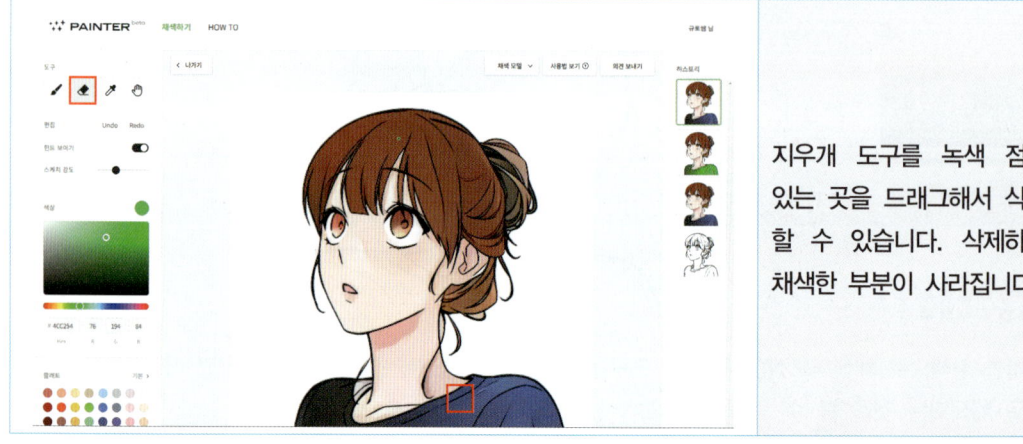

지우개 도구를 녹색 점이 있는 곳을 드래그해서 삭제할 수 있습니다. 삭제하면 채색한 부분이 사라집니다.

Undo(되돌리기), Redo(다시 실행하기)를 할 수 있습니다. 스포이트 도구로 색상을 추출할 수 있고, 손바닥 도구로 캔버스를 드래그해서 이동할 수 있습니다.

'채색 모델' 버튼을 클릭하면 한번에 채색을 완성하거나 전경 마스킹 기능을 사용할 수 있습니다.

'저장하기' 버튼을 클릭하면 PSD와 PNG로 저장할 수 있습니다.

03 학교폭력 예방 웹툰 만들기 계기교육 수업 사례

01. 수업 설계하기

학교폭력 예방 웹툰 만들기 계기교육 수업 사례를 소개하고자 합니다. 초등은 도덕, 중등은 윤리 교과를 중심으로 다양한 교과 및 범교과와 연계할 수도 있겠습니다.

초등을 예로 들어 보겠습니다. 교과는 도덕과 미술, 국어과가 융합된 수업입니다. 학습 주제는 '갈등을 평화적으로 해결하는 방법을 알고, 상황을 웹툰으로 만들기'로 정했습니다.

수업의 주요 활동에 따른 성취기준은 다음과 같을 수 있습니다. 물론, 수업을 설계하는 선생님에 따라 다를 수 있습니다.

- 교과: 도덕, 미술, 국어
- 대상: 초등학교 5~6학년
- 학습 주제: 갈등을 평화적으로 해결하는 방법을 알고, 상황을 웹툰으로 만들기
- 성취기준
    - [6도02-02] 다양한 갈등을 평화적으로 해결하는 것의 중요성과 방법을 알고, 평화적으로 갈등을 해결하려는 의지를 기른다.
    - [9도02-02] 친구와의 우정의 중요성에 대해 생각해보고, 진정한 우정을 맺는 방법에 대한 도덕적 이야기를 구성할 수 있다.
    - [6미01-04] 이미지를 활용하여 자신의 느낌과 생각을 전달할 수 있다.
    - [6국03-02] 목적이나 주제에 따라 알맞은 내용과 매체를 선정하여 글을 쓴다.
- 주요활동
    - 갈등 상황 해결을 주제로 한 웹툰 스토리 작성하기
    - 투닝으로 나의 학교 생활 웹툰 만들기

* 출처: ChatGPT와 AI활용 도움자료(2023, 충남교육연구정보원)

수업 과정은 다음과 같이 계획할 수 있습니다.

구분	활동 내용	자료 및 유의점
도입	○ 동기유발 - 친구와 갈등을 겪었던 상황에 대해 이야기하기 · 저는 친구와 운동을 하다가 다툰 적이 있습니다.	
활동1	[활동1] 친구와 갈등 상황 해결해 보기 ○ 갈등 상황을 역할극으로 표현하기 - 주어진 갈등상황을 슬기롭게 해결하는 과정을 친구들과 이야기해 보기 - 갈등 대처 방법이 담긴 역할극 발표하기	→활동지
활동2	[활동2] 나의 학교 생활 웹툰 스토리 작성하기 ○ ChatGPT와 함께 웹툰 스토리 만들기 - 갈등 상황을 주제로 스토리 생성하기 - 웹툰 스토리보드 제작하기	→ChatGPT, PC, 활동지
활동3	[활동3] 나의 학교 생활 웹툰 만들기 ○ AI페인터로 채색하기 - AI페인터로 웹툰 장면 채색하고 다운로드받기 ○ 투닝으로 웹툰 완성하기 - AI 기능으로 웹툰 장면 구성하기 - 말풍선, 효과 등 추가하여 웹툰 완성하기	→AI페인터, 투닝, PC ※4컷 또는 6컷 등으로 웹툰을 제작하여 분량에 대한 부담을 줄여준다.
정리	○ 친구가 제작한 웹툰 보고, 이야기 나누기	

02. ChatGPT로 웹툰 스토리 생성하기

ChatGPT에게 학교에서 발생할 수 있는 갈등 상황을 추천받아 봅니다.

> 66 학교에서 갈등 상황 해결을 주제로 웹툰 만들기에서 사용할 수 있는 상황을 네 가지 추천해 줘. 99

1. 학교에서 친구들 간의 갈등 상황: 두 친구 사이에 생긴 일로 인해 서로 갈등이 생기고 서로 이해하지 못하는 상황에서 친구 중 한 명이 중재자 역할을 하여 갈등을 해결하는 내용으로 웹툰을 만들 수 있습니다.
2. 학교에서 선생님과 학생 간의 갈등 상황: 학생들이 선생님에 대해 불만이 생기는 상황에서, 학생들이 선생님과의 대화를 통해 서로 이해하고 문제를 해결하는 내용으로 웹툰을 만들 수 있습니다.
3. 학교에서 동아리 내부 갈등 상황: 동아리 내부에서 발생한 갈등 상황에서, 동아리원들이 서로 대화를 하며 갈등을 해결하는 내용으로 웹툰을 만들 수 있습니다.
4. 학교에서 성적 경쟁으로 인한 갈등 상황: 공부를 열심히 하면서도 성적이 잘 나오지 않는 학생들이 서로 경쟁하며 갈등이 생기는 상황에서, 친구들이 서로 격려하며 함께 문제를 해결하는 내용으로 웹툰을 만들 수 있습니다.

> 66 웹툰 만들기에서 사용할 수 있는 친구간 갈등 상황을 구체적으로 네 가지 추천해 줘. 99

1. 짝꿍 갈등: 학교에서 짝꿍으로 지정된 두 친구가 서로 이해하지 못하고 갈등이 생기는 상황에서, 서로 대화를 하며 문제를 해결하는 내용으로 웹툰을 만들 수 있습니다.
2. 소유욕 갈등: 친구들 중 한 명이 자신의 물건을 다른 친구에게 빌려주기를 꺼려하는 상황에서, 둘 사이의 갈등이 생기고, 서로 협상을 통해 문제를 해결하는 내용으로 웹툰을 만들 수 있습니다.
3. 집단 따돌림 갈등: 한 학생이 다른 학생들에게 따돌림을 받는 상황에서, 그 학생의 친구들이 이를 알아차리고 함께 문제를 해결하는 내용으로 웹툰을 만들 수 있습니다.
4. 우정 갈등: 두 친구 사이에서 서로 이해하지 못하고 갈등이 생기는 상황에서, 서로 대화를 통해 갈등을 해결하는 내용으로 웹툰을 만들 수 있습니다.

웹툰 스토리를 추천 받아 봅니다.

> 친구 간 우정 갈등로 인한 갈등 상황 해결을 주제로 웹툰 스토리를 간단하게 네 가지 추천해 줘.

1. 비밀 유출로 인한 갈등 발생: 두 친구 중 한 명이 다른 친구의 비밀을 유출하여, 서로 갈등이 생기는 상황에서, 두 친구가 서로 이해하고 문제를 해결하는 내용으로 웹툰을 만들 수 있습니다.
2. 소문 유포로 인한 갈등 발생: 한 친구가 소문을 유포하면서 다른 친구들과 갈등이 생기는 상황에서, 서로 대화를 하며 문제를 해결하는 내용으로 웹툰을 만들 수 있습니다.
3. 인터넷 유출로 인한 갈등 발생: 인터넷에 비밀이 유출되면서 친구들 간에 갈등이 생기는 상황에서, 친구들이 함께 문제를 해결하며 서로 이해하는 내용으로 웹툰을 만들 수 있습니다.
4. 불쾌한 정보 유출로 인한 갈등 발생: 두 친구 사이에서 서로 불쾌한 정보가 유출되어 갈등이 생기는 상황에서, 서로 대화를 하며 갈등을 해결하는 내용으로 웹툰을 만들 수 있습니다.

4컷 웹툰 콘티를 작성해달라고 요청해 봅니다.

> 두 친구 사이에서 서로 불쾌한 정보가 유출되어 갈등이 생기는 상황에서, 서로 대화를 하며 갈등을 해결하는 내용으로 웹툰을 만들거야. 4컷 웹툰 콘티를 작성해 줘

물론이죠, 아래는 두 친구 사이의 불쾌한 정보 유출로 인한 갈등을 해결하는 과정을 보여주는 4컷 웹툰 콘티(스토리보드)입니다.

첫 번째 컷: 두 친구가 카페에서 마주 앉아 있다. 한 친구의 표정은 화난 듯 보이고, 다른 친구는 당황해 보인다. 주변에 흩어져 있는 스마트폰 메시지로 갈등의 원인을 암시한다.

두 번째 컷: 당황한 친구가 사과하며 자신의 실수를 인정하는 장면. 이 친구는 손을 모으고 진지하게 사과하는 표정을 짓고 있으며, 화가 난 친구는 불편한 표정으로 듣고 있다.

세 번째 컷: 화가 난 친구가 차분해지며 대화에 참여하는 장면. 두 친구 사이의 대화가 진행되면서, 표정이 점차 부드러워진다.

네 번째 컷: 두 친구가 서로 이해하고 화해하는 모습. 둘은 웃으면서 대화를 나누고, 분위기는 화기애애해진다. 갈등이 해소되고 친밀감이 회복된 것을 암시한다.

이러한 콘티는 웹툰의 감정적인 전개와 캐릭터 간의 관계 변화를 잘 보여주는 도구가 될 것입니다.

갈등 상황을 수정해서 4컷 웹툰 콘티를 완성해달라고 합니다. 대사가 없어서 대사를 넣어달라고 해 봅니다.

> " 위 콘티에 대사를 작성해 줘 "

  물론입니다. 아래는 앞서 언급한 4컷 웹툰 콘티에 맞춰 대사를 작성한 내용입니다.

첫 번째 컷:
화난 친구: "네가 내 비밀을 다른 사람에게 말했다고? 어떻게 그럴 수가 있어?"
당황한 친구: "미안해, 정말 실수였어…"

두 번째 컷:
당황한 친구: "진심으로 미안해. 네게 상처를 줄 생각은 없었어."
화난 친구: "나 정말 실망했어. 너를 믿었는데…"

세 번째 컷:
화난 친구: "네가 진심이라는 건 알겠어. 다만, 조심해 줬으면 해."
당황한 친구: "약속할게. 다시는 그런 실수 안 할게."

네 번째 컷:
화난 친구(이제 웃으며): "이해해. 우리 친구니까."
당황한 친구(기뻐하며): "고마워! 앞으로 더 좋은 친구가 될게."

이러한 대사들은 각 컷의 시각적 요소와 결합하여 갈등의 전개와 해결 과정을 보다 생동감 있게 전달할 것입니다. 웹툰의 감정적인 깊이와 캐릭터들의 개성을 풍부하게 드러내는 데 도움이 될 것입니다.

웹툰 콘티를 만드는 것은 흐름에 맞는 상황 전개, 어색하지 않은 장면 전환, 감정에 어울리는 대화글 제시 등 창작의 요소가 많이 필요하기 때문에 ChatGPT가 완성한 결과물은 어색한 부분이 많이 눈에 띕니다. 따라서 ChatGPT가 만든 스토리를 학생들이 수정하여 웹툰의 콘티를 완성하는 과정이 꼭 필요합니다.

03. 투닝으로 '학교폭력 없는 나의 학교 생활' 웹툰 만들기

'학교폭력 없는 나의 학교 생활'이라는 주제로 ChatGPT가 작성해 준 콘티를 기반으로 4컷 웹툰을 만들어 보겠습니다.

배경과 캐릭터를 삽입합니다.

대사에 맞는 표정과 몸짓으로 수정합니다.

텍스트 메뉴의 말풍선체를 선택합니다. 대사 분위기에 맞는 말풍선체를 삽입합니다.

페이지를 추가해서 2컷 웹툰을 만듭니다. 복제를 해서 배경과 캐릭터를 그대로 복제하는 것이 좋습니다.

AI페인터를 사용할만한 캐릭터 구도를 잡아 보겠습니다. 캐릭터를 배치합니다.

왼쪽 설정 패널에서 '이미지 변환' 버튼을 클릭합니다.

흑백 필터를 선택합니다.

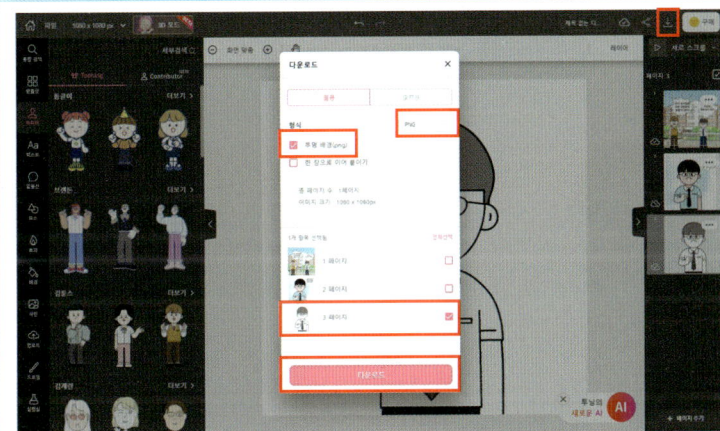

우상단의
- 다운로드 메뉴 클릭
- PNG 형식 선택
- 투명 배경 선택
- 해당 그림이 들어있는 페이지 선택
- 다운로드 버튼을 클릭합니다.

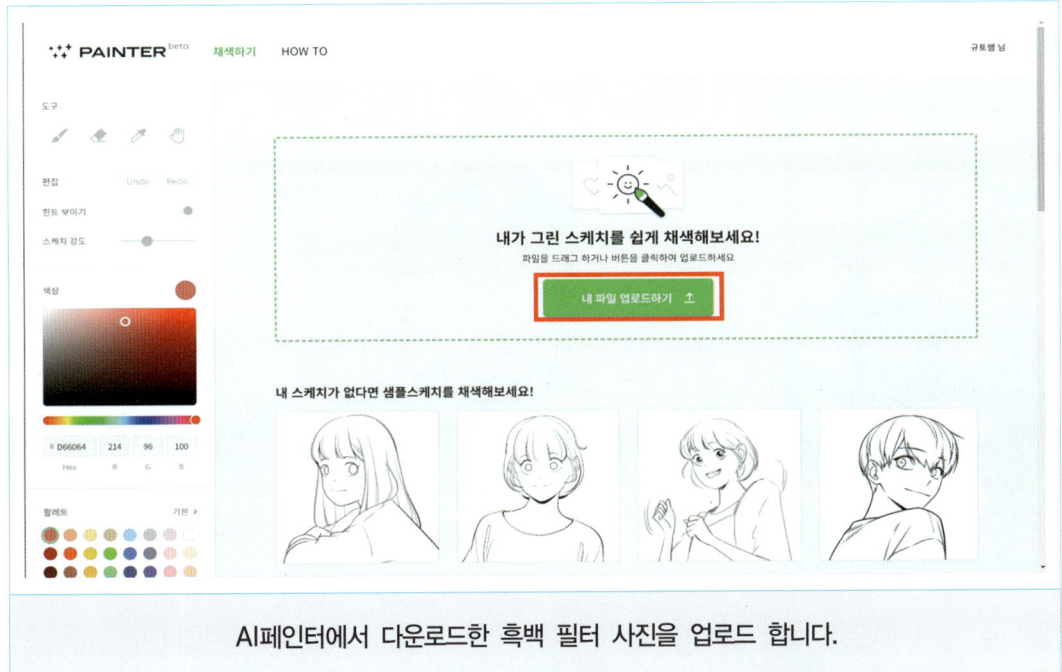

AI페인터에서 다운로드한 흑백 필터 사진을 업로드 합니다.

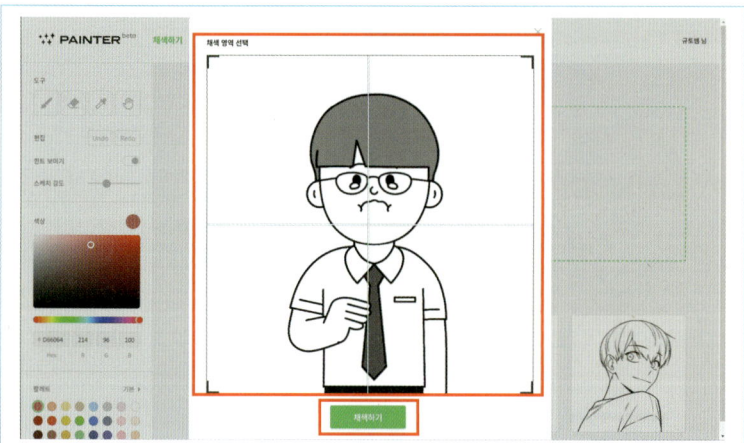

채색 영역을 선택하고, '채색하기' 버튼을 클릭합니다.

채색 힌트를 추가해서 채색을 진행합니다.

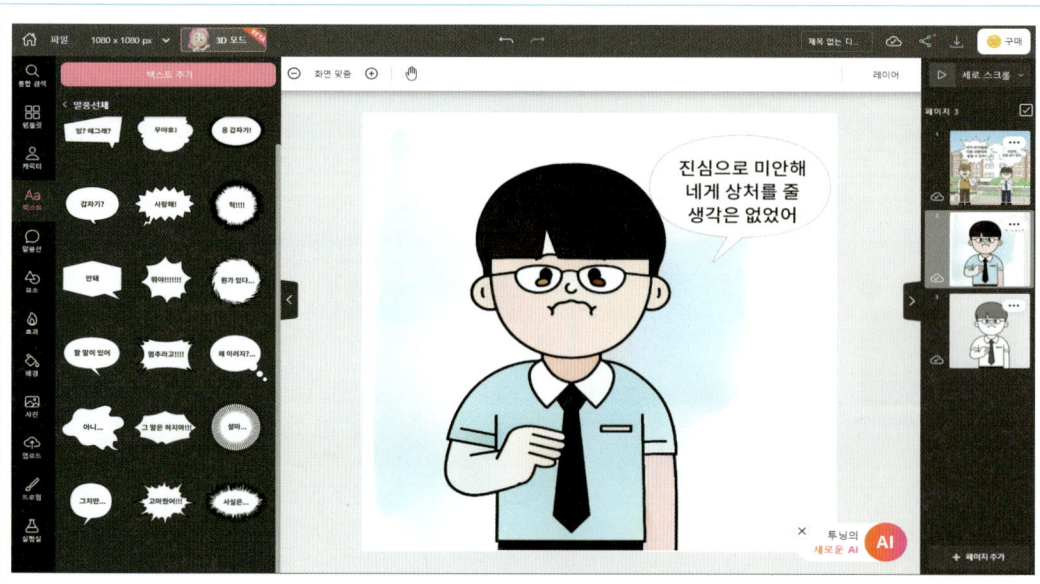

AI 페인터를 통해 만들어진 그림을 업로드하여 삽입하고, 말풍선을 배치합니다.

학생들은 웹툰을 제작하면서 재미있을 뿐만 아니라 캐릭터를 위치시키고, 대사를 넣으면서 자신도 모르게 감정이입을 할 것입니다. 스토리보드를 짜면서 국어 역량도 오르고, 투닝을 통해 예술 역량도 오르고, 인공지능과 웹활용을 통해 디지털 역량도 오르고, 감정이입을 통해 정서 순환도 되고! 일석 사조! 학교폭력예방 계기교육이 지루하지 않은 즐겁고 유익한 수업시간이 되길 바랍니다.

챕터를 마무리하며

지금까지 ChatGPT, 웹툰 AI 페인터, 투닝을 다루면서 학생들은 단순히 지식을 습득하는 것을 넘어서 자신의 창의력과 표현력을 발전시킬 수 있는 기회를 갖게 됩니다. 이 수업을 통해 학생들이 서로의 생각과 감정을 공유하고, 상호 존중과 이해의 가치를 배우길 기대합니다. 무엇보다, 이 과정에서 학생들이 자신의 내면과 소통하고, 새로운 자아를 발견하는 여정이 되기를 바랍니다. 우리 모두의 노력으로 이 수업이 학생들에게 즐거운 추억과 더불어 귀중한 배움의 시간이 될 것임을 확신합니다.

tooning

8단원. 투닝 AI와 디지털 드로잉으로 장래희망 캐릭터 완성하기

〈챕터1〉 스케치북 어플로 캐릭터 그리기

01. 스케치북 어플의 특징과 기본 설정 알아보기
02. 스케치북 어플로 미래의 나의 모습 캐릭터 그리기
03. 완성한 캐릭터를 저장하고 PC로 파일 전송하기

〈챕터2〉 디지털 드로잉과 AI 이미지로 장면 만들기

01. 투닝에 이미지 업로드하고 수정하기
02. 투닝 AI로 AI 이미지 생성하기

TOONING

01 스케치북 어플로 캐릭터 그리기

투닝을 활용하면 AI 이미지와 디지털 드로잉을 합쳐서 교과서 장면을 완성할 수 있습니다. 태블릿으로 디지털 그림을 그리고 AI 이미지와 어울리도록 투닝에서 편집하는 방법을 알아보겠습니다.

종이가 아닌 디지털 기기를 이용해서 그림을 그리는 것을 디지털 드로잉(Digital Drawing)이라고 합니다. 디지털 드로잉을 하기 위해서는 아이패드나 갤럭시 탭과 같은 스마트 기기, 터치펜 그리고 드로잉 어플이 필요합니다.

오토데스크 스케치북
(Autodesk Sketchbook)
*출처: Google Play

다양한 디지털 드로잉 어플리케이션이 있지만 그중 학교 수업에 추천하는 것은 '오토데스크 스케치북(Autodesk Sketchbook)' 입니다. 스케치북 어플은 무료이고 광고가 재생되지 않습니다. 그리고 가장 큰 특징은 안드로이드와 ios 모두에서 사용할 수 있다는 점입니다. 구글 플레이스토어나 앱스토어에서 쉽게 스케치북 어플을 다운로드할 수 있습니다.

스마트폰 및 태블릿에서 오토데스크 스케치북 어플을 활용한 디지털 드로잉 예시
*출처: Google Play

01. 스케치북 어플의 특징과 기본 설정 알아보기

스케치북 어플을 다운로드하면 다양한 설정들이 기본값으로 지정되어 있습니다. 여러 가지 단축키나 명령어가 기본 설정으로 켜져 있는데, 초보자들이 드로잉을 익히는 과정에서는 방해가 되기도 합니다. 초보 학습자들은 다음과 같이 설정을 변경하는 것을 추천합니다.

① '펜 모드' 설정, '멀티 터치 제스처' 설정

가장 먼저 상단 첫 번째 버튼을 누르고 '펜 모드'에 들어갑니다. 펜 모드를 켜면 펜으로만 스케치할 수 있습니다. 펜 모드를 끄면 손가락으로도 스케치를 할 수 있습니다. 멀티 터치 제스처 사용을 체크합니다. 멀티 터치 제스처를 켜야 두 손가락으로 확대 축소를 할 수 있습니다.

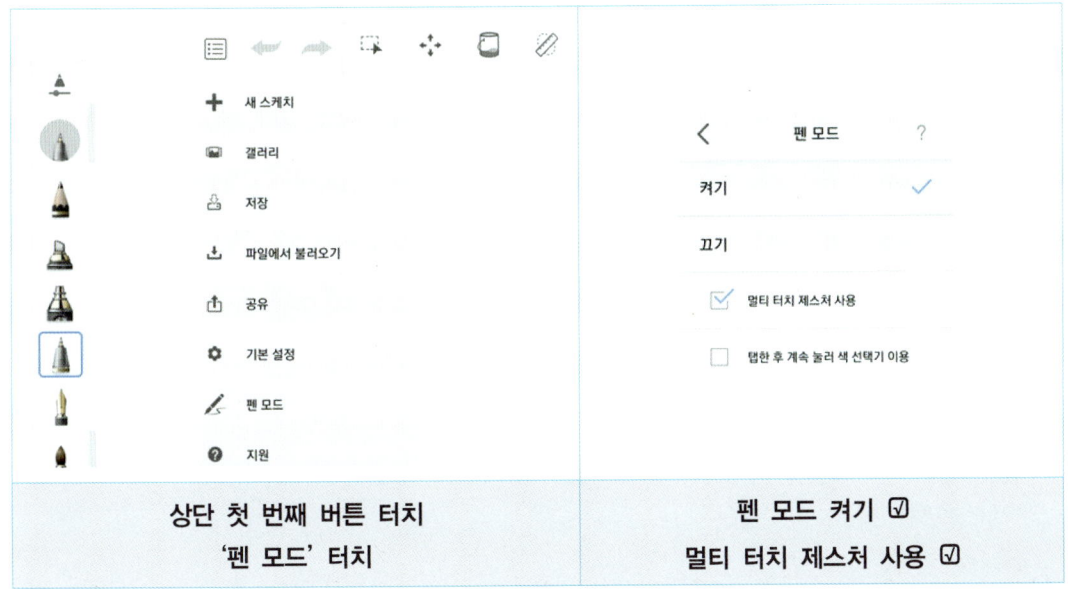

② '툴팁 표시' 설정, '마킹 메뉴' 설정 해제

상단 첫 번째 버튼에서 기본 설정에 들어갑니다. 툴팁을 켜면 상단의 여러 기능들을 터치했을 때 어떤 기능인지 이름이 짧게 뜨므로 툴팁 표시를 체크합니다. 그리고 마킹 메뉴를 체크 해제합니다. 마킹 메뉴는 캔버스 하단 중앙에 있는 작은 동그라미 버튼입니다. 누르면 다양한 단축키들이 들어 있는데 초보자들은 그림을 그리다가 잘못 눌리는 경우가 많으니 해제합니다.

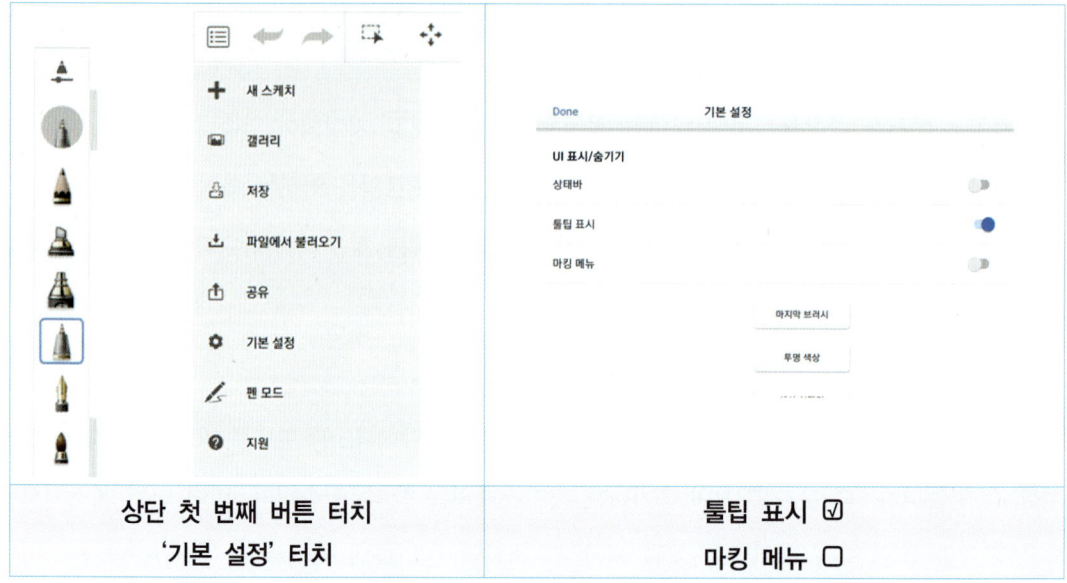

③ '탭한 후 계속 눌러 색 선택기 이용' 설정 해제, 모서리 바로가기 체크 해제

아래로 내려서 '탭한 후 계속 눌러 색 선택기 이용'을 체크 해제합니다. 손가락으로 캔버스를 길게 누르면 활성화되는 스포이드로 해당 색상을 추출하는 기능입니다. 그림을 연습하는 단계에서는 잘못 켜지기도 하기 때문에 해제합니다. 그 아래에 있는 '모서리 바로가기'도 체크 해제합니다. 스케치북 화면의 네 모서리에는 두 번 탭하면 실행되는 단축키가 숨겨져 있습니다. 그림 연습에 방해가 되기 때문에 초보자는 기능을 끄는 것이 좋습니다.

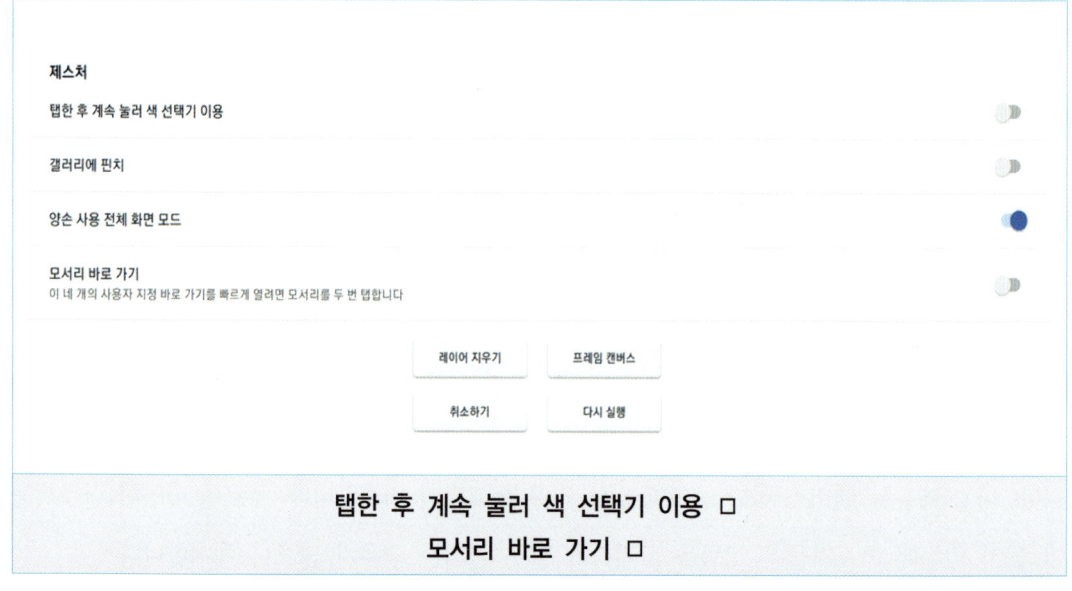

④ 손가락 제스처 설정 해제

그 아래에 있는 손가락 제스처를 모두 체크 해제합니다. 디지털 드로잉이 익숙해진 다음에 필요에 따라 손가락 제스처 기능을 설정하는 것을 추천합니다.

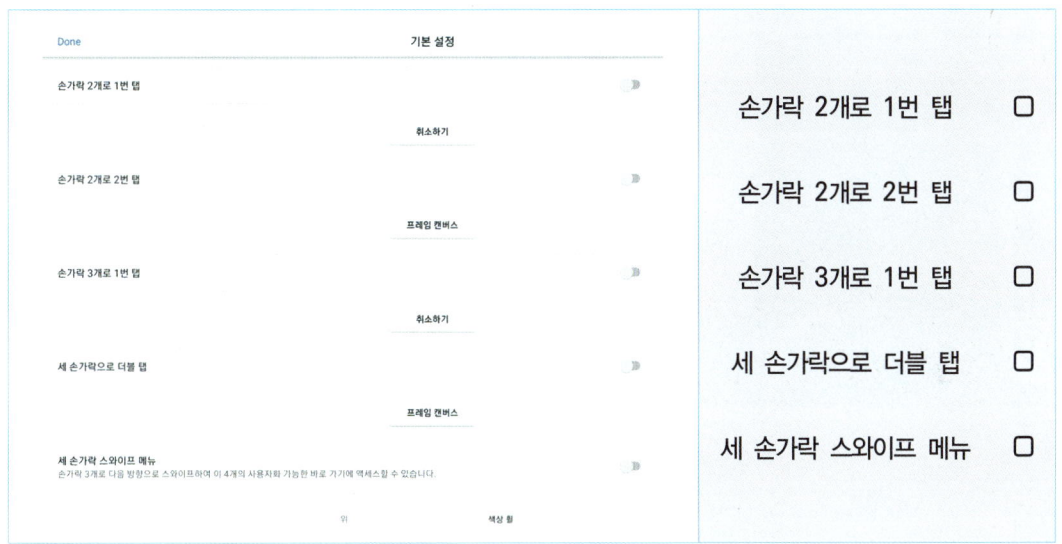

한번 설정한 값은 언제든지 쉽게 다시 바꿀 수 있으니, 필요에 따라 변경하시기 바랍니다. 기본 설정이 끝났으므로 좌측 상단의 'DONE'을 눌러서 설정을 적용합니다.

02. 스케치북 어플로 미래의 나의 모습 캐릭터 그리기

지금부터 스케치북 어플로 그림을 그려 볼까요? 미래의 나의 모습을 담은 캐릭터를 그려 보겠습니다. 상단 첫 번째 버튼에서 새 스케치를 누르고 캔버스 크기는 '사각'으로 지정합니다.

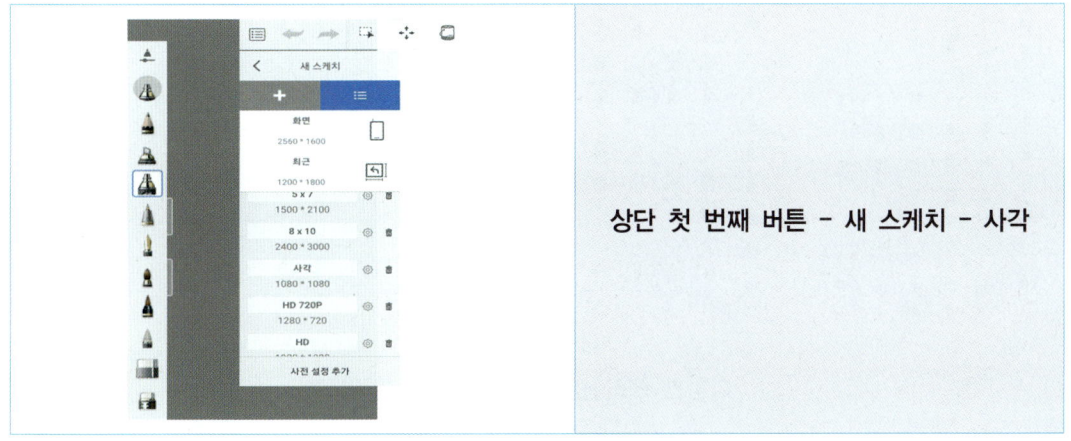

사각 캔버스가 설정된 모습

왼쪽에서 여러 브러쉬를 선택할 수 있습니다. 만약 더 많은 브러쉬를 보고 싶다면 브러쉬 창 맨 위의 버튼을 누르면 브러쉬 서랍을 열 수 있습니다. 스케치북 어플에서 기본으로 제공하는 다양한 브러쉬들을 볼 수 있습니다.

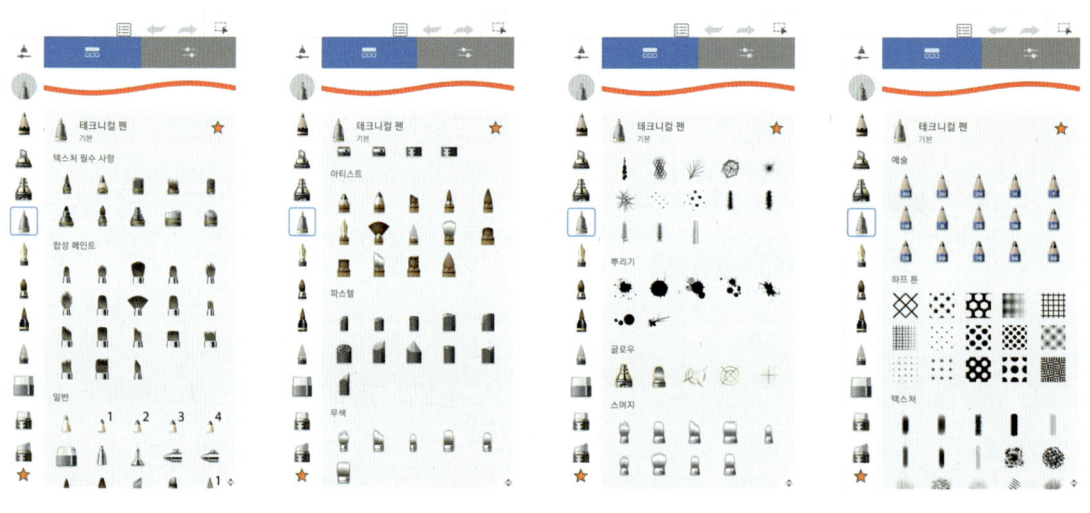

다양한 브러쉬가 담긴 브러쉬 서랍의 모습

여러 가지 브러쉬 중에서 선의 두께가 일정한 '테크니컬 펜'을 누릅니다. 브러쉬 상세 설정 패널에서 크기와 불투명도를 조절할 수 있습니다. 일러스트 느낌이 나는 뚜렷한 선을 표현하기 위해 크기는 8.0에서 10.0 사이로 변경합니다. 불투명도는 100%인 상태로 둡니다.

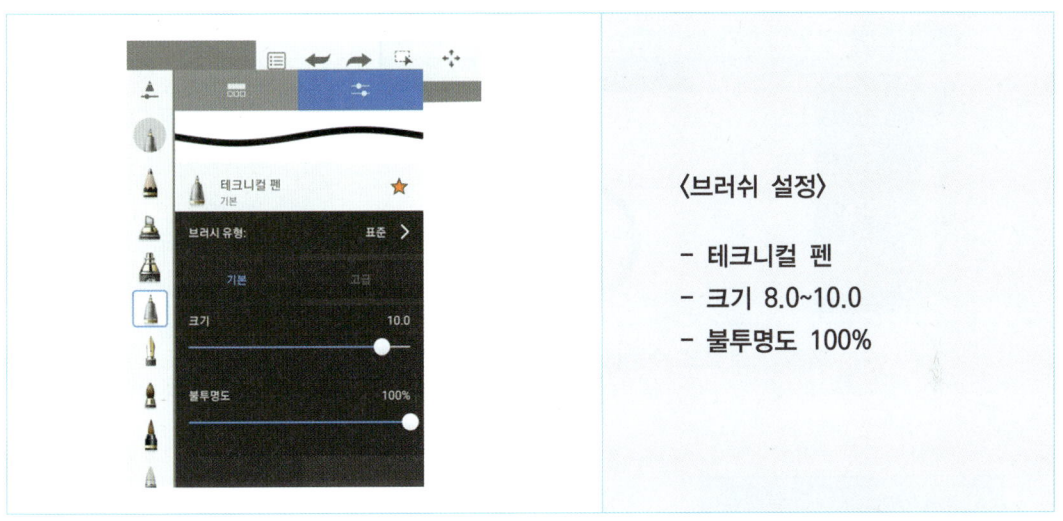

〈브러쉬 설정〉

- 테크니컬 펜
- 크기 8.0~10.0
- 불투명도 100%

오른쪽 레이어 창 가장 위의 동그라미 버튼을 눌러서 브러쉬의 색을 바꿀 수 있습니다. 색상환에서 내가 원하는 색을 직접 지정할 수도 있고, 팔레트에서 스케치북 어플이 제공하는 여러 색들을 선택할 수도 있습니다. 팔레트에서 맨 마지막에 있는 검정색으로 변경합니다.

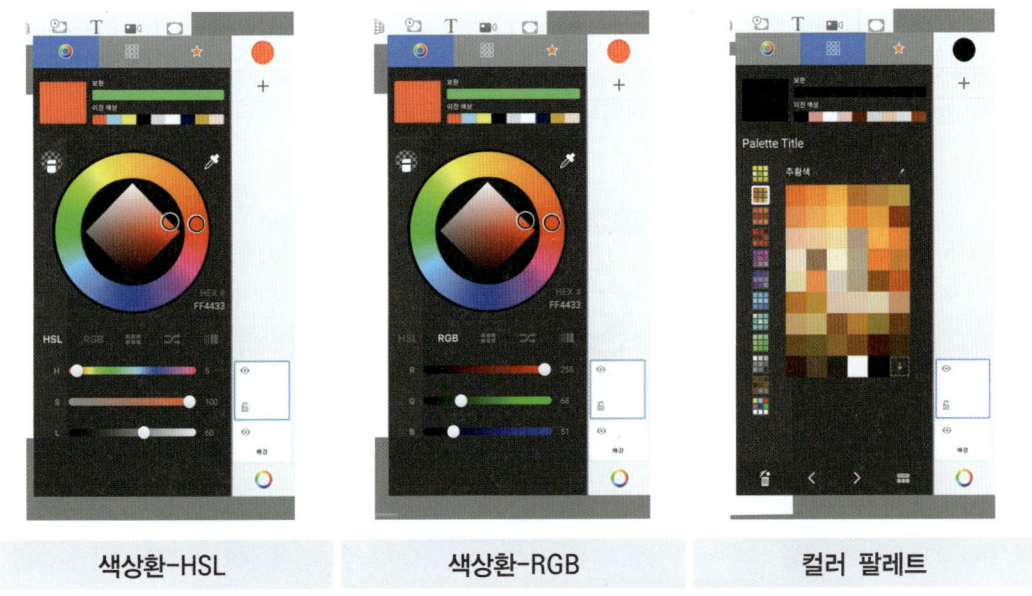

색상환-HSL　　　　　색상환-RGB　　　　　컬러 팔레트

본격적인 드로잉을 시작합니다. 주제에 맞게 '장래 희망을 이룬 나의 모습'을 그립니다. 반듯한 선을 그리고 싶다면 상단 메뉴 중 S자처럼 생긴 '예측 스트로크'를 켭니다. 예측 스트로크 수준을 높일수록 손 떨림이 보정되어 반듯한 선과 도형을 그릴 수 있습니다.

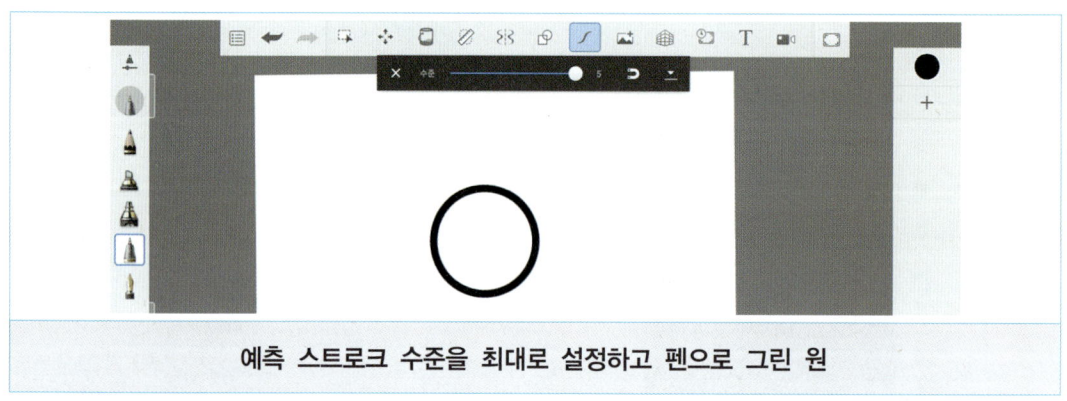

예측 스트로크 수준을 최대로 설정하고 펜으로 그린 원

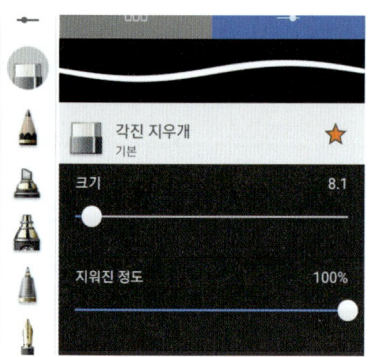

창작이 어렵다면 인터넷에 해당 직업을 검색해서 이미지를 참고할 수 있습니다. 만약 잘못 그렸다면 상단의 뒤로가기 버튼을 누르거나 브러쉬 창에서 '각진 지우개'를 눌러서 지울 수 있습니다. 다양한 지우개 브러쉬를 제공하지만 각진 지우개가 선이 남지 않고 깨끗하게 지워집니다.

불을 끄는 소방관의 캐릭터를 그려 볼까요? 너무 잘 그리려고 애쓰기보다는 삐뚤빼뚤해도 나의 개성이 살아있는 그림이 좋습니다. 직업의 특성이 잘 드러나도록 캐릭터를 그립니다.

외곽선을 다 그렸다면 오른쪽 레이어 창에서 플러스 버튼을 눌러서 레이어를 추가합니다. 새로 생긴 레이어를 꾹 잡고 끌어당겨서 두 레이어의 순서를 바꿉니다. 비어 있는 레이어를 선택하고 채색을 합니다.

레이어 추가 버튼   변경된 레이어 순서

채색을 할 때 브러쉬로 일일이 칠할 수도 있지만, 채우기 도구를 사용하면 더 빠르고 편하게 색칠할 수 있습니다. 상단 메뉴에서 페인트 모양의 버튼을 클릭합니다. 물방울 버튼을 눌러서 '모든 레이어 샘플링 '을 켜줍니다. 팔레트에서 원하는 색을 선택해서 채색을 합니다.

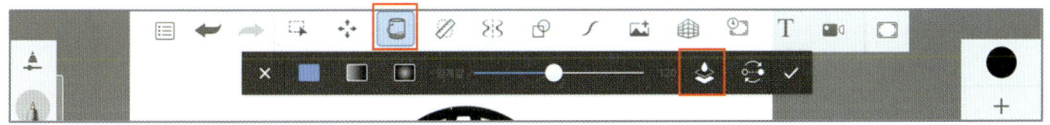

세세한 부분은 테크니컬 펜을 이용해서 묘사합니다.

03. 완성한 캐릭터를 저장하고 PC로 파일 전송하기

캐릭터 드로잉이 끝났습니다. 완성된 캐릭터를 저장하고 PC로 파일을 전송해 보겠습니다. 스케치북 앱에서 상단 첫 번째 버튼을 눌러서 저장을 합니다.

상단 첫 번째 버튼 - 저장

태블릿 갤러리에 png 파일로 저장된 모습

태블릿에 저장된 이미지를 투닝에 업로드하기 위해 PC로 파일 전송을 해야 합니다. 구글 드라이브나 원드라이브 같은 공유 드라이브를 사용하거나 카카오톡이나 네이버 웍스 메시지 같은 메신저로 보낼 수도 있습니다.

*이미지 출처 : GOOGLE PLAY

웹사이트로 파일 전송을 할 수 있는 'sendanywhere(샌드애니웨어)'로 파일을 보내 보겠습니다. 태블릿에서 인터넷 브라우저를 열고 sendanywhere에 접속합니다. 앱을 다운로드하거나 데스크톱 사이트로 바로 접속할 수 있습니다. 왼쪽 '보내기' 버튼을 누르고 내가 그린 캐릭터 그림을 업로드합니다.

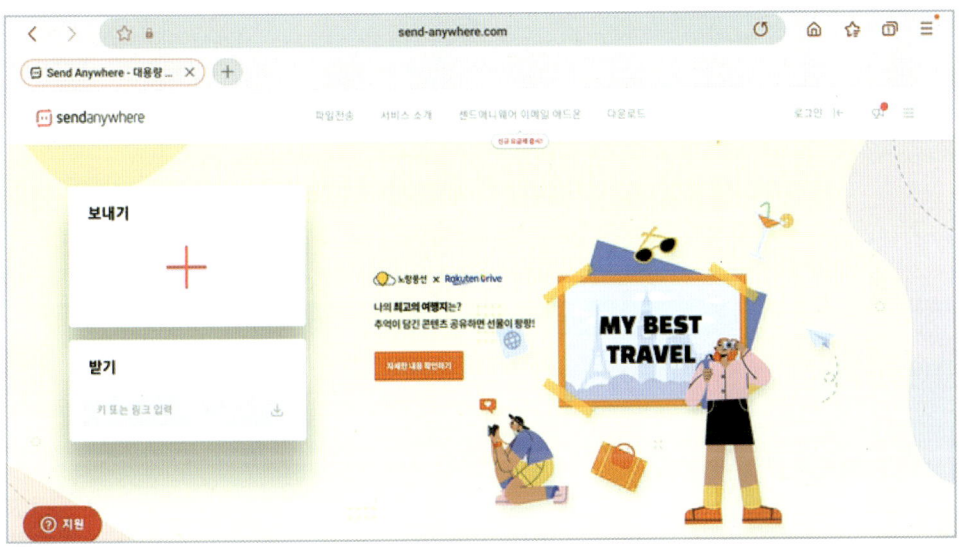

파일을 업로드하면 코드가 뜨는 것을 확인할 수 있습니다. 태블릿에서 파일 전송을 위한 준비가 끝났습니다. 이제 컴퓨터에서 파일을 다운로드해 보겠습니다.

컴퓨터에서 인터넷 브라우저를 열고 sendany-where에 접속합니다. 왼쪽에 '받기' 버튼을 눌러서 태블릿에 뜬 코드를 그대로 입력합니다. 짧은 광고 후에 다운로드 창이 뜨면서 손쉽고 빠르게 파일을 다운로드할 수 있습니다.

02 디지털 드로잉과 AI 이미지로 장면 만들기

01. 투닝에 이미지 업로드하고 수정하기

이번에는 디지털 드로잉과 AI 그림으로 장면을 만들어 보겠습니다. 다운로드한 사진을 투닝에 업로드해 볼까요? 투닝 에디터 웹사이트 작업 화면에서 왼쪽에 있는 '업로드 콘텐츠 메뉴'를 누릅니다. '내 사진 불러오기'를 눌러서 sendanywhere에서 다운로드한 이미지 파일을 업로드합니다. 작업 패널에 내 그림이 업로드된 것을 볼 수 있습니다.

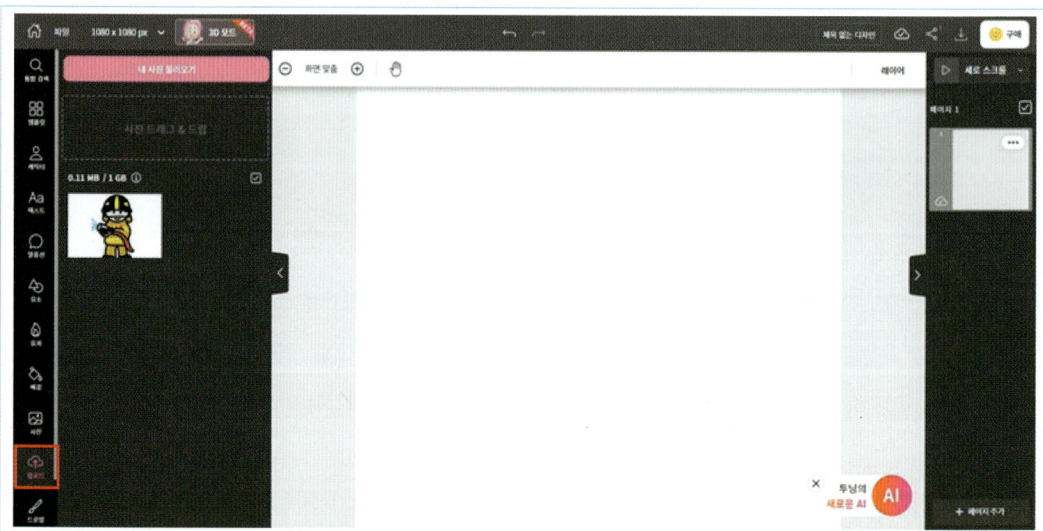

투닝에디터 화면에서 업로드 버튼 누르기 → 다운로드 받은 이미지 파일 업로드하기

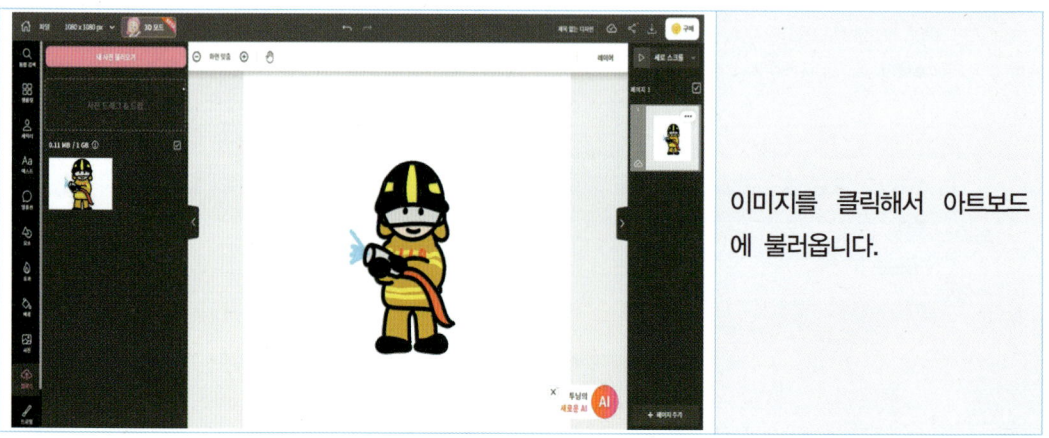

이미지를 클릭해서 아트보드에 불러옵니다.

삽입된 이미지를 클릭하면 콘텐츠 목록이 이미지 수정으로 바뀝니다. 필터를 씌우거나 세부 조정을 할 수 있습니다. 기본 필터를 변경하면 이미지에 다양한 느낌의 필터가 적용됩니다.

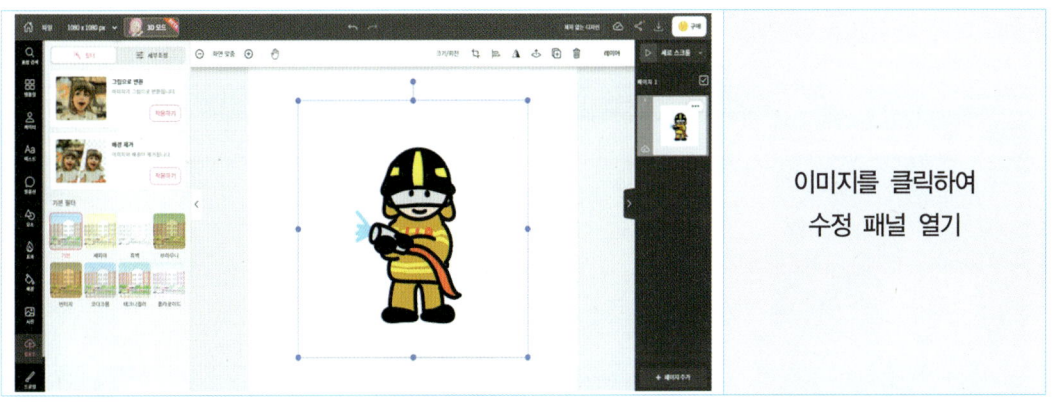

이미지를 클릭하여 수정 패널 열기

다양한 필터 적용하기

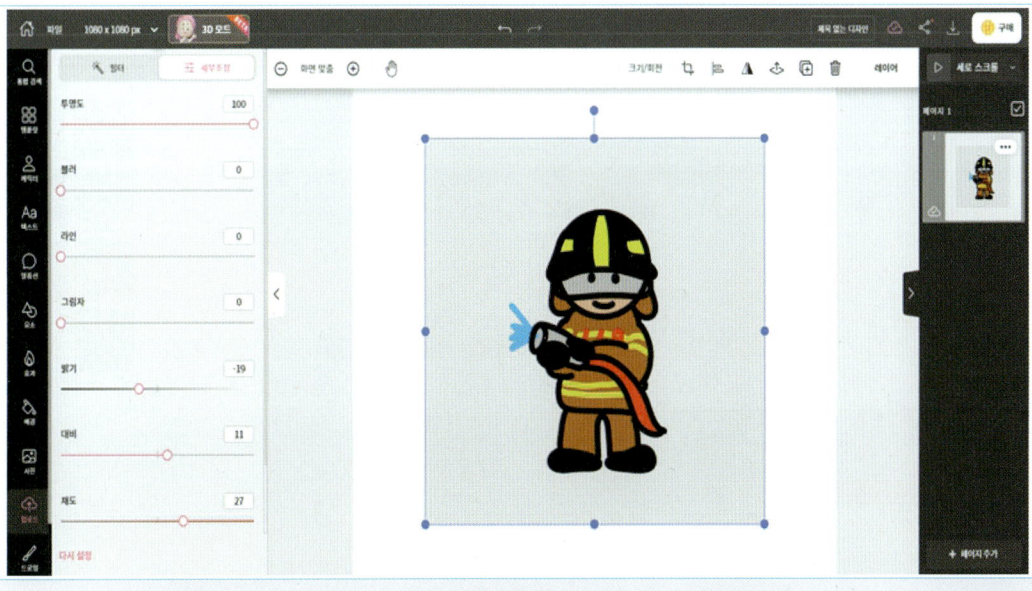

세부 조정을 누르면 이미지의 다양한 설정값을 변경할 수 있습니다.
투명도나 밝기, 대비, 채도 등을 변경하면서 내가 원하는 이미지로 바꾸어 봅니다.

02. 투닝 AI로 AI 이미지 생성하기

캐릭터에 어울리는 배경을 투닝 AI로 만들어 보겠습니다.

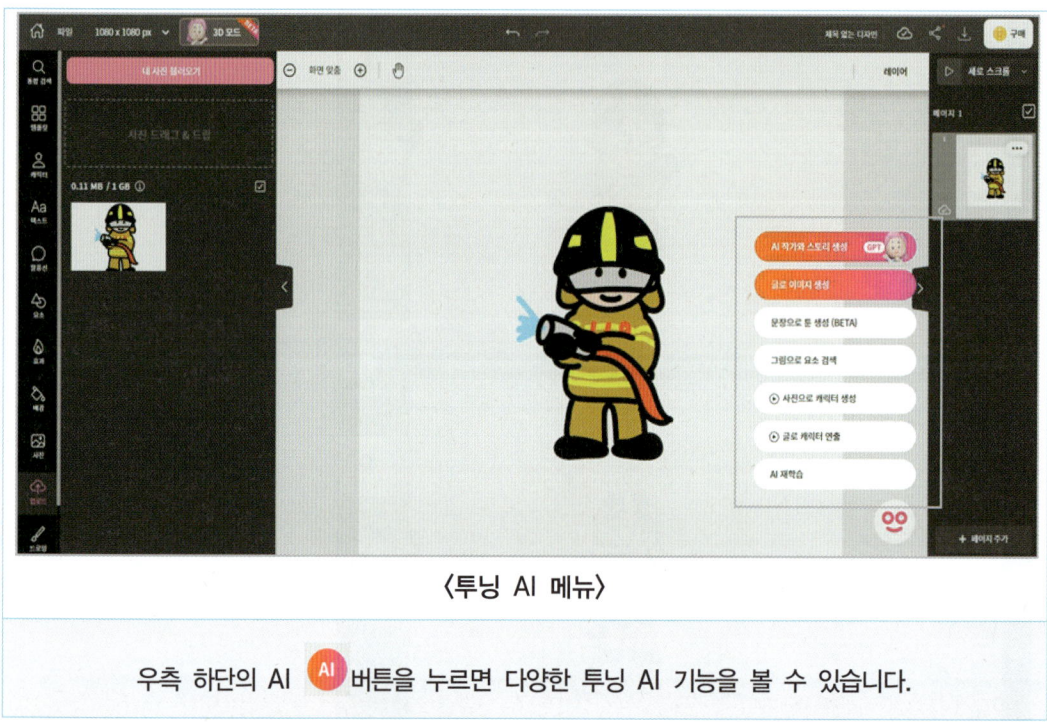

〈투닝 AI 메뉴〉

우측 하단의 AI 버튼을 누르면 다양한 투닝 AI 기능을 볼 수 있습니다.

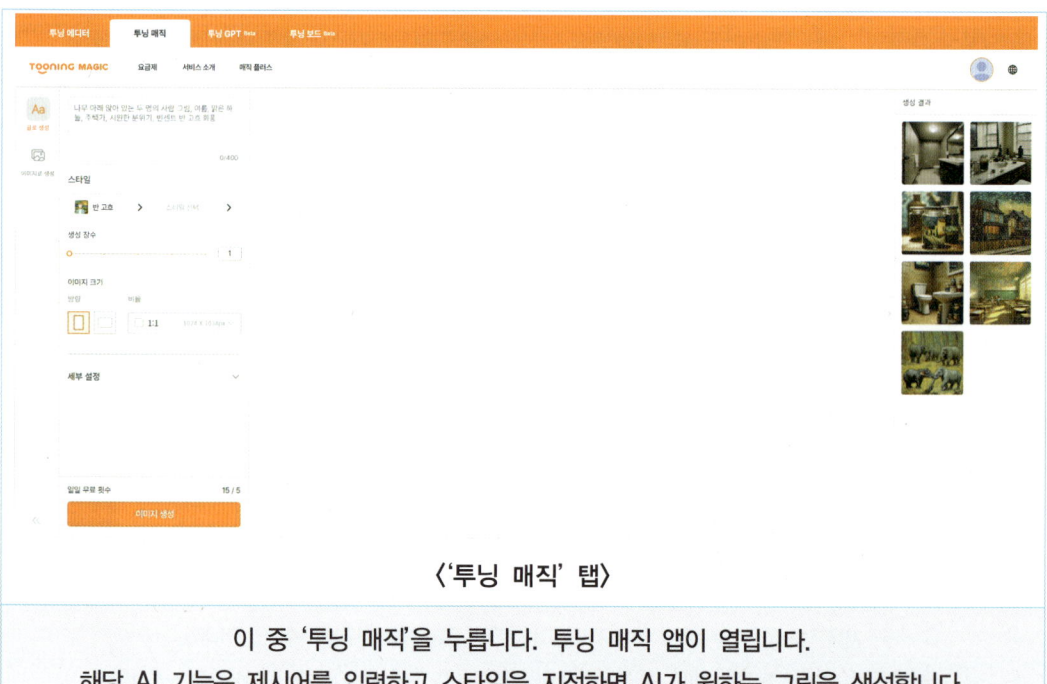

〈'투닝 매직' 탭〉

이 중 '투닝 매직'을 누릅니다. 투닝 매직 앱이 열립니다.
해당 AI 기능은 제시어를 입력하고 스타일을 지정하면 AI가 원하는 그림을 생성합니다.

소방관에 어울리는 이미지를 생성하기 위해 관련된 제시어를 입력합니다.

'화재, 건물, 소방차, 밤, 불' 등 주제와 관련된 제시어를 낱말 단위로 입력합니다. 제시어가 많고 자세할수록 원하는 이미지를 생성할 수 있습니다.

다양한 이미지 스타일 중에 원하는 것을 선택하고 '이미지 생성'을 누릅니다.

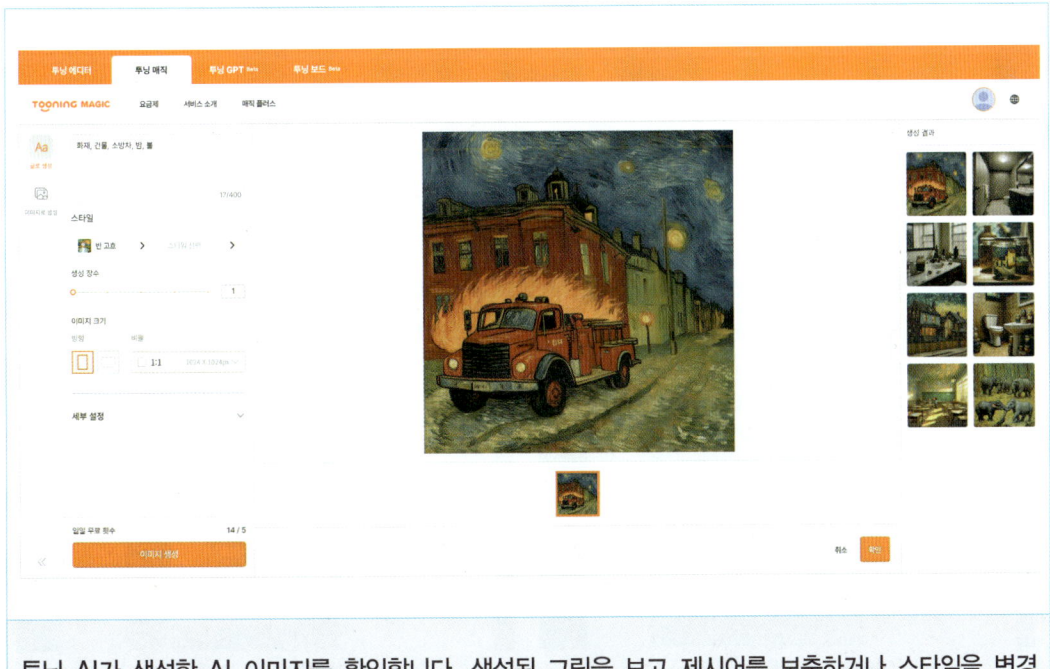

투닝 AI가 생성한 AI 이미지를 확인합니다. 생성된 그림을 보고 제시어를 보충하거나 스타일을 변경하여 다시 이미지를 생성할 수 있습니다.
  ※ 다만 계정의 종류에 따라 무료 체험 횟수에 제한이 있으니 유의하시기 바랍니다.

생성된 이미지를 캔버스로 보내기 위해 원하는 이미지를 체크합니다.	점 세 개를 누르고 '다운로드'를 누릅니다. 컴퓨터에 이미지 파일을 저장합니다.

생성된 AI그림을 배경으로 설정하기 위해 투닝 에디터 화면에서 '업로드' 기능으로 이미지를 추가합니다. 삽입된 이미지가 아트보드에 가득 차도록 크기를 조정합니다.

〈이미지 순서 변경 전〉	〈이미지 순서 변경 후〉

삽입한 캐릭터가 앞으로 오도록 배경 이미지의 순서를 맨 뒤로 변경해야 합니다.
이미지를 클릭한 후 '순서' 버튼을 눌러서 이미지의 순서를 조정합니다.

〈배경 제거 적용 전〉

〈배경 제거 적용 후〉

삽입한 캐릭터의 흰 배경 부분을 삭제해야 배경과 캐릭터가 잘 어울리겠지요?
캐릭터 이미지를 클릭하고 좌측 패널에서 배경 제거의 '적용하기' 버튼을 누릅니다.
배경색을 자동으로 인식해서 제거해 줍니다.

완성도 있는 작품을 위해 장면에 어울리는 요소를 추가합니다. 요소 콘텐츠 목록에서 원하는 이미지 클립을 검색하고 넣을 수 있습니다. 해당 직업군과 관련이 있는 요소를 검색하여 삽입하고 위치와 크기, 순서 등을 조정하여 배치합니다.

'소방차' 요소 검색 및 삽입

'소화기' 요소 검색 및 삽입

'물' 요소 검색 및 삽입

포스터와 같은 효과를 내고 싶다면 텍스트도 배치할 수 있습니다. 'FIREFIGHTER'라는 텍스트를 이미지와 어울리도록 설정해 보겠습니다.

이렇게 이미지와 다양한 요소들을 배치해서 장래희망 캐릭터가 담긴 투닝 장면을 완성했습니다.

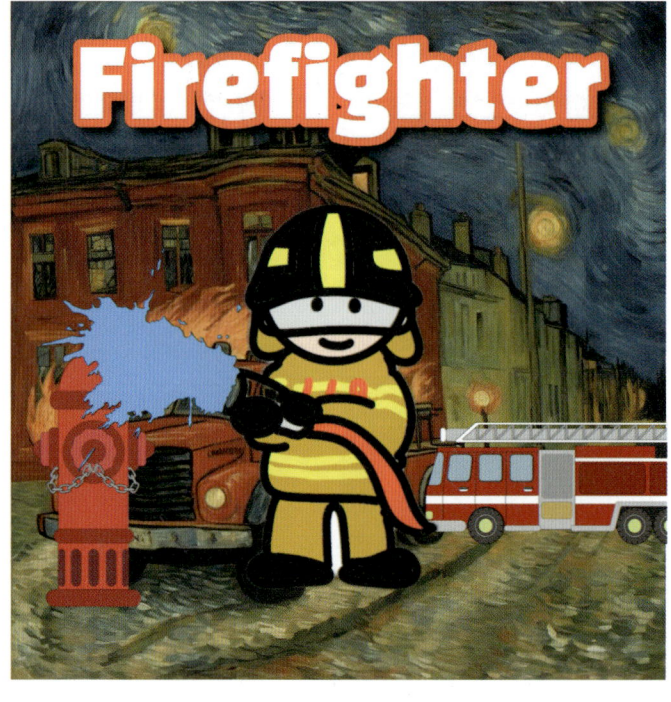

완성된 장면은 우측 상단의 '다운로드' 버튼을 눌러서 이미지 파일로 내려받을 수 있습니다. 페이지가 여러 개라면 내가 필요한 이미지만 클릭해서 다운로드 받을 수도 있습니다.

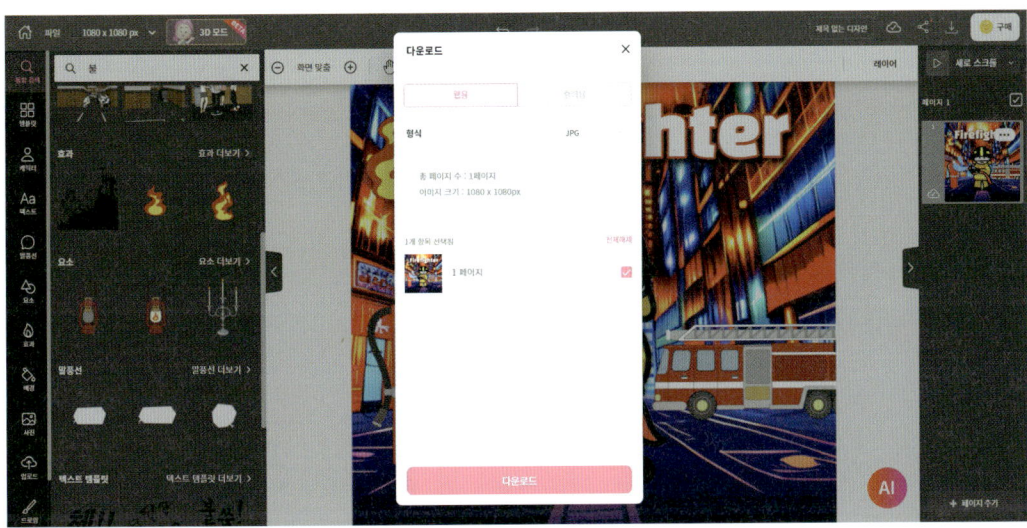

다운로드한 이미지 파일은 패들렛이나 e학습터, 학급 홈페이지 등에 올려서 학급원들과 공유할 수 있습니다.

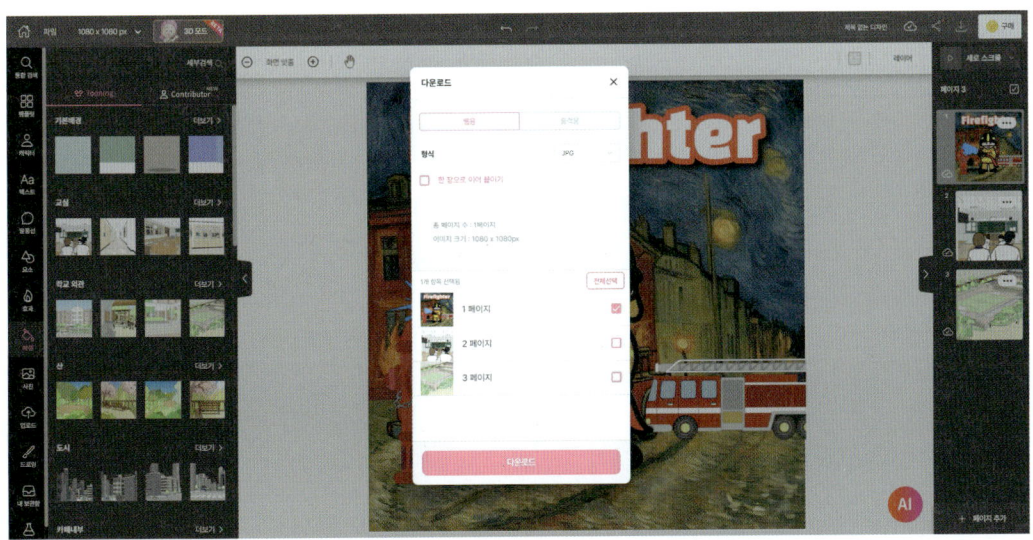

Tooning

9단원. 명화 이야기로 누구나 웹툰 작가

〈챕터1〉 명화로 나만의 작품 만들기

    01. 구글 아트앤컬쳐로 명화 감상하기
    02. 나만의 명화 컬러링 작품 만들기

〈챕터2〉 명화 속 이야기로 웹툰 제작하기

    01. 나만의 명화 이야기 꾸미기
    02. 나만의 명화 이야기를 담은 웹툰 제작하기

01 명화로 나만의 작품 만들기

01. 구글 아트앤컬쳐로 명화 감상하기

구글 아트앤컬쳐는 전 세계 미술관과 박물관을 구경할 수 있는 플랫폼입니다. 특히 온라인을 통해 고해상도로 다양한 작품을 감상할 수 있으며, 실제 미술관과 박물관 내부를 구경할 수 있습니다. 직접 전 세계의 미술관에 가지 않고도 유명한 작가의 작품들을 관람할 수 있다는 장점도 있습니다. 전 세계 80개국 2000여곳의 작품을 원하는 곳에서 원하는 만큼 감상이 가능한 점이 바로 우리를 구글 아트앤컬쳐로 이끄는 이유인데요. 다양한 작품을 감상하고 이를 통해 나만의 미술 작품을 만들어 보는 시작점이 되는 구글 아트앤컬쳐를 지금부터 탐색해보겠습니다.

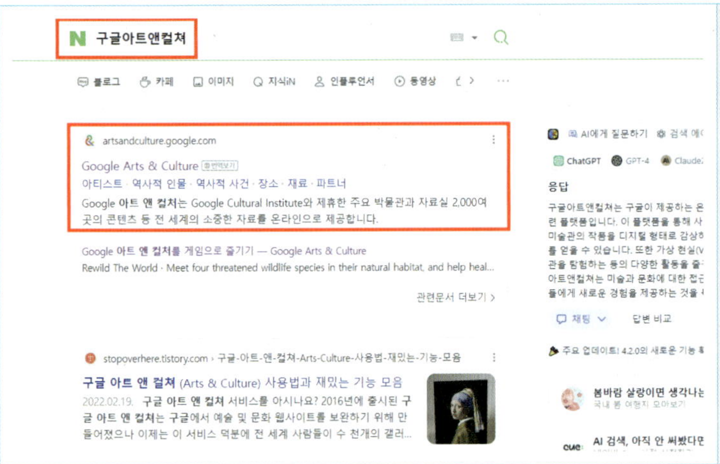

(구글 검색 화면 이미지)	구글 아트앤컬쳐(Google Arts & Culture)를 검색합니다.
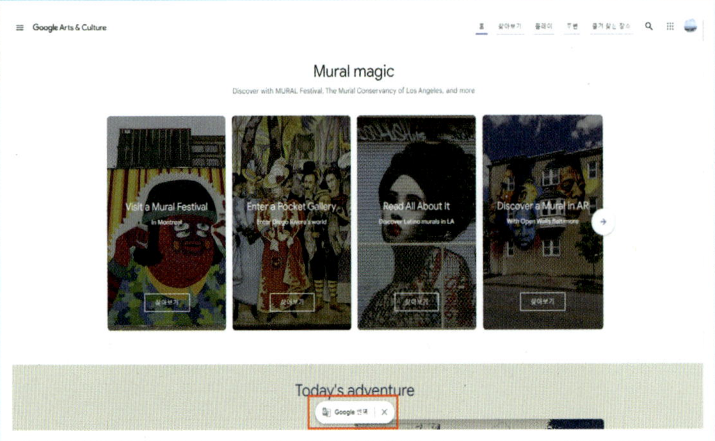 (Google Arts & Culture 첫 화면 이미지)	구글 아트앤컬쳐 첫 화면 하단 중앙부에 있는 'Google 번역'을 클릭하면 한국어 지원이 됩니다.

이제 구글 번역 기능이 적용되어 한국어로 살펴볼 수 있게 바뀌었습니다.

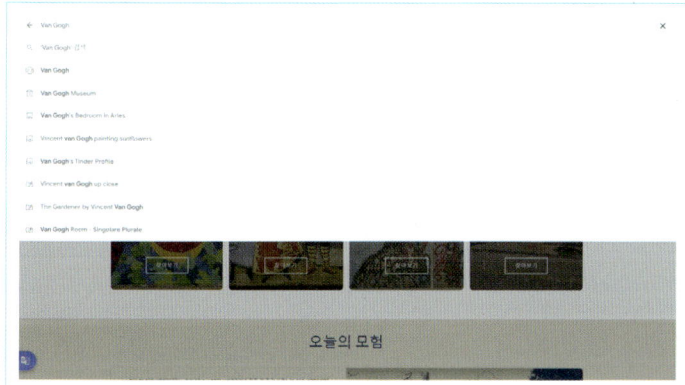

'돋보기' 아이콘을 눌러 'Van Gogh'로 검색합니다.

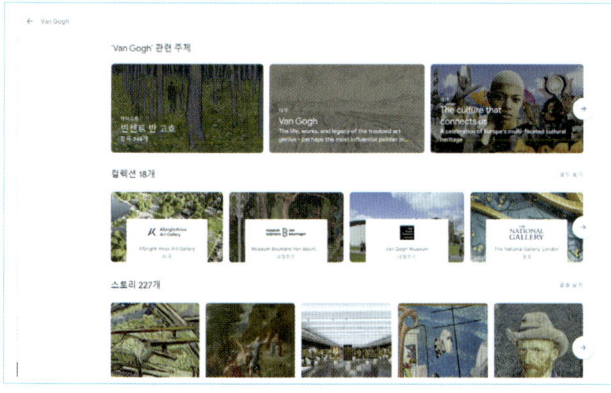

Van Gogh와 관련된 주제, 컬렉션, 스토리, 박물관 뷰와 같은 다양한 검색 결과가 제시됩니다.

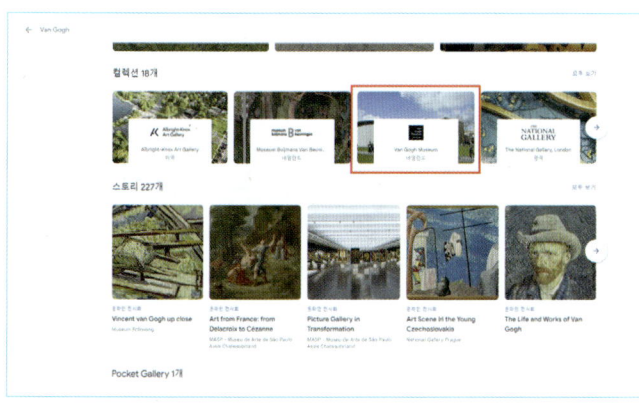

네덜란드 Van Gogh Museum, 반고흐 온라인 전시회 등을 클릭하여 수많은 고흐의 작품을 한 곳에서 감상할 수 있습니다.

스크롤을 내리면 박물관 뷰 4개를 제공하고 있는 모습을 살펴볼 수 있습니다. 사람 모양의 노랑색 아이콘을 클릭하여 박물관 내부로 이동할 수 있습니다. 이제 박물관 내부(Ground floor)로 이동해보겠습니다.

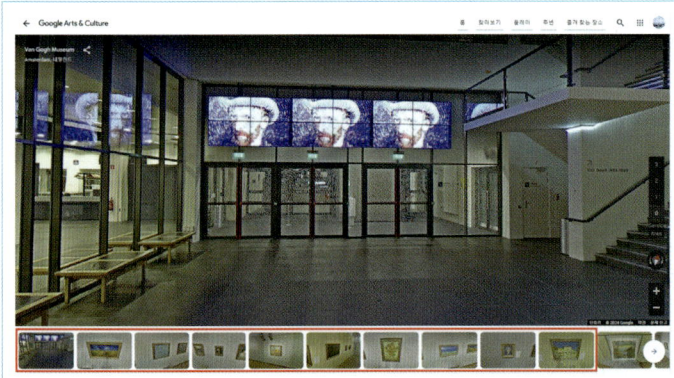

하단에 제시되고 있는 작품을 클릭하여 고흐의 주요 작품으로 빠르게 이동할 수 있습니다.

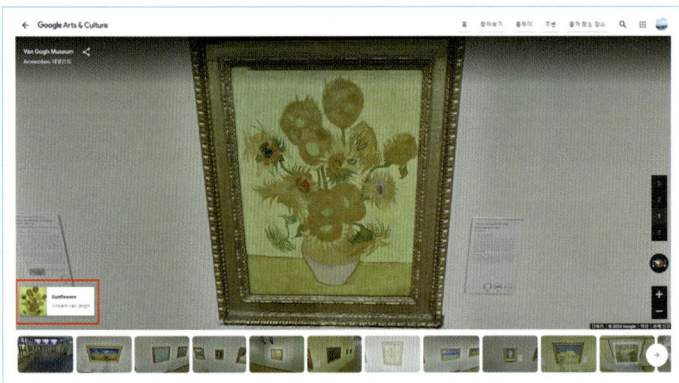

고흐의 해바라기 작품으로 이동해 본 모습입니다. 왼쪽 하단을 살펴보면 작품에 대해 자세한 설명을 살펴볼 수 있는 '작품 설명 버튼'이 활성화되어 있는 것을 확인할 수 있습니다.

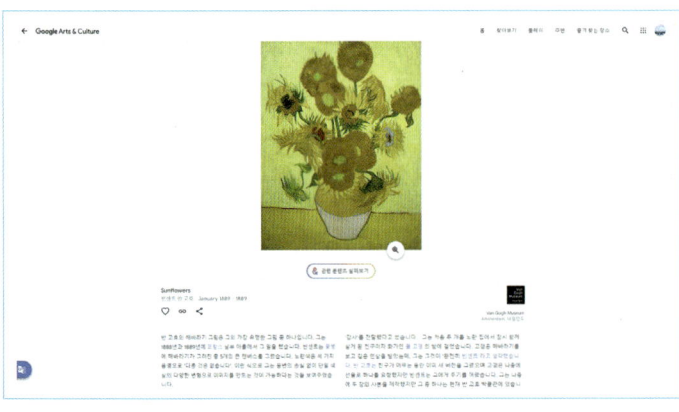

'작품 설명'을 누르면 작품에 대한 상세한 설명을 확인할 수 있습니다.

02. 나만의 명화 컬러링 작품 만들기

구글 아트앤컬쳐의 플레이 기능인 아트 컬러링북(Art coloring Book)을 활용하여 전 세계의 명화나 유명한 건축물을 나만의 시각을 담아 새롭게 컬러링 할 수 있습니다. 아트 컬러링북을 활용해 나만의 명화 컬러링 작품을 만들어보세요. 명화를 컬러링하면서 어떤 명화 이야기를 만들고 싶은지도 함께 생각해두면 좋습니다. 다음 챕터에서는 완성한 나만의 명화 컬러링 작품을 바탕으로 명화 이야기를 구성하고, 이를 웹툰으로 만들어보겠습니다.

구글 아트앤컬쳐 첫 화면 상단에서 '플레이' 버튼을 클릭합니다.

'플레이' 탭에서는 미술, 음악과 관련된 다양한 활동이 제공됩니다. 퀴즈, 컬러링, 블롭오페라 등 예술적 요소와 결합된 다양한 놀이를 체험할 수 있는 공간입니다.

이제 Art coloring Book을 시작해보겠습니다.

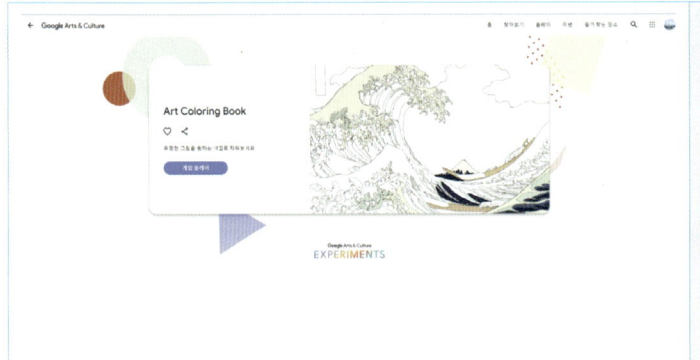

Art Coloring Book 첫 화면으로 들어와 '게임 플레이' 버튼을 클릭합니다.

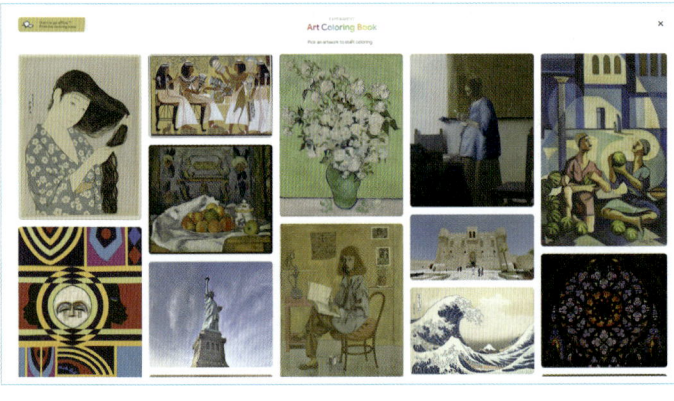

Art Coloring Book에서는 대표적인 유명 건축물, 명화를 원하는대로 컬러링할 수 있는 기능을 제공하고 있습니다.

지금부터 자유의 여신상 작품을 선택하여 나만의 명화 컬러링 작품을 만들어보겠습니다.

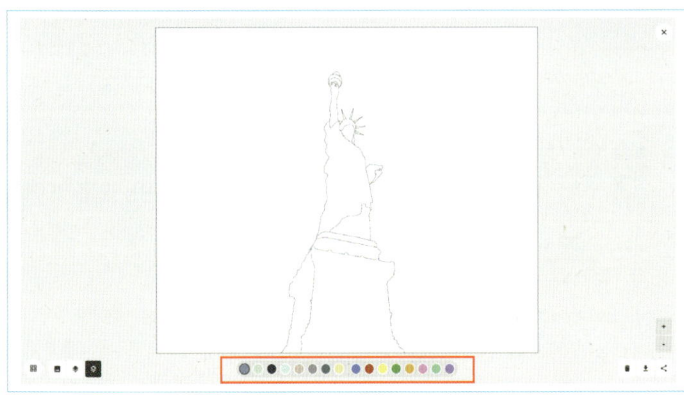

아랫쪽의 팔레트에서 원하는 색깔을 클릭한 후 적용하고 싶은 캔버스 부분을 클릭해 채색합니다.

팔레트의 색상을 이용해 계속해서 채색합니다. 이때 내가 만들 명화 이야기를 생각하며 어울리도록 채색합니다.

나만의 명화 컬러링 작품을 완성하였습니다.

왼쪽 하단 그림 이모티콘을 클릭하면 작품에 대해 구글 아트앤컬쳐에서 제공하는 상세한 설명을 볼 수 있습니다.

완성된 작품은 '다운로드' 버튼을 눌러 다운로드 합니다.

다운로드 한 작품을 패들렛, 투닝 보드 등의 온라인 게시판에 업로드 하여 친구들과 작품을 공유합니다. 나만의 명화 컬러링 작품에 어울리는 제목도 함께 적습니다.

02 명화 속 이야기로 웹툰 제작하기

01. 나만의 명화 이야기 꾸미기

재미있는 나만의 이야기로 '누구나 웹툰 작가'가 될 수 있습니다. 내가 선택한 명화를 충분히 감상하고 명화를 현대적인 상황에 맞게 재해석하는 과정을 통해 새로운 이야기를 구성할 수 있습니다. 명화에 등장하는 요소, 인물 등을 캐릭터로 설정하여 명화를 해석한다면 누구나 나만의 명화 이야기를 쉽게 만들 수 있습니다.

내가 만든 명화 컬러링 작품을 학급 온라인 게시판에 올려 친구들과 공유합니다. 작품을 보고 떠오르는 나만의 명화 이야기를 네 장면으로 구성하여 간단하게 줄거리를 꾸며 적어봅니다.

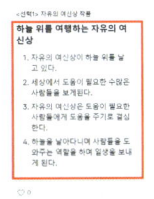

명화 이야기를 구성한 후에는 이를 웹툰으로 제작하게 됩니다. 따라서 웹툰으로 만들 장면들을 상상하며 명화 속 이야기를 구성합니다.

이번에는 다른 학생의 완성작을 살펴보겠습니다. 명화 속 이야기를 재해석하여 새로운 나만의 이야기로 만들었습니다.

학생들의 완성작을 살펴보면 같은 작품으로 컬러링을 하고 이야기를 구성했더라도 각각의 작품에 담긴 학생들의 개성과 상상력은 모두 다른 것을 확인할 수 있습니다.

실제 수업에서 학생들 개개인별로 만들고 싶은 명화 컬러링 작품을 다르게 선택하도록 할 수도 있습니다. 또 다른 방법으로는 학생들과 함께 세 가지 정도의 명화 작품을 구글 아트앤컬쳐에서 고르고 이 중에서 선택하여 나만의 새로운 작품을 만들어 볼 수도 있습니다.

학생들마다 상상력을 발휘하여 나만의 명화 이야기를 꾸며 작품을 완성하고 이를 친구들과 함께 살펴봅니다.

02. 나만의 명화 이야기를 담은 웹툰 제작하기

그림 실력이 전문적이지 않아도 투닝을 활용하면 멋진 웹툰 작품을 만들 수 있습니다. 구글 아트앤컬쳐를 통해 만든 명화 컬러링 작품을 투닝으로 제작해보세요. 말풍선, 텍스트 내용에 알맞게 캐릭터를 변화시켜주는 투닝 AI 기능 등을 활용하여 나만의 명화 이야기를 담은 웹툰 작품을 누구라도 멋지게 제작할 수 있습니다.

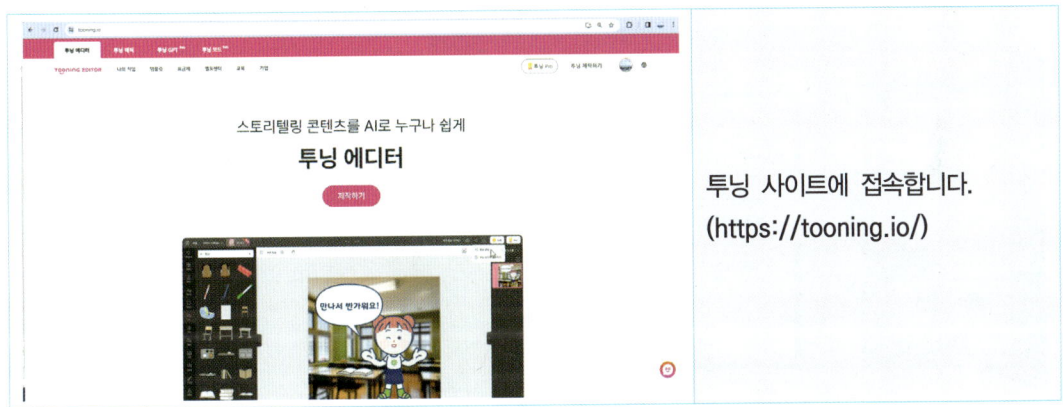

투닝 사이트에 접속합니다.
(https://tooning.io/)

투닝에서 새로운 캔버스를 생성합니다.

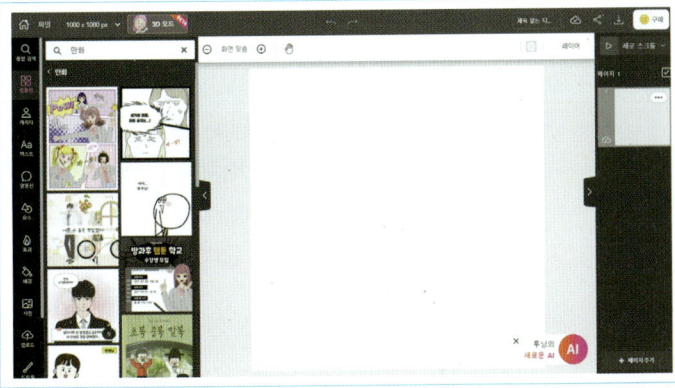

템플릿 콘텐츠 메뉴에서 '만화'로 검색합니다.

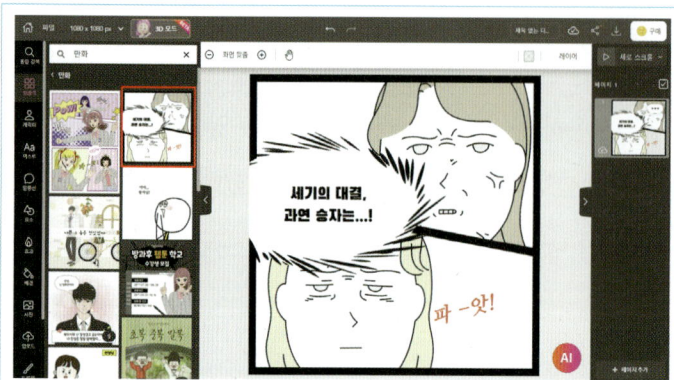

마음에 드는 웹툰 장면 템플릿을 클릭하여 적용합니다.

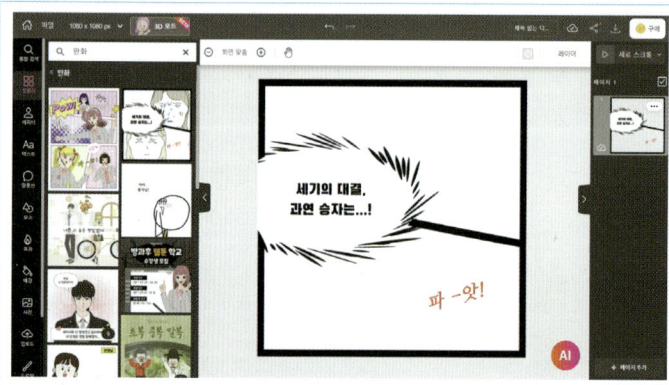

이제 나만의 명화 이야기를 담은 웹툰을 제작합니다. 웹툰 장면에서 필요하지 않은 부분은 삭제하거나 수정합니다.

업로드 콘텐츠 메뉴 - '내 사진 불러오기'에서 구글 아트앤컬쳐 명화 컬러링으로 미리 만들어두었던 작품을 업로드합니다.

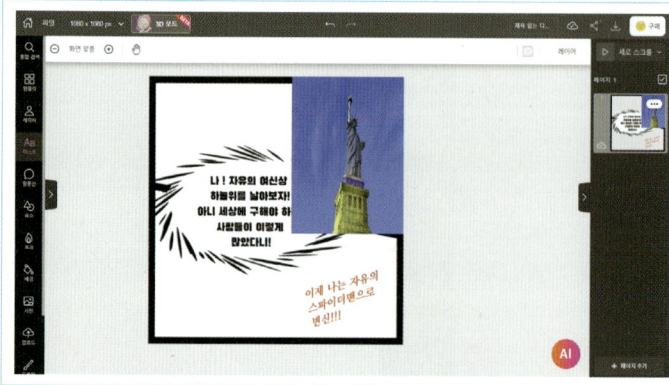

업로드한 명화 컬러링 작품도 적절한 곳에 배치하고, 내가 만든 명화 이야기에 알맞게 텍스트 내용도 바꾸어 줍니다.

앞으로 나와있는 이미지를 오른쪽 마우스 - '맨 뒤로 보내기'를 클릭하여 뒤쪽으로 배치합니다.

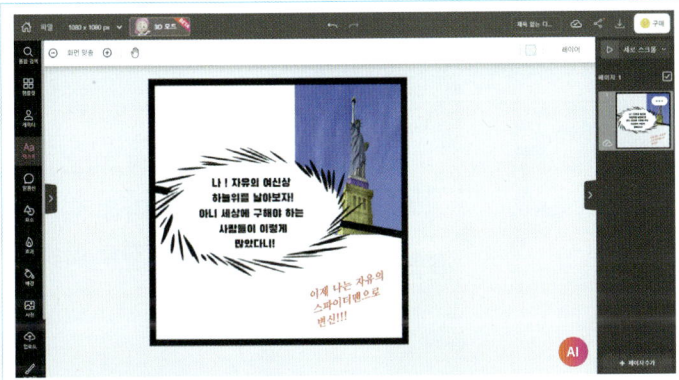

명화 이미지를 뒤쪽으로 잘 배치한 모습입니다.

이번에는 캐릭터 콘텐츠 메뉴에서 캐릭터를 추가합니다.

텍스트 콘텐츠 메뉴 - '말풍선체'에서 원하는 말풍선체를 선택해 캐릭터 옆에 말풍선을 추가합니다.

캐릭터 옆의 말풍선 내용도 알맞게 바꾸어 줍니다. 이후 텍스트를 클릭하면 활성화 되는 AI 버튼을 클릭해 캐릭터를 텍스트에 어울리게 바꿀 수 있습니다.

두 번째 웹툰 페이지를 꾸미기 위해 '세 페이지'를 추가합니다. 배경 콘텐츠 메뉴에서 '하늘 배경'을 선택하여 적용합니다.

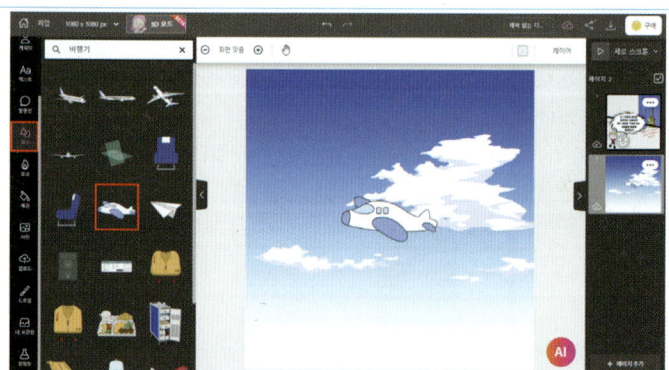

요소 콘텐츠 메뉴에서 '비행기' 이미지를 추가합니다.

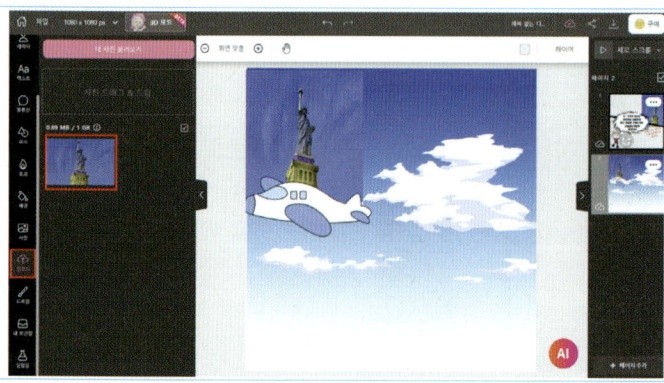

다음으로 업로드 콘텐츠 메뉴에서 자유의 여신상 명화 컬러링 작품을 클릭하여 삽입합니다.

1페이지에서 만들었던 캐릭터와 말풍선을 복사해서 가지고 옵니다. 이제 말풍선의 내용을 2페이지에 알맞게 바꾸어 줍니다.

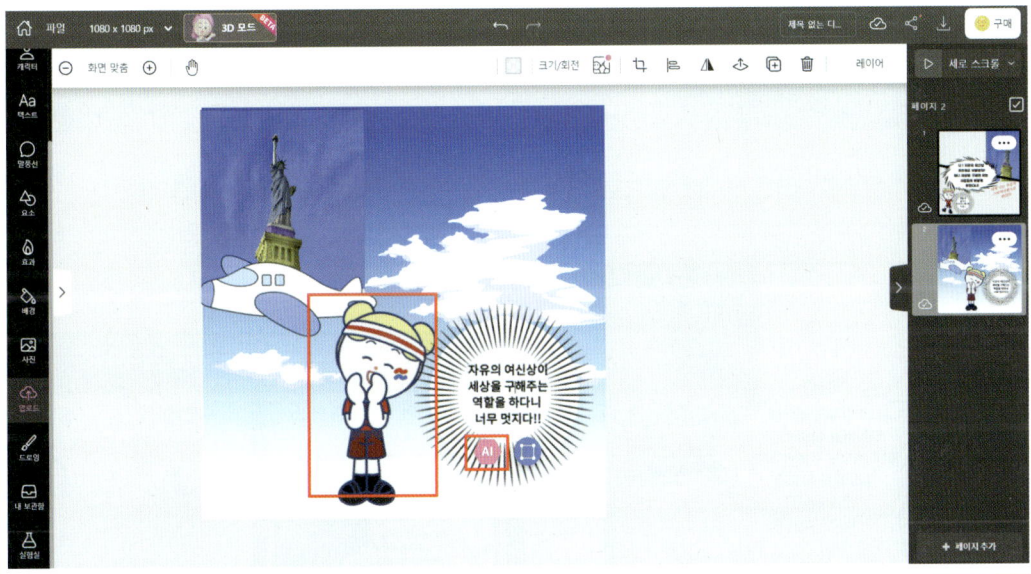

1페이지에서 적용한 것 처럼 말풍선의 텍스트를 선택하면 활성화되는 AI 버튼을 눌러 말풍선의 내용과 어울리는 캐릭터의 모습으로 인공지능 기능을 활용해 바꿔줄 수 있습니다. 이 기능은 투닝에서 만화를 제작할 때 매우 유용하게 사용할 수 있습니다.

투닝 편집화면 상단의 장면추천 이모티콘을 눌러 현재 화면에 어울리는 장면을 선택하여 적용합니다. 이제 작품이 모두 완성되었습니다.

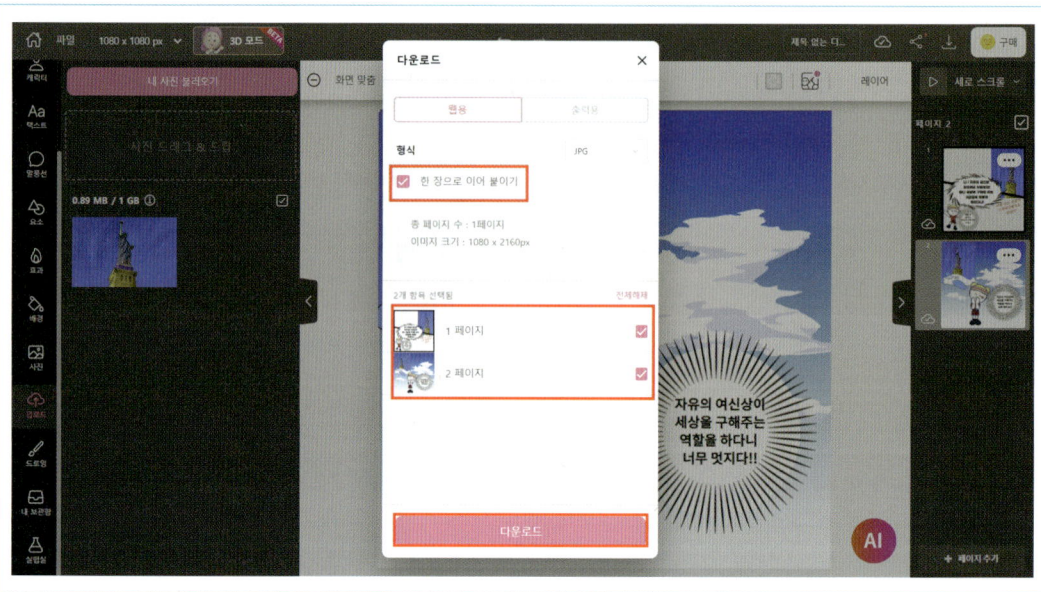

'다운로드' 버튼 - '한 장으로 이어 붙이기'를 선택하여 다운로드 받습니다.

'한 장으로 이어 붙이기'를 적용하여 다운로드 받았을 때의 모습입니다. 조금 더 만화스러운 느낌이 나게 됩니다.

이제 온라인 게시판에 완성된 작품을 올려 친구들과 공유합니다.

온라인 공유 게시판에 올린 학생 작품

투닝으로 '나만의 명화 이야기'를 담은 개성있는 웹툰을 친구들과 함께 살펴볼 수 있습니다.

Tooning

[학생 작품 더 살펴보기]

제목: 광선을 쏘는 자유의 여신상

제목: 파티에 가려고 꾸민 자유의 여신상

제목: 빅벤구경

제목: 서프라이즈 빅벤

챕터를 마무리하며

이번 시간에는 명화 이야기로 누구나 웹툰 작가가 될 수 있다는 것에 대해 살펴보았습니다. 실제로 구글 아트앤컬쳐를 이용하여 온라인 전시회, 전 세계 미술관 방문 등을 통해 명화 작품을 감상할 수 있으며, 명화 컬러링 기능을 통해 나만의 명화 컬러링 작품을 만들 수 있습니다. 만든 작품을 토대로 나만의 명화 이야기를 꾸미고 이를 투닝과 연결하여 웹툰을 만들어 보는 과정에서 학생들은 상상력과 창의력을 키워갈 수 있습니다. 지금 바로 학생들과 명화로 시작하는 미술 수업에 도전해보세요.

TOONING

10단원. 나만의 그림으로 우리 지역을 소개하는 퍼즐만들기

〈챕터1〉 오토드로우 사용방법 알아보기

   01. '오토드로우' 좌측 도구 툴바 소개
   02. 우리 지역의 상징물을 오토드로우로 그리기

〈챕터2〉 직소퍼즐 사용방법 알아보기

   01. 직소퍼즐 사이트에서 퍼즐만들기
   02. 직소퍼즐을 공유하여 함께 퍼즐맞추기

〈챕터3〉 투닝으로 만화를 만들어 직소퍼즐로 공유하기

   01. 투닝으로 우리나라를 소개하는 만화를 그리기
   02. 나의 투닝 작품을 퍼즐로 공유하기

01 오토드로우 사용방법 알아보기

01. '오토드로우' 좌측 도구 툴바 소개

오토드로우(AutoDraw)는 구글이 개발한 인공지능 기반 그림 그리기 도구 입니다. 오토드로우에서는 사용자가 그린 간단한 그림과 형태를 실시간으로 인식하여 유사한 그림 요소를 제안합니다.

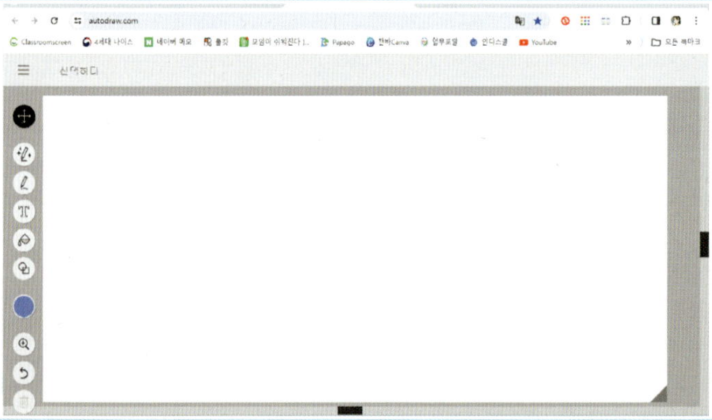

오토드로우 사이트에 접속합니다.
(https://www.autodraw.com/)

① 선택툴
② 자동그리기툴
③ 그리기툴
④ 텍스트툴
⑤ 채우기툴
⑥ 도형툴
⑦ 팔레트
⑧ 확대툴
⑨ 실행취소툴
⑩ 삭제툴

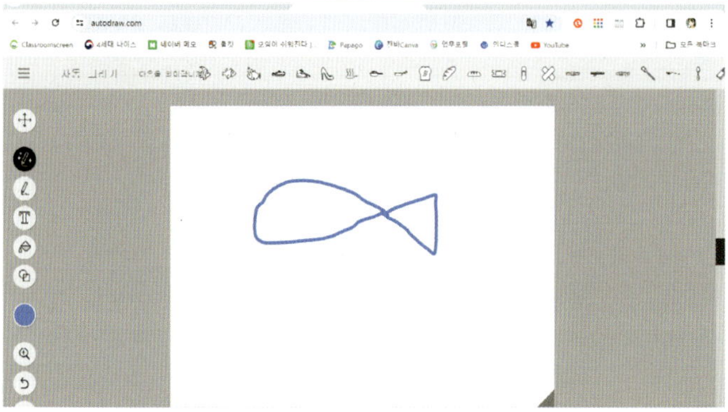

[오토드로우의 기본도구 툴바]

보드에 물고기모양을 그렸더니 상단에 물고기 모양과 흡사한 모양들이 많이 보입니다. 그중 하나를 선택하게 되면 자동으로 멋진 물고기 그림이 완성됩니다.

02. 우리 지역의 상징물을 오토드로우로 그리기

오토드로우는 계정 등록없이 무료로 사용할 수 있으며, 다양한 웹브라우저와 모바일 기기에서도 사용 가능합니다. 그림 그리기를 빠르고 쉽게 할 수 있으며, 그림을 그리는 과정을 단순화하고 창의적인 표현을 하는 데 도움이 되는 도구입니다.

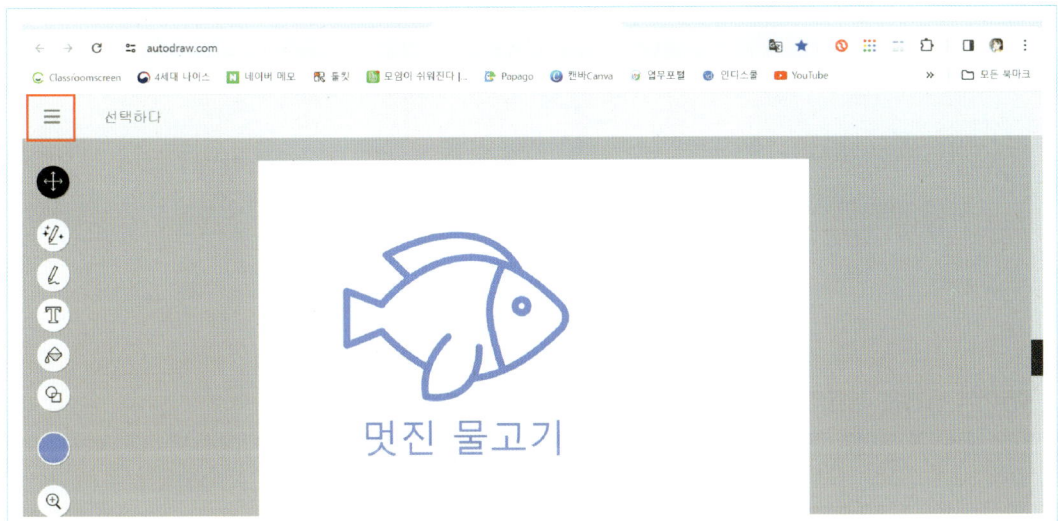

나중에 투닝으로 우리지역을 소개할 때, 사용하고 싶은 그림을 그려보았습니다. 저는 부산에 살고 있기 때문에 부산과 관련된 물고기 그림들을 그려보았습니다. 그림을 저장할 때에는 '햄버거 메뉴 버튼 ☰'을 눌러 다운로드 버튼을 누르면 됩니다.

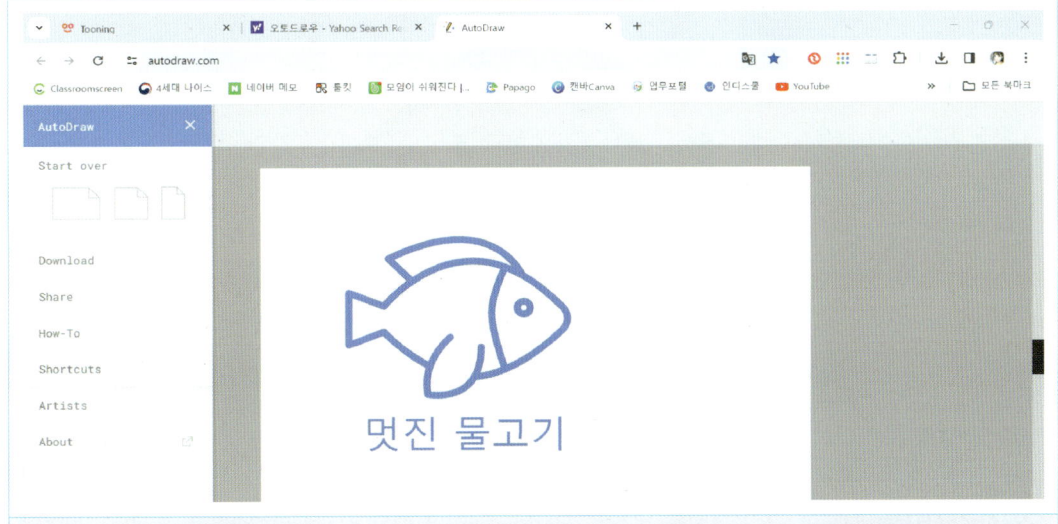

그림을 다운로드할 때 주의할 점은 크롬의 '한글번역' 기능을 사용하지 않는 것입니다. 해당 기능이 켜져 있으면 다운로드 버튼 클릭이 되지 않으므로 구글 번역을 해제한 채로 하셔야 합니다.

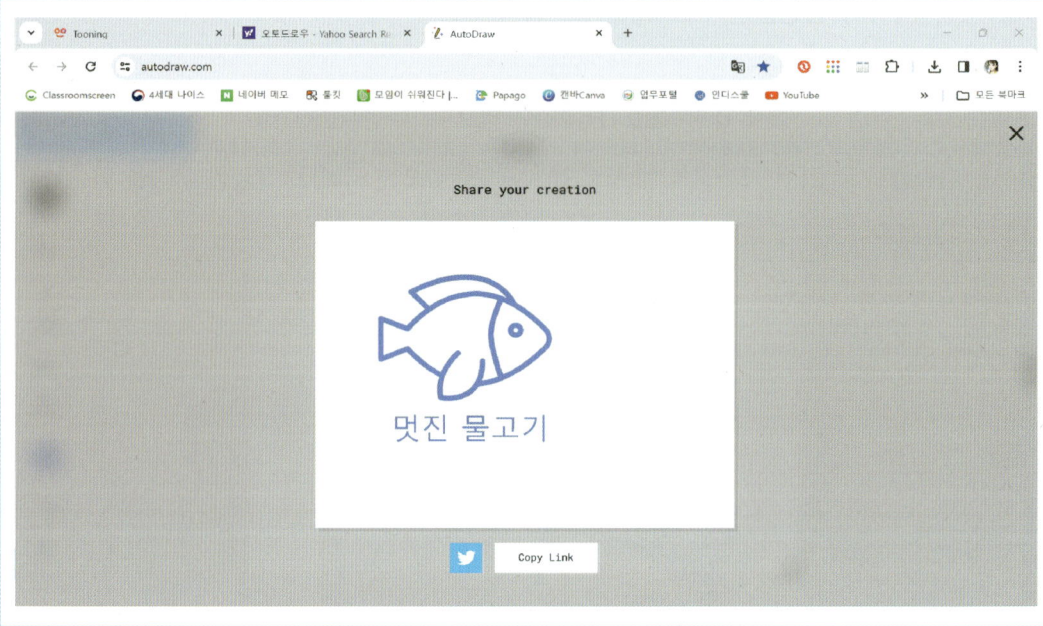

구글번역 해제는 상단의 인터넷주소창에서 조정 가능합니다.
번역 해제 후 완성한 그림은 석삼을 눌러서 share를 누르면 공유할 수 있습니다.

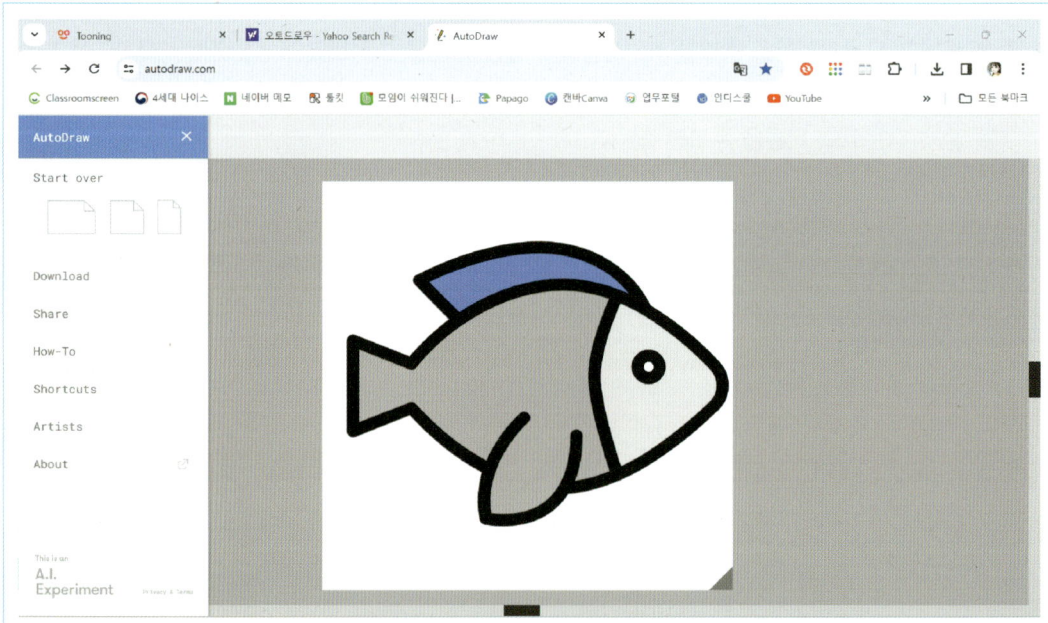

저는 고등어를 연상할 수 있는 색으로 물고기를 완성했습니다.
오토드로우에서는 보드에 그린 그림을 낱개로 저장할 수 없기 때문에 낱개로 작업 후 다운로드하여야 나중에 투닝에서 작업하기가 좋습니다.

02 직소퍼즐 사용방법 알아보기

01. 직소퍼즐 사이트에서 퍼즐만들기

직소퍼즐 사이트(Jigsaw puzzle Explorer)는 온라인으로 퍼즐을 맞출 수 있는 사이트입니다. 이 사이트는 회원가입 없이 무료로 사용할 수 있을 뿐 아니라 사용자가 직접 퍼즐을 만들어 공유할 수 있습니다.

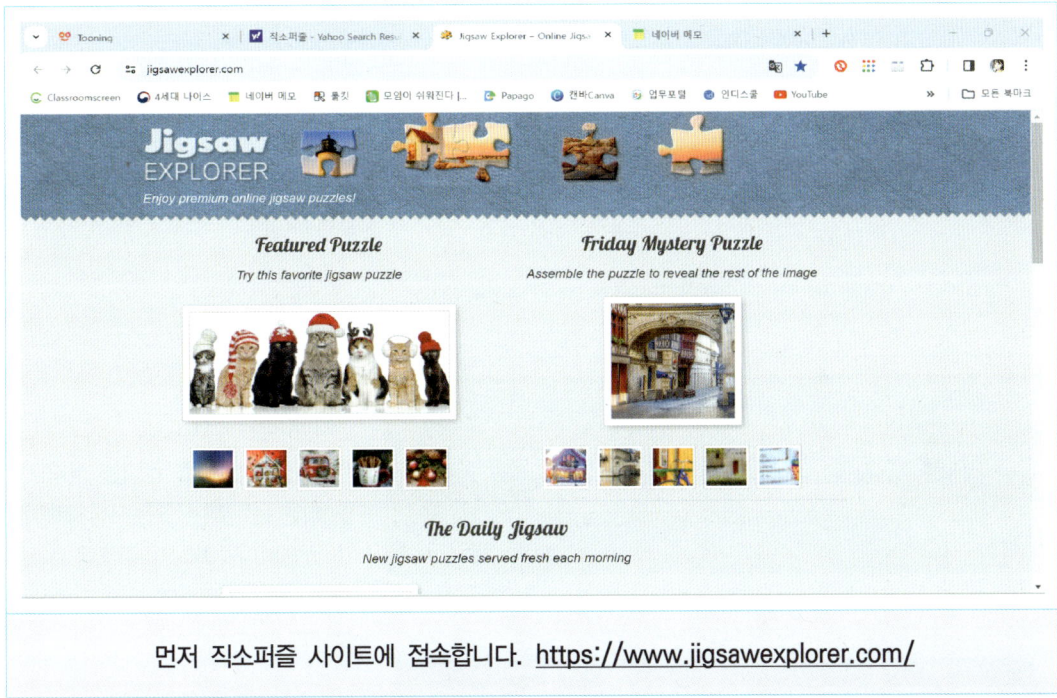

먼저 직소퍼즐 사이트에 접속합니다. https://www.jigsawexplorer.com/

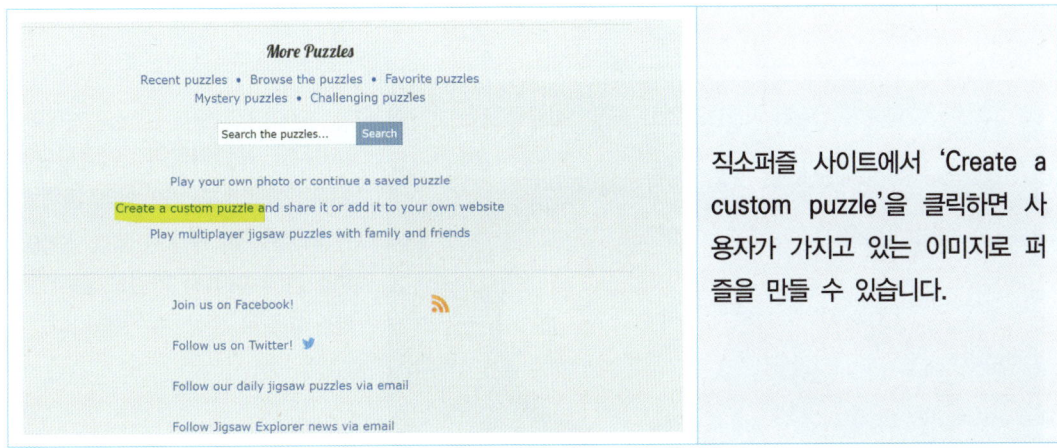

직소퍼즐 사이트에서 'Create a custom puzzle'을 클릭하면 사용자가 가지고 있는 이미지로 퍼즐을 만들 수 있습니다.

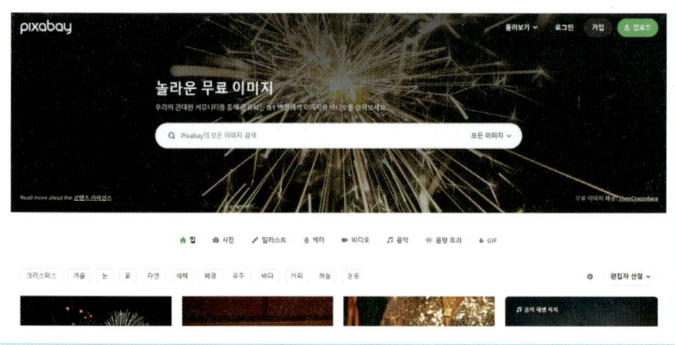	직소퍼즐 만들기에서는 이미지 파일의 URL주소만 넣으면 나머지는 선택사항이기 때문에 입력하지 않아도 작동됩니다.
	퍼즐로 만들고 싶은 이미지 파일의 URL을 입력합니다. 단, 이미지 URL은 마지막이 .jpg, .jpeg, .png, .gif와 같이 표시된 것만 유효합니다.
	먼저 저작권에서 다소 자유로우면서 jpg나 jpeg로 끝나는 이미지를 찾을 수 있는 곳은 '픽사베이'가 있습니다. 이미지 주소를 복사하는 것은 회원가입 없이도 가능합니다.
	이미지를 우클릭하여 '이미지 주소복사'를 합니다. 빈 창에 붙여넣기 하였을 때 주소가 jpg, jpeg, png 등의 이미지 파일로 끝나면 직소 퍼즐로 만들 수 있습니다.

02. 직소퍼즐을 공유하여 함께 퍼즐맞추기

직소 익스플로러에서는 회원가입을 필요로 하지 않으므로 이 사이트에서는 개인의 사진을 저장하거나 복사하지 않기 때문에 이미지 파일의 웹주소를 입력하고 만들기 버튼을 클릭하면 됩니다. 이미지의 URL주소를 복사했다면 이미지 주소를 넣는 곳에 붙여넣습니다. 주의할 점은 이미지 URL의 주소가 .jpg, .jpeg, .png, .gif로 끝나야 한다는 것입니다.

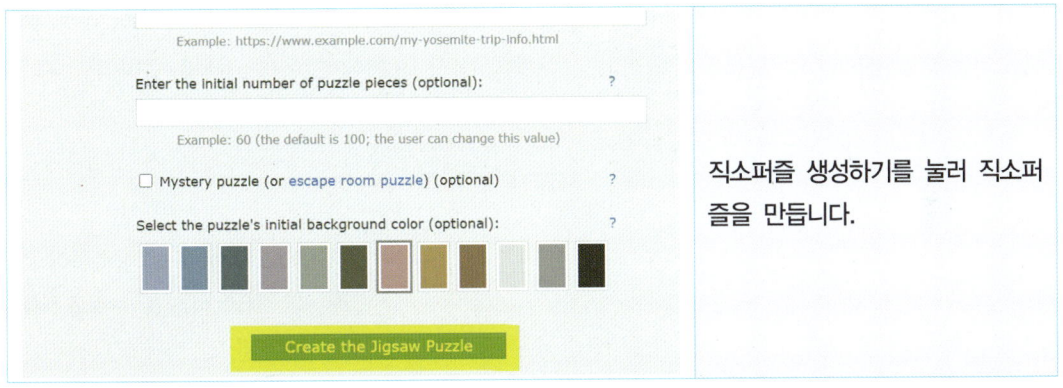

직소퍼즐 생성하기를 눌러 직소퍼즐을 만듭니다.

Short Link 창에 직소퍼즐 주소가 나온다면, 직소퍼즐을 할 수 있습니다.

Try it을 눌러 퍼즐을 실행합니다.

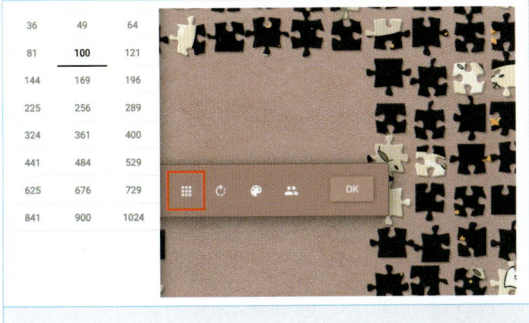

와플버튼을 누르면 퍼즐 조각의 개수를 선택할 수 있습니다.

사람 모양 아이콘을 클릭하면 다른 사람들에게 현재 직소퍼즐에 입장할 수 있도록 주소를 복사할 수 있습니다. 이 주소가 있으면 여러 명이 함께 작업을 할 수 있습니다.

03 투닝으로 만화를 만들어 직소퍼즐로 공유하기

01. 투닝으로 우리나라를 소개하는 만화를 그리기

우리 지역을 소개하는 활동도 투닝으로 진행하면 학생들의 흥미를 지속하고 수업에 새로움을 줄 수 있습니다. 특히 투닝의 AI 검색기능인 '그림으로 요소 검색', '글로 캐릭터 연출' 등의 인공지능 기능을 활용하면 학생들의 창의적이고 다양한 발상 표현에 도움이 될 것 입니다.

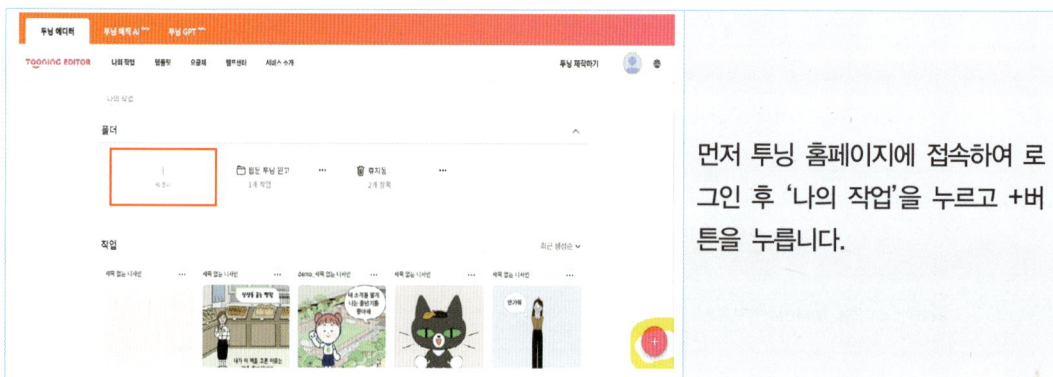

먼저 투닝 홈페이지에 접속하여 로그인 후 '나의 작업'을 누르고 +버튼을 누릅니다.

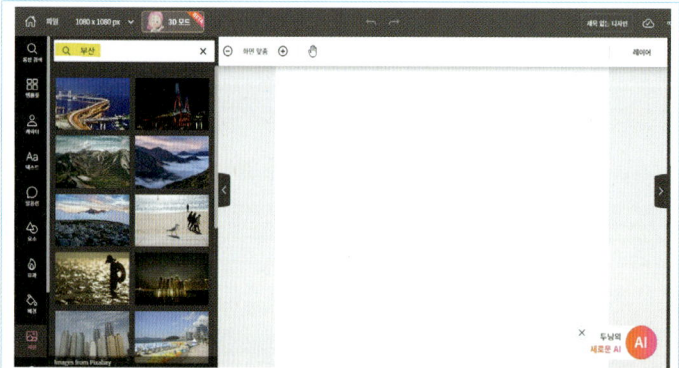

우리지역 소개하기를 하기 위해 사진 또는 배경에서 '상세검색'으로 우리지역과 관련된 키워드를 입력합니다.

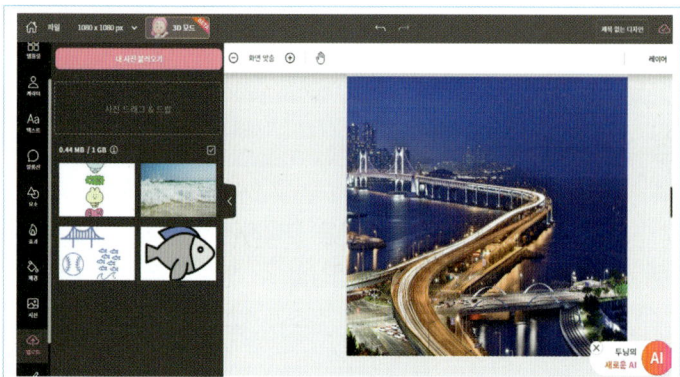

세로 콘텐츠 메뉴에서 '업로드'를 클릭합니다. 선택한 배경에 오토드로우로 만들었던 이미지를 가져옵니다.

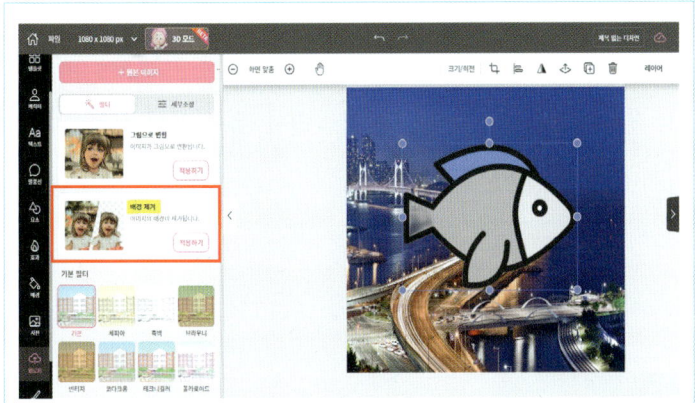

'배경 제거'를 클릭하면 내 그림을 더 깔끔하게 가지고 올 수 있습니다.

텍스트 콘텐츠 메뉴에서 원하는 문자를 입력합니다.

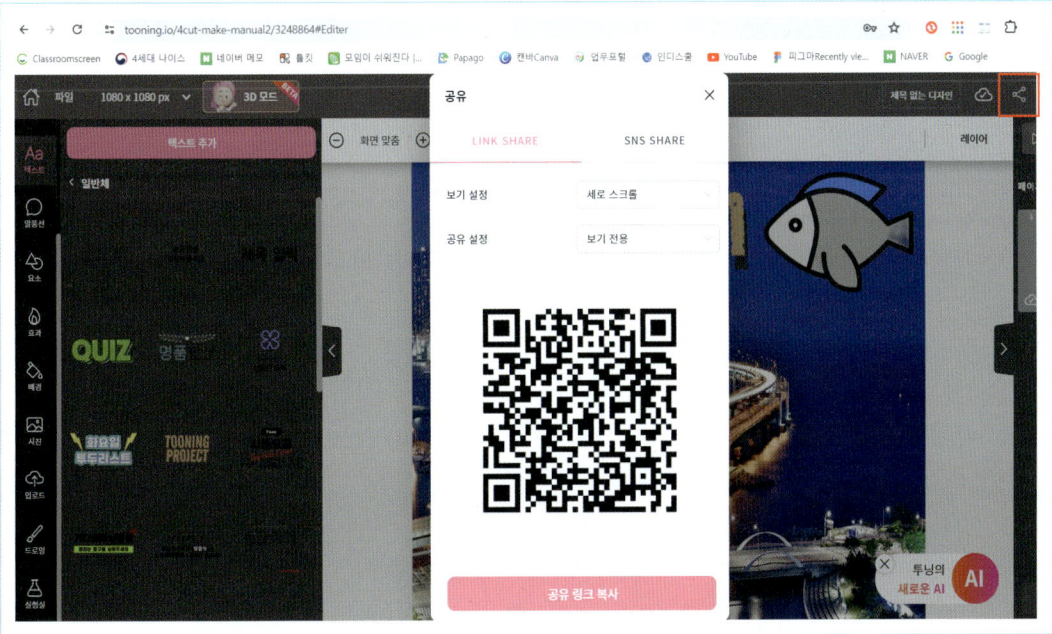

우측 상단의 공유버튼을 누르면 화면과 같이 '공유 링크 복사'를 할 수 있습니다.

02. 나의 투닝 작품을 퍼즐로 공유하기

투닝으로 만든 나의 작품을 퍼즐로 만들어 공유하면 퍼즐을 만들면서 계속 전체 작품을 확인하게 되므로 서로의 작품을 더욱 깊이 있게 감상할 수 있습니다.

투닝 작품에서 복사한 링크를 빈 인터넷 링크에 붙여넣기합니다.

이미지를 확인하고 이미지 버튼 위에서 마우스를 우클릭하여 '이미지 주소 복사'를 누릅니다.

직소퍼즐 만들기 화면에서 복사한 주소를 붙여넣고 주소 마지막에 jpg라는 글자를 추가합니다.

'Create the jigsaw Puzzle' 버튼을 누르고, 퍼즐을 생성합니다.

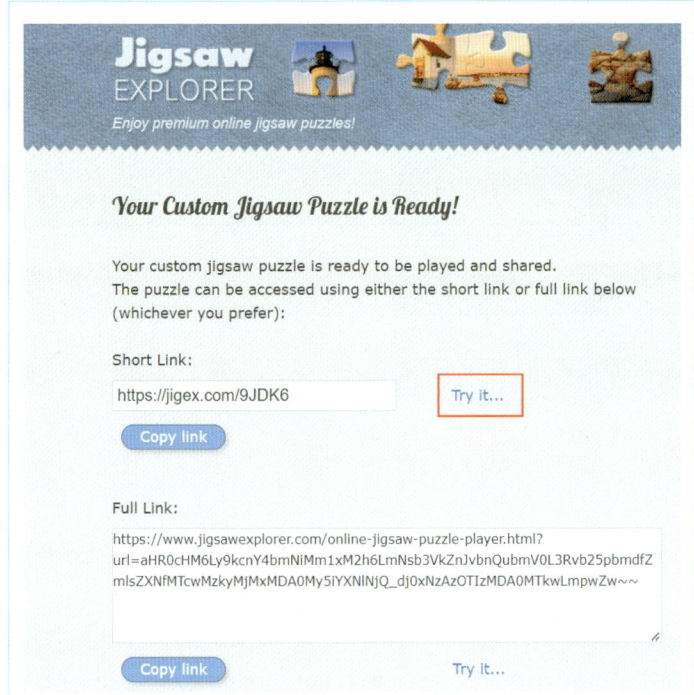

Try it을 눌러서 퍼즐을 확인합니다.

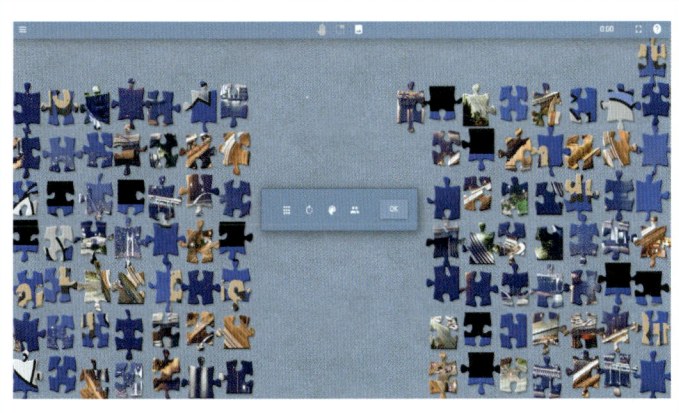

창의 가운데에 있는 사람 모양을 클릭하면 퍼즐 초대링크를 복사하여 다른 사람을 퍼즐에 초대할 수 있습니다.

창 상단의 '이미지버튼 '에 마우스를 올리면 퍼즐로 만든 전체 이미지를 확인하여 퍼즐 만들기에 도움을 받을 수 있습니다.

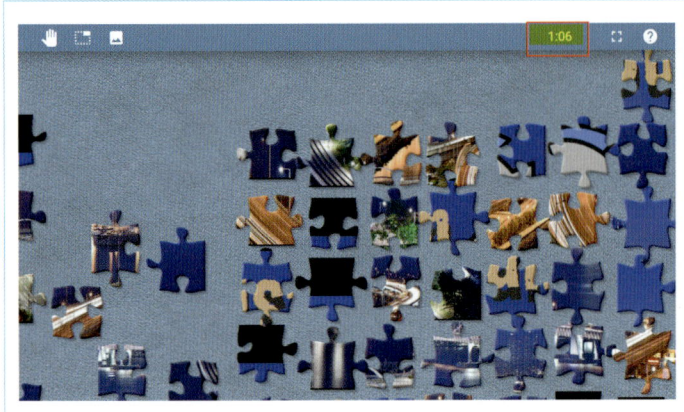

챕터를 마무리하며

이번 시간에는 오토드로우로 나만의 그림을 그려보고, 투닝에서 우리지역을 소개하는 그림으로 완성하여 직소퍼즐을 만들어보는 활동을 해보았습니다. 내가 만든 작품을 친구들과 함께 퍼즐 놀이하듯이 맞추어보는 시간을 가지는 것 자체로 서로의 작품이 더욱 특별하고 흥미로운 기억으로 남을 것입니다.

11단원. 투닝으로 나만의 동화책 만들기

〈챕터1〉 투닝으로 나만의 동화책 쉽게 만들기

    01. 투닝 GPT로 줄거리 생성하기
    02. 동화책 이미지 생성하기

〈챕터2〉 투닝으로 동화책 편집하기

    01. 작가 소개 페이지와 동화책 소개 페이지 만들기
    02. 누구나 쉽게 따라하는 동화책 편집 도전하기

01 투닝으로 나만의 동화책 쉽게 만들기

01. 투닝 GPT로 줄거리 생성하기

투닝으로 나만의 동화책을 만들 수 있다는 사실! 투닝을 활용해서 학생들 스스로 디지털 동화책을 손쉽게 만들 수 있습니다. 무엇보다도 투닝 자체에서 아이디어를 얻을 수 있도록 투닝의 새로운 기능인 '투닝 GPT'가 서비스 되고 있습니다. 투닝 GPT를 활용해 만화, 장면 등의 이미지를 생성하기 전에 줄거리의 다양한 내용에 대한 아이디어를 얻을 수 있습니다.

투닝 사이트에 접속합니다.
(https://tooning.io/)

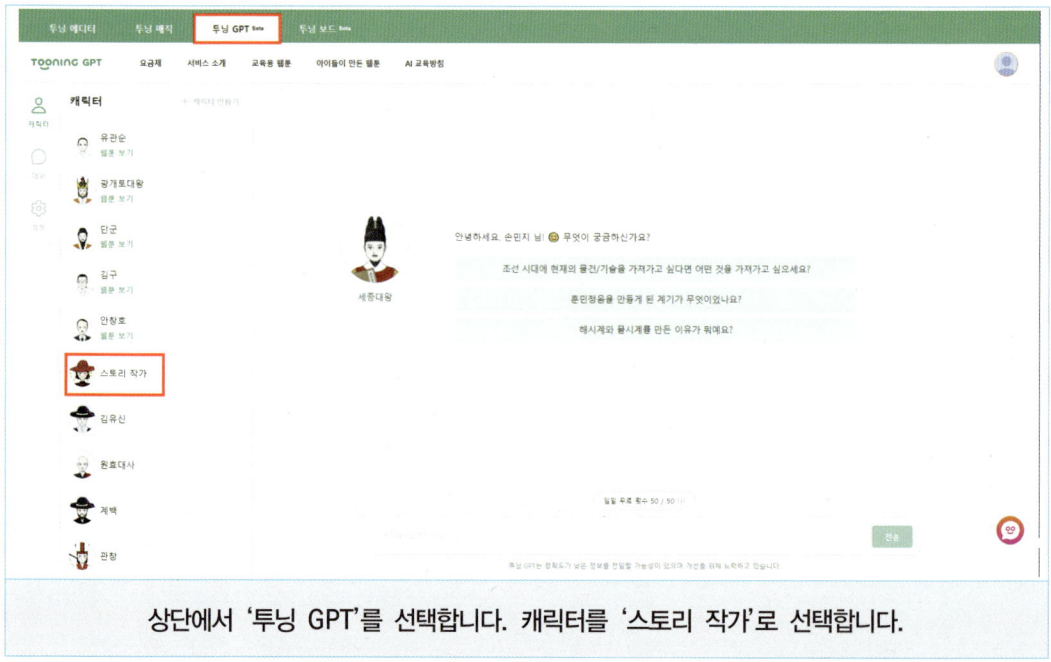

상단에서 '투닝 GPT'를 선택합니다. 캐릭터를 '스토리 작가'로 선택합니다.

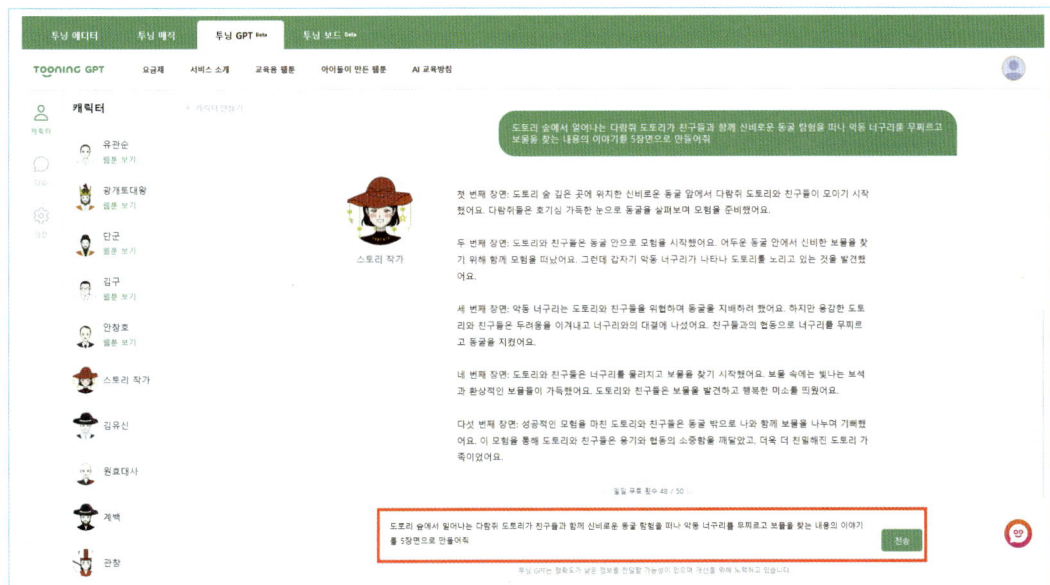

스토리 작가에게 '~내용의 이야기를 몇 장면으로 만들어줘'라고 요청합니다. 사람을 주제로 한 이야기보다는 동물을 주제로 한 이야기를 요청하는 것이 좋습니다. 동물을 주제로 한 이야기가 사람을 주제로 한 이야기 보다 일관성 있는 이미지를 생성하기 쉽기 때문입니다.

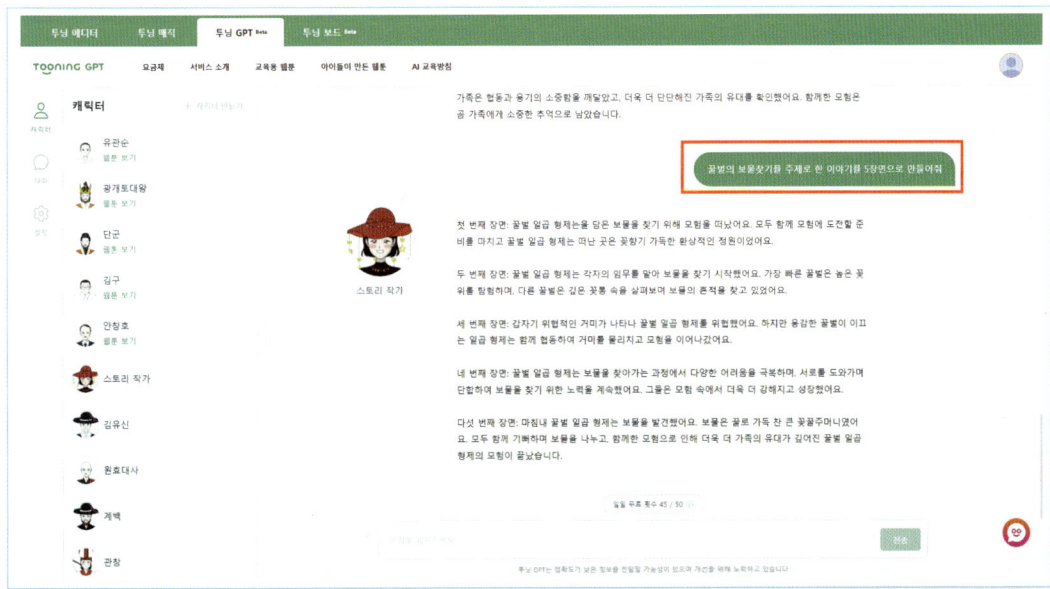

'도토리 숲에서 일어나는 다람쥐 도토리가 친구들과 함께 신비로운 동굴 탐험을 떠나 악동 너구리를 무찌르고 보물을 찾는 내용의 이야기를 5장면으로 만들어줘'와 같이 구체적으로 프롬프트를 입력하는 방법이 있습니다. 또 다른 방법으로는 '꿀벌의 보물찾기를 주제로 한 이야기를 5장면으로 만들어줘'처럼 줄거리 생성을 원하는 방향을 간단하게 입력할 수도 있습니다. 투닝 GPT를 이용하여 동화책 줄거리에 대한 아이디어를 얻어보세요.

'투닝보드'로 이동하여 생성한 동화책 줄거리를 보드에 입력합니다. 학급에서 모둠별로 줄거리를 올릴 수 있는 탭을 만들어두고 같은 모둠 친구들이 각자 만든 줄거리를 게시물로 올립니다. 투닝 보드로 만든 줄거리에 나만의 이야기를 덧붙여 수정해도 좋습니다.

또 다른 방법으로는 우측 '그룹 추가' 버튼을 눌러 학급의 학생들이 개인별로 게시물을 올릴 수 있는 탭을 만드는 것입니다. 이후 학생들이 각자의 탭에 동화책 줄거리, 삽화 등을 생성한 게시물을 지속적으로 업로드 하면 동화책 만드는 과정에 대한 멋진 나만의 멋진 포트폴리오가 만들어지게 됩니다.

[더 알아보기 ①: 패들렛을 투닝 보드처럼 활용하기]

　투닝 보드가 서비스 되지 않았을 때에는 패들렛(https://padlet.com)을 투닝 보드처럼 활용하기도 하였습니다. 이제는 투닝 보드 기능이 제공되고 있어 다른 사이트로 이동해 학생들이 게시물을 올리는 것에 대한 번거로움이 없이 투닝 사이트 자체에서 곧바로 서비스를 이용할 수 있는 것이 큰 장점입니다.

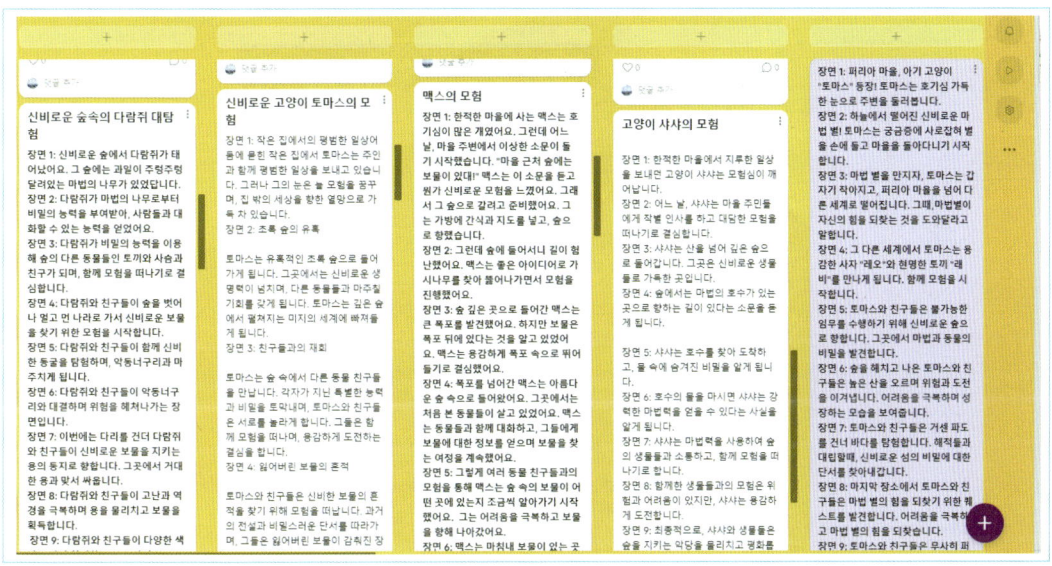

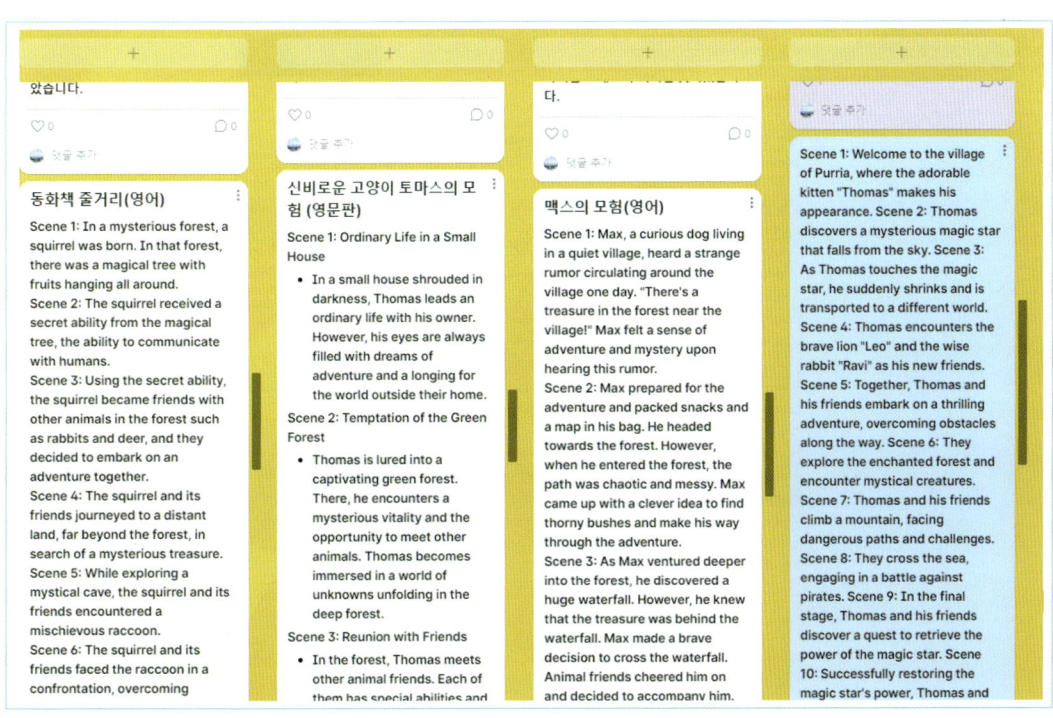

[더 알아보기②: 거리를 얻을 수 있는 사이트 '뤼튼']

뤼튼 사이트(https://wrtn.ai)에서도 동화책 줄거리를 쉽게 생성할 수 있습니다. 뤼튼 사이트는 구글, 네이버, 카카오 계정 등으로 연동하여 가입이 가능합니다. 가입하지 않고 3번 이내의 질문에 대해 답변을 받는 것이 가능하여 학생들이 줄거리에 대한 아이디어를 가입절차 없이 쉽게 얻을 수 있습니다. 학교에 제공되는 학생용 구글계정을 연동시켜 가입하여 이용하는 방법도 있습니다.

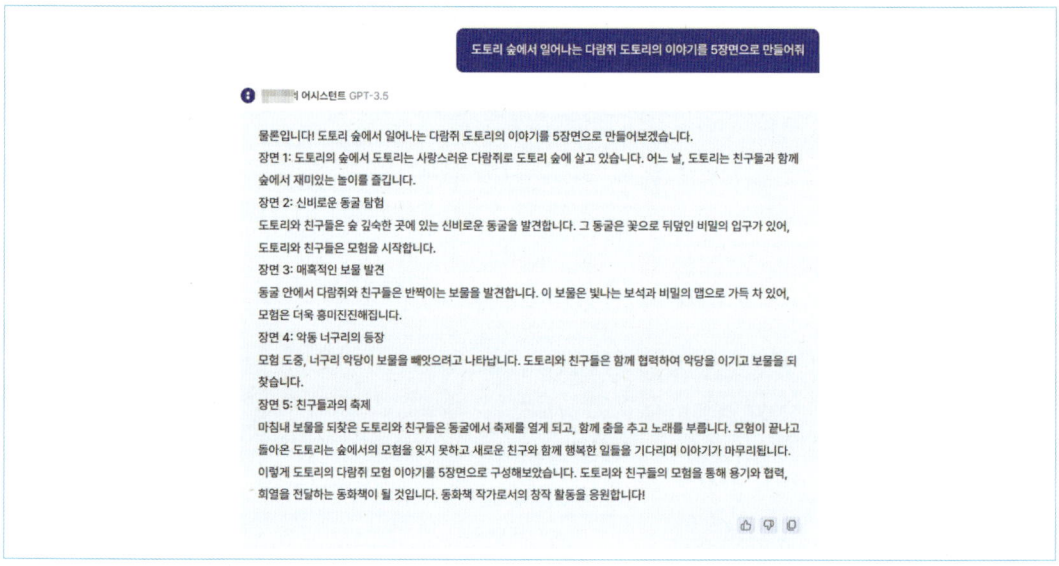

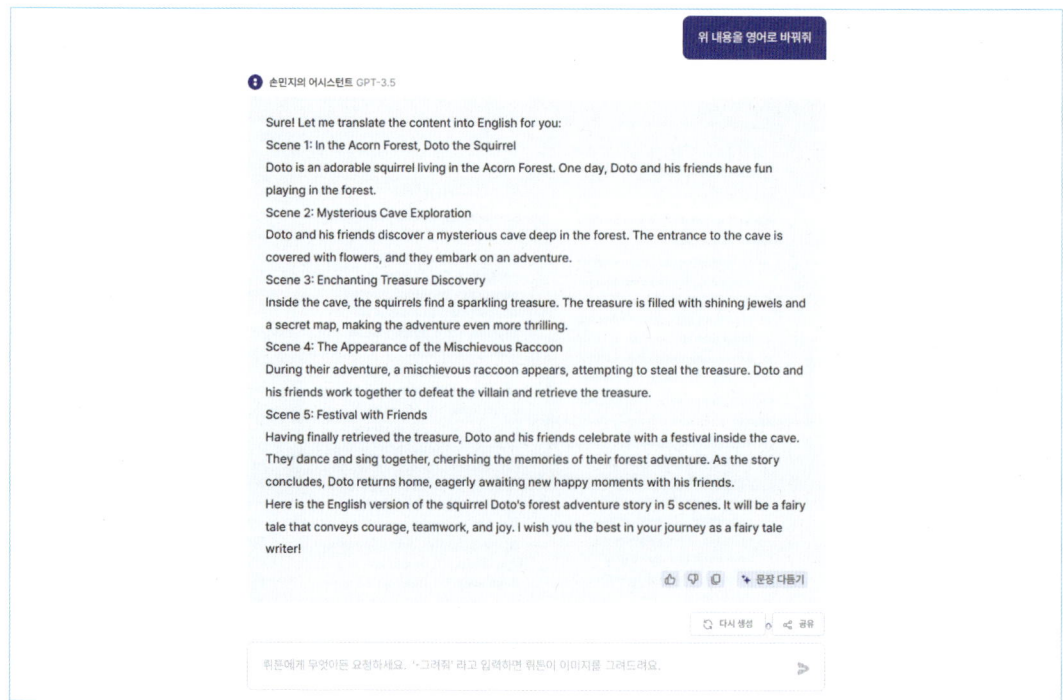

02. 동화책 이미지 생성하기

동화책에 들어갈 이미지는 어떻게 만들 수 있을까요? 투닝에서는 매직 플러스 기능이 제공되고 있습니다. 매직 플러스 전문가 모드에서 이미지 생성을 원하는 동화책 줄거리를 입력하여 다양한 이미지를 생성할 수 있습니다. 이제 투닝 매직 플러스 전문가 모드에서 이미지를 생성하는 방법에 대해 실습해보겠습니다.

먼저 표지로 사용할 장면을 생성합니다. '과일을 먹고 있는 숲속의 다람쥐'처럼 생성할 장면을 머릿속에 떠올려보며 프롬프트를 입력합니다.

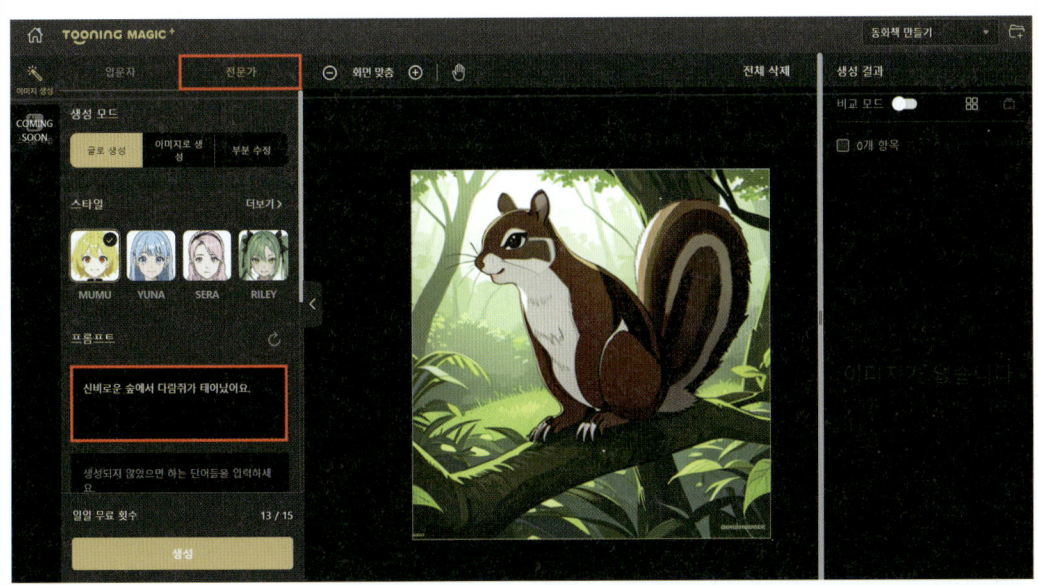

첫 번째 장면을 생성하기 위해 '신비로운 숲에서 다람쥐가 태어났어요' 등과 같이 원하는 내용의 프롬프트를 입력하고 '생성' 버튼을 클릭합니다.

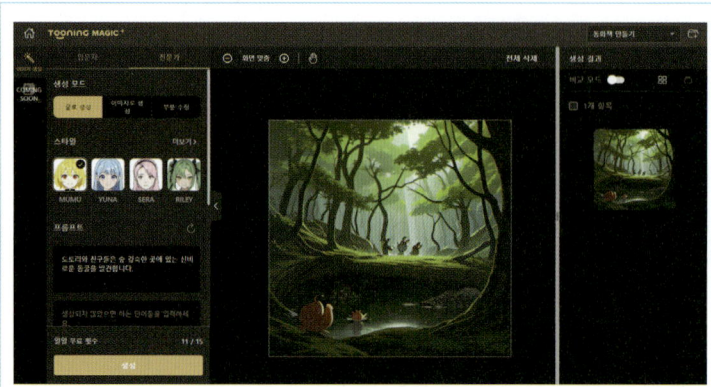

이제 두 번째 장면을 생성해 보겠습니다. 만약 입력한 프롬프트에 알맞는 장면이 생성되지 않으면 프롬프트를 바꿔보면서 여러 번 이미지 생성을 시도해봅니다. 프롬프트를 구체적으로 입력하면 원하는 장면이 생성될 확률이 높습니다.

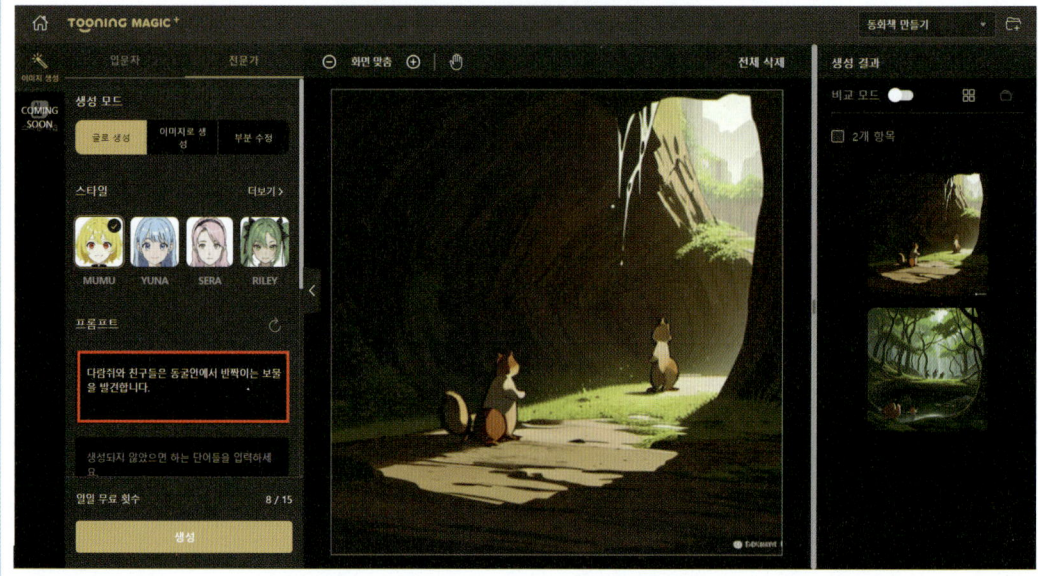

세 번째 장면을 생성해보겠습니다. 줄거리를 생성할 때 동물 이미지가 일관성 있게 생성이 잘되지 않을 수 있습니다. 이때는 프롬프트를 바꾸어 이미지를 생성해보거나 동물의 뒷모습이 나온 장면을 프롬프트에 요청하여 사용하는 것으로 대체할 수 있습니다.

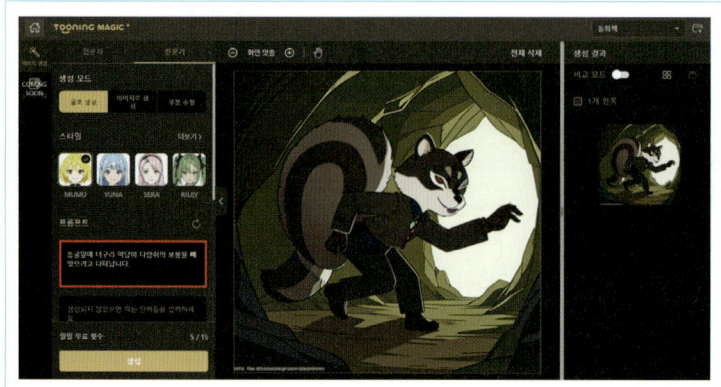

이제 네 번째 장면을 생성합니다.

마지막 장면을 생성합니다. 원하는 이미지를 생성하기 위해 '다람쥐와 친구들이 숲에서 축제를 열고 춤을 추는 모습', '다람쥐와 친구들이 숲에서 축제를 열고 있다', '다람쥐와 친구들, 숲, 축제' 등 프롬프트를 조금씩 바꾸어 보면서 입력할 수 있습니다. 프롬프트는 '단어, 단어'의 형식으로 입력해도 되고 '문장'으로 입력할 수도 있습니다.

우측 상단의 '그룹 추가' 아이콘을 눌러 동화책 만들기 목적으로 생성된 이미지들을 하나의 그룹에 보관할 수 있습니다. 이 방법을 사용하면 다른 작업으로 인해 생성했던 이미지와 섞이지 않도록 그룹 폴더에 보관할 수 있는 장점이 있습니다. 마지막으로 보관한 이미지를 모두 다운로드하여 바탕화면에 동화책 폴더를 만들어 저장합니다. 저장해둔 이미지는 동화책 편집 시에 투닝으로 업로드하여 활용할 수 있습니다.

[더 알아보기: 인공지능을 활용해 이미지를 생성할 수 있는 다양한 사이트]

빙 이미지 크리에이터
(www.bing.com/images/create)

미드저니
(www.midjourney.com)

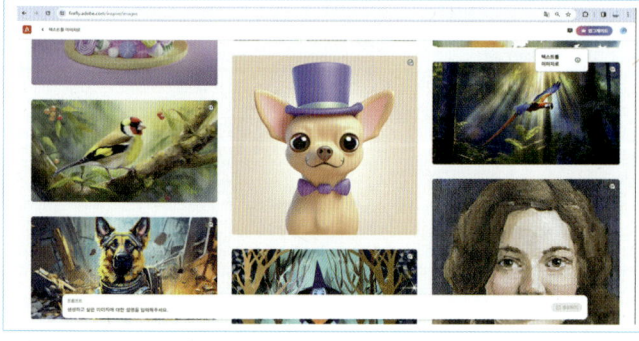

어도비 파이어플라이
(www.adobe.com/kr/firefly)

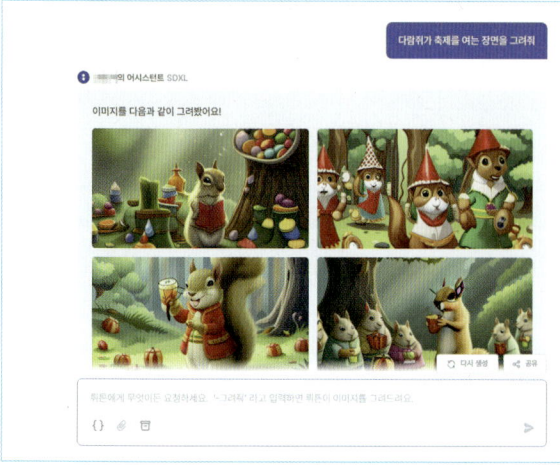

뤼튼
(wrtn.ai)

02 투닝으로 동화책 편집하기

01. 작가 소개 페이지와 동화책 소개 페이지 만들기

투닝을 활용해서 학생들과 동화책 편집을 할 때에는 만화적 요소를 섞어 작가 소개 페이지와 책 소개 페이지를 만들 수 있습니다. 투닝에서 제공하는 캐릭터, 말풍선 등을 이용하여 작가 소개 페이지를 추가해 더 재미있게 구성해 볼 수 있는데요. 지금부터 이러한 기능들을 활용하여 소개 페이지를 만들어보겠습니다.

동화책 표지 뒷 페이지에 들어갈 작가 소개 페이지를 만들어보겠습니다. 새로운 캔버스를 생성합니다.

[배경]탭에서 작가 소개 페이지에 어울리는 배경을 선택합니다.

캐릭터 콘텐츠 메뉴에서 원하는 캐릭터를 선택하고 말풍선을 활용하여 꾸며줍니다.

캐릭터를 클릭하여 얼굴 표정, 머리스타일, 포즈 등의 캐릭터 세부 요소 각각을 바꿀 수 있습니다.

말풍선에 입력한 텍스트를 클릭하면 AI 버튼이 활성화됩니다.
AI 버튼을 클릭하면 말풍선에 입력한 텍스트에 어울리는 캐릭터의 포즈를 인공지능이 추천하여 제시해줍니다.

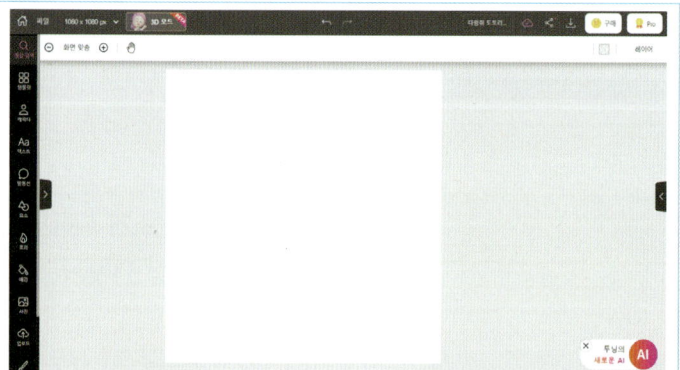

두 번째 페이지는 책의 내용을 간단하게 소개하는 페이지로 만들어 보겠습니다. 이를 위해 새로운 페이지를 추가합니다.

동화책의 내용을 짧게 요약하여 말풍선 안에 채워줍니다. '다람쥐가 악동 너구리를 만난다고? 너무 재미있고 흥미진진하군!'과 같이 동화를 보기 전 독자가 책의 내용을 예상해볼 수 있는 내용으로 입력합니다.

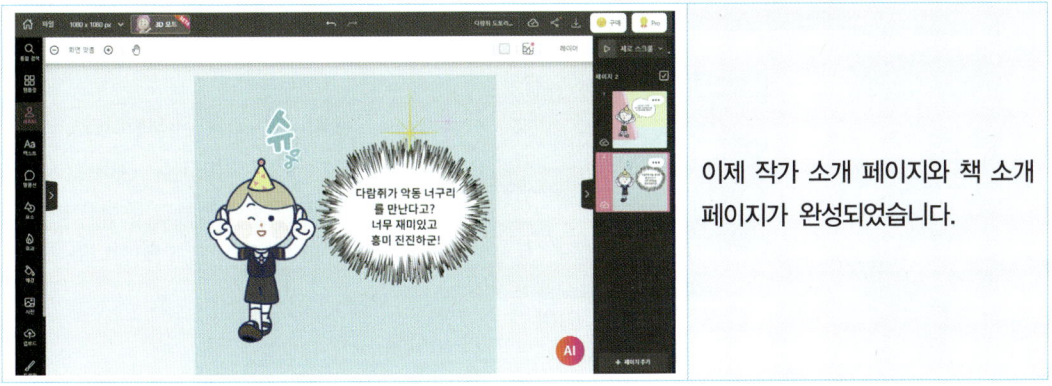

이제 작가 소개 페이지와 책 소개 페이지가 완성되었습니다.

02. 누구나 쉽게 따라하는 동화책 편집 도전하기

이제 투닝의 편집 기능을 활용해 나만의 동화책을 편집해 봅시다. 동화책 편집에서는 줄거리와 삽화 이미지를 알맞게 배치하는 것이 중요합니다. 지금부터 표지, 작가 소개 페이지, 동화책 소개 페이지, 1~5장면 페이지를 순서대로 편집해 보겠습니다.

투닝 첫 화면 – '투닝 제작하기' 버튼을 클릭합니다.

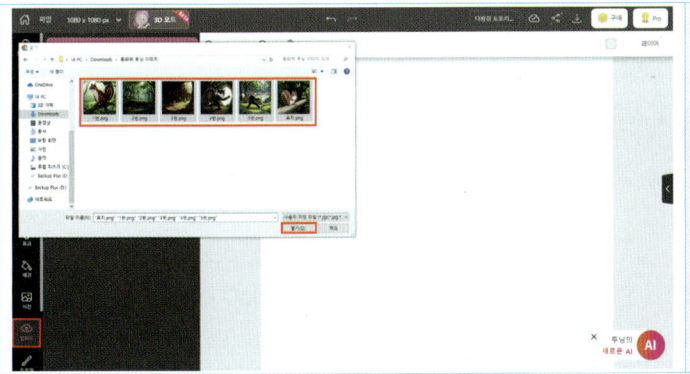

투닝 매직 플러스 전문가 모드에서 생성해 바탕화면에 저장해두었던 동화책 이미지(표지, 1~5번 장면 이미지)들을 '업로드' 탭에서 업로드하여 가져옵니다.

11단원 투닝으로 나만의 동화책 만들기

표지 페이지를 완성합니다. 업로드한 표지 이미지를 캔버스 사이즈에 맞게 조절하고 동화책의 '제목'과 '지은이'도 입력합니다.

요소 콘텐츠 메뉴에서 '뱃지'를 검색하여 추가합니다.

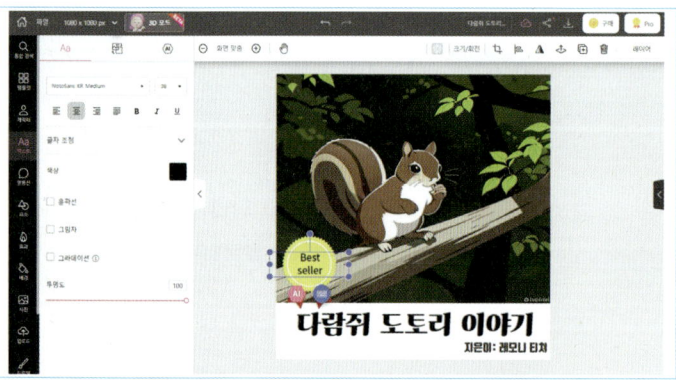

텍스트 콘텐츠 메뉴에서 텍스트를 추가하고 뱃지 위에 'Best seller'를 입력하여 실제 책 표지 느낌으로 디자인합니다.

다음 페이지에는 미리 만들어두었던 '작가 소개 페이지'를 넣습니다. 투닝 메인페이지 - [나의 작업]에서 만들어 두었던 작가 소개 페이지의 내용을 이미지로 다운로드 합니다. 이후 업로드 콘텐츠 메뉴에서 이미지를 업로드 합니다.

'동화책 소개 페이지'도 투닝으로 만들어두었던 이미지를 다운로드하여 가져옵니다.

다음으로 동화책 1~5페이지까지 5개의 장면을 순서대로 꾸며줍니다. 동화책 줄거리와 그림이 적절히 배치되도록 합니다. 이후 첫 번째 줄거리의 장면을 편집합니다.

동화책 두 번째 장면을 편집합니다.

동화책 세 번째 장면을 편집합니다.

동화책 네 번째 장면을 편집합니다.

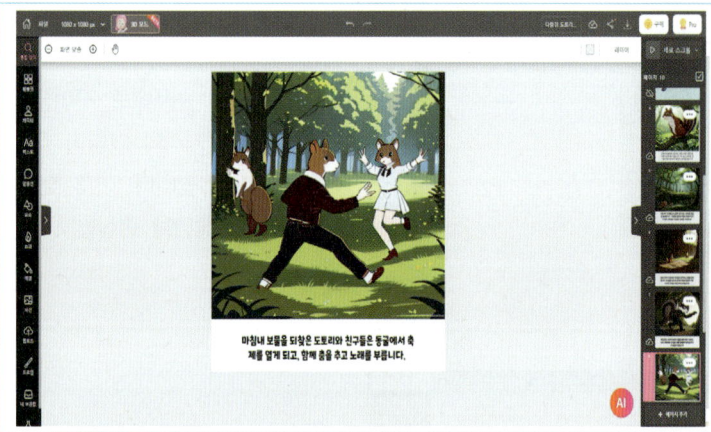

동화책 다섯 번째 장면을 편집합니다. 이제 동화책이 완성되었습니다.

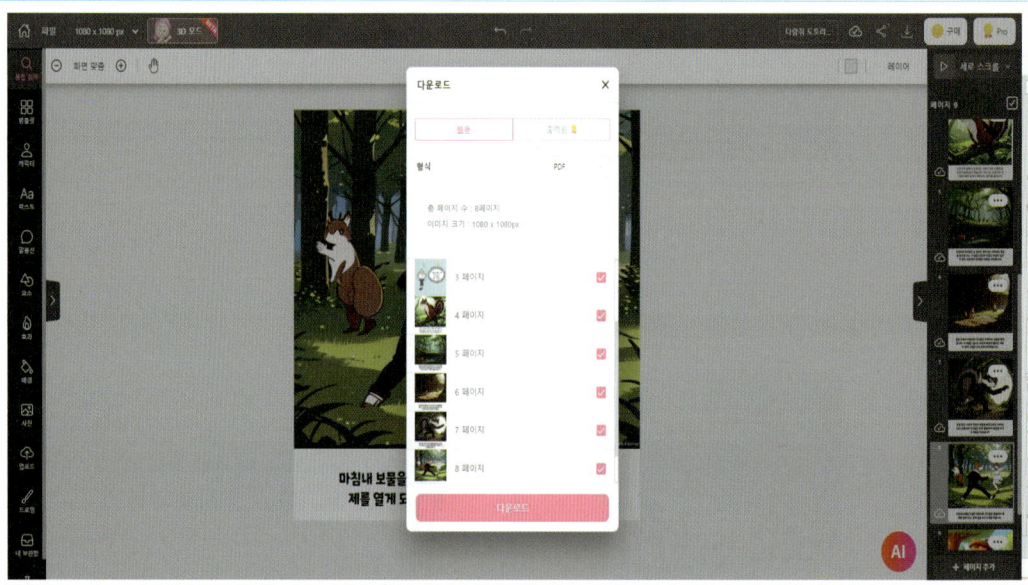

완성된 동화책을 PDF로 다운받아 투닝보드, 패들렛 등에 올려 학급의 친구들과 함께 공유할 수 있습니다.

누구나 손쉽게 만들 수 있는 '다람쥐 도토리 이야기' 동화책이 완성되었습니다.

첫 페이지부터 확인해보면서 편집이 잘못된 곳은 없는지 확인합니다.

마지막 페이지까지 확인합니다.

동화책이 잘 완성되었습니다.

[투닝으로 만든 '다람쥐 도토리 이야기 동화책 완성작품']

투닝으로 만든 동화책이 완성되었습니다. 표지, 작가 소개, 책 소개, 이야기로 구성되어 있는데요. 완성한 작품을 pdf로 다운로드하여 투닝 보드에 올려 친구들과 공유하거나 출력하여 활용할 수 있습니다. 투닝에서 다운로드 시 pdf 파일이 아닌 '한 장으로 이어붙이기'를 선택해 다운로드 하면 여러장의 이미지를 한 장으로 한 눈에 살펴볼 수 있습니다. 이를 온라인 공유 게시판에 게시물로 올려 친구들과 함께 완성한 작품을 살펴볼 수 있습니다.

도토리와 친구들은 숲 깊숙한 곳에 있는 신비로운 동굴을 발견합니다. 그 동굴은 꽃으로 뒤덮인 비밀의 입구가 있어, 도토리와 친구들은 모험을 시작합니다.

동굴 안에서 다람쥐와 친구들은 반짝이는 보물을 발견합니다. 이 보물은 빛나는 보석과 비밀의 맵으로 가득 차 있어, 모험은 더욱 흥미진진해집니다.

모험 도중, 너구리 악당이 보물을 빼앗으려고 나타납니다. 도토리와 친구들은 함께 협력하여 악당을 이기고 보물을 되찾습니다

마침내 보물을 되찾은 도토리와 친구들은 동굴에서 축제를 열게 되고, 함께 춤을 추고 노래를 부릅니다.

챕터를 마무리하며

이번 시간에는 투닝 GPT로 동화책 줄거리를 생성하고, 투닝 매직 플러스를 활용하여 동화 이미지를 생성해보았습니다. 동화책을 구성하는 작가 소개 페이지와 책 소개 페이지도 만들어보았는데요. 동화책 만들기 수업을 통해 학생들은 투닝의 다양한 기능을 활용할 수 있습니다. 특히 투닝은 편집을 간편하게 할 수 있어 학생들과 수업시간에 사용하기 좋습니다. 이번 학기에는 학생들과 '나만의 동화책 만들기' 수업을 투닝으로 진행해 보는 건 어떨까요?

TOONING

12단원. 투닝으로 애니메이션 뚝딱!

〈챕터1〉 스케치메타로 움직이는 투닝 캐릭터 만들기

01. 투닝으로 내 아바타 만들기
02. 스케치메타로 애니메이션 제작하기
03. 움직이는 스케치메타 캐릭터 저장 및 공유하기

〈챕터2〉 클로바 더빙으로 웹툰 더빙하기

01. 투닝으로 자기소개 웹툰 만들기
02. 투닝 웹툰 저장하기
03. 클로바 더빙 알아보기
04. 클로바 더빙으로 웹툰 더빙하기
05. 클로바 더빙 애니메이션 공유하기

01 스케치메타로 움직이는 투닝 캐릭터 만들기

투닝으로 제작한 캐릭터를 애니메이션으로 보정해서 움직이는 캐릭터를 만들 수 있습니다. 그리고 투닝으로 만든 만화에 AI 보이스로 더빙해서 짧은 영상을 제작할 수도 있습니다. 다양한 에듀테크와 투닝을 결합하여 애니메이션을 만들어 보겠습니다.

01. 투닝으로 내 아바타 만들기

내 아바타를 제작해서 움직이는 애니메이션을 만들기 위해서 먼저 투닝에서 나와 닮은 아바타 캐릭터를 만들어야 합니다. 앞에서 투닝 캐릭터 만드는 방법을 배웠습니다.

캐릭터 버튼을 누른 후 원하는 그림체를 고르고 나와 비슷한 캐릭터를 클릭합니다.
캐릭터를 수정할 때 옷의 형태는 수정이 어려우니 의상을 보고 선택하는 것이 좋습니다.

다양한 캐릭터 편집 기능을 활용해서 내 모습과 비슷한 나의 아바타를 완성합니다. 좌측 패널에서 얼굴이나 몸짓, 색상 등을 다양하게 설정할 수 있습니다. 후반 애니메이션 작업을 위해 팔다리가 겹치지 않는 자세를 하는 것이 좋습니다. 대자로 뻗은 자세를 선택하면 움직이는 애니메이션을 생성할 때 도움이 됩니다.

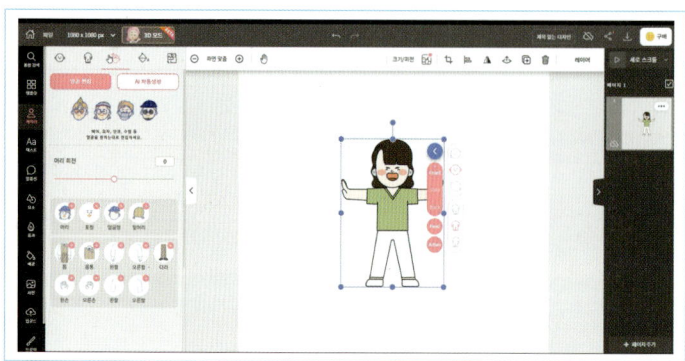

애니메이션 인식을 위해 추천하는 동작

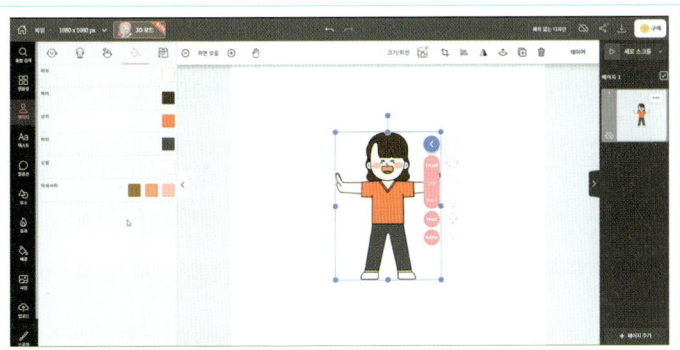

캐릭터 커스터마이징하기

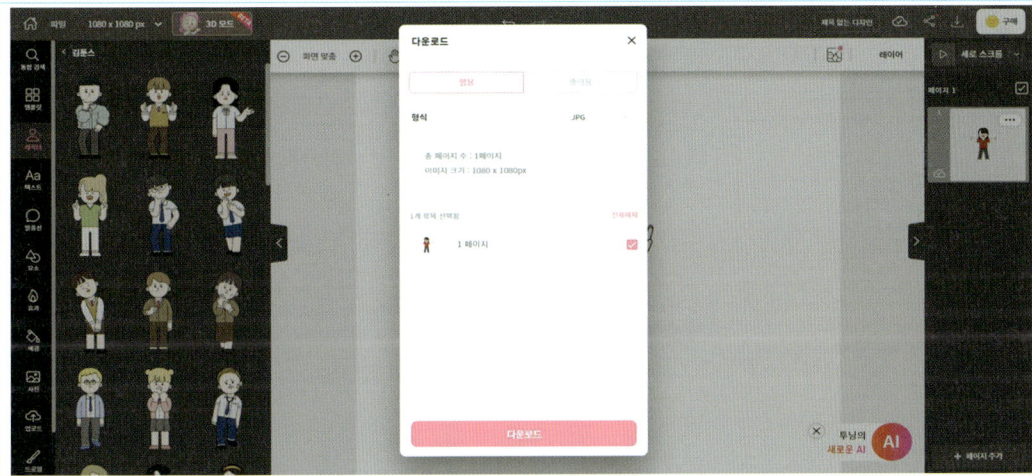

캐릭터가 완성되었다면 우측 상단의 다운로드 버튼을 눌러서 jpg 형식으로 저장합니다.
여러 페이지를 작업했다면 캐릭터가 있는 페이지만 클릭하고 다운로드를 합니다.

02. 스케치메타로 애니메이션 제작하기

완성된 투닝 캐릭터를 움직이는 애니메이션으로 바꿔 보겠습니다.

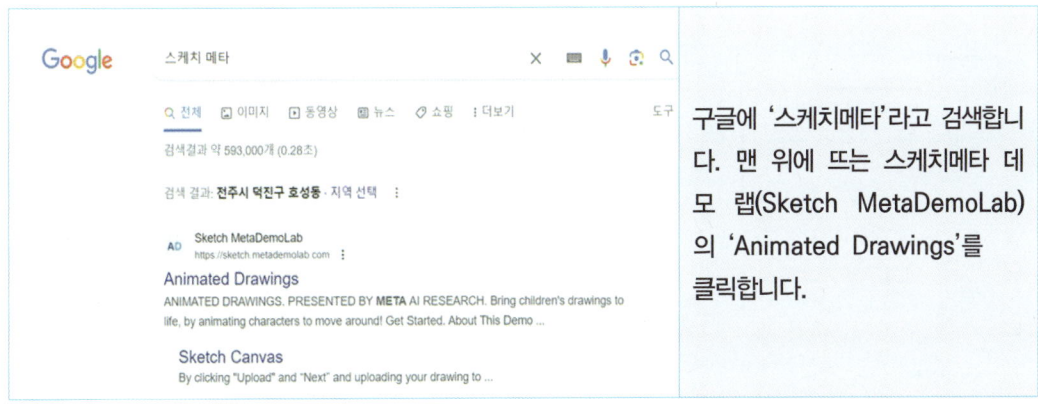

구글에 '스케치메타'라고 검색합니다. 맨 위에 뜨는 스케치메타 데모 랩(Sketch MetaDemoLab)의 'Animated Drawings'를 클릭합니다.

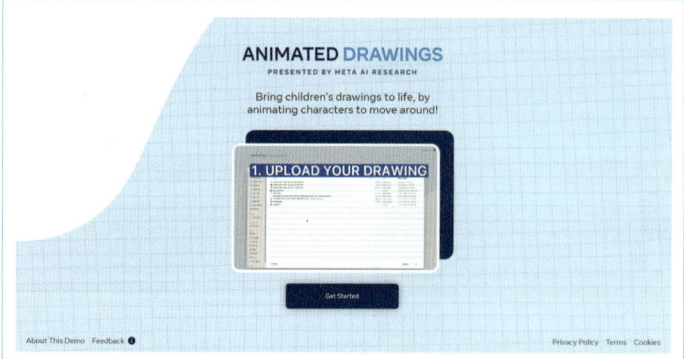

'Get Started(시작하기)' 버튼을 누릅니다.

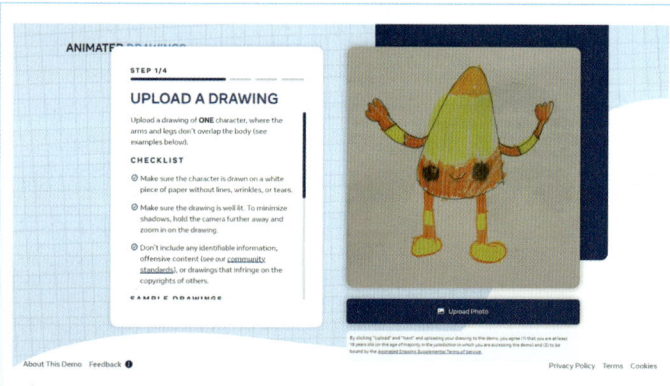

이미지 업로드 전 확인해야 할 사항이 적혀 있습니다. 확인 후에 'Upload Photo(사진 업로드)' 버튼을 누릅니다.

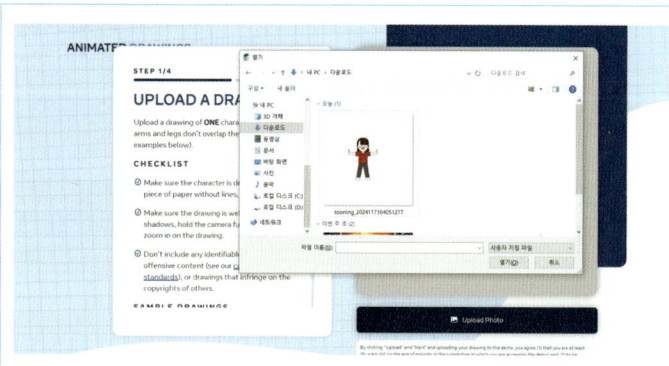

투닝에서 저장한 캐릭터 이미지 파일을 업로드합니다.

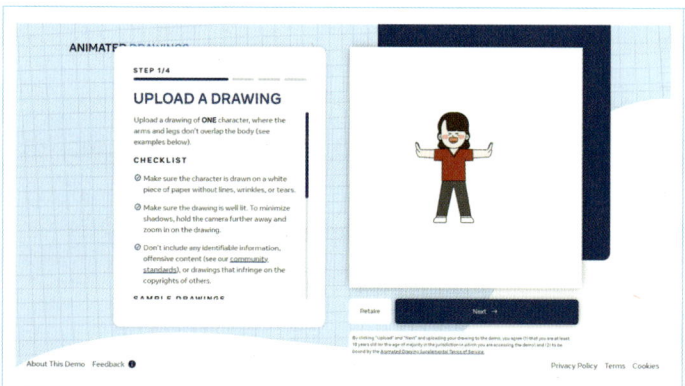

캐릭터 이미지를 확인하고 'Next(다음)' 버튼을 누릅니다.

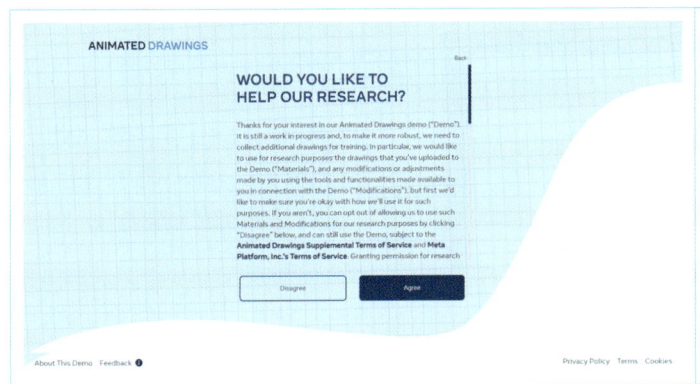

서비스 향상을 위한 데이터 제공에 동의하냐는 질문이 나옵니다. 동의하지 않아도 프로그램 진행이 가능합니다. 'Agree(동의)' 또는 'Disagree(비동의)'를 누릅니다.

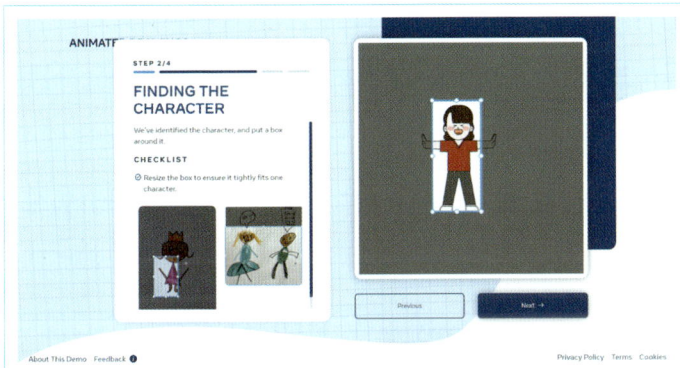

사각형의 크기와 위치를 조정해서 내가 그린 캐릭터가 다 들어가도록 합니다. 팔이나 다리가 잘리지 않도록 잘 조정하고 'next(다음)' 버튼을 누릅니다.

캐릭터와 배경을 분리하는 단계입니다. 잘리거나 생략된 부분이 있다면 마우스로 드래그해서 표시해 줍니다. 변경 사항이 없는지 확인하고 'next(다음)'을 누릅니다.

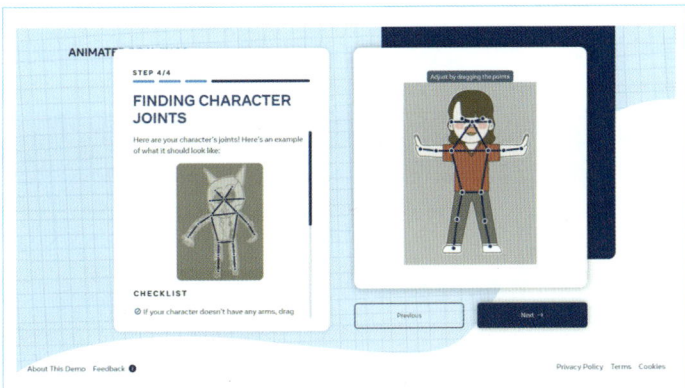

신체와 관절을 나타내는 단계입니다. 어색한 부분이나 잘못 표시된 부분이 있다면 마우스로 위치를 조정합니다. 마커가 제 위치에 있는지 확인하고 'next(다음)'을 누릅니다.

이제 애니메이션을 위한 준비가 끝났습니다. 캐릭터에 다양한 동작들을 적용하고 어떻게 움직이는지 관찰합니다.

03. 움직이는 스케치메타 캐릭터 저장 및 공유하기

애니메이션 예시 창 오른쪽 아래에 있는 확장 버튼을 누릅니다. 우측 아래 옵션 더보기를 누르면 다운로드를 할 수 있습니다.

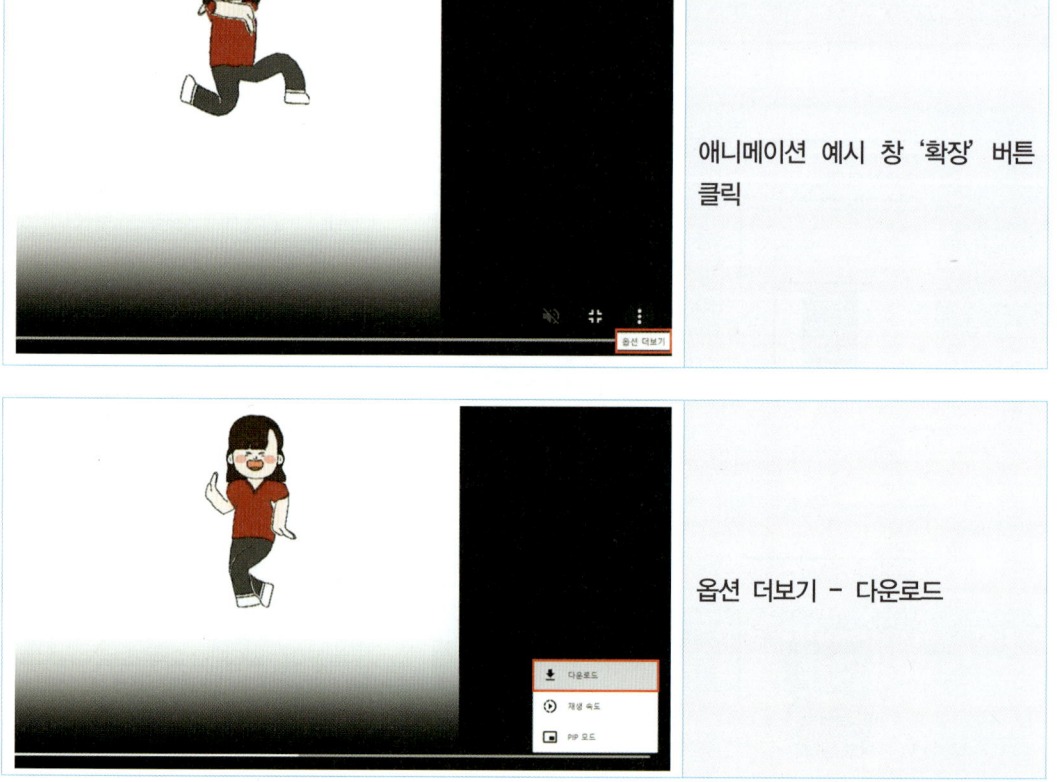

애니메이션 예시 창 '확장' 버튼 클릭

옵션 더보기 - 다운로드

다운로드한 내 아바타를 학급 게시판에 올려서 친구들과 공유할 수도 있습니다.

02 클로바 더빙으로 웹툰 더빙하기

01. 투닝으로 자기소개 웹툰 만들기

투닝으로 만든 나의 아바타로 자기소개 웹툰을 만들고 ai 음성으로 더빙을 해볼까요? 다양한 템플릿과 요소들을 이용해서 웹툰을 만들어 보겠습니다. 투닝은 웹툰 제작에 특화된 웹사이트답게 다양한 '웹툰 콘텐츠 템플릿'도 활용할 수 있습니다.

① 템플릿 적용하기

투닝에디터 작업 창을 열고 템플릿을 적용해 보겠습니다. 좌측 콘텐츠 메뉴 중 템플릿을 클릭합니다. 여러 템플릿 중 내가 적용할 템플릿을 클릭합니다. 모든 페이지에 적용하고 화면크기 유지를 선택합니다.

② 제목 변경하기

    제목 텍스트를 클릭하면 그룹화를 해제할 수 있습니다. 제목을 '나를 소개합니다' 등 주제에 맞는 내용으로 변경합니다. 템플릿에 있던 기존 텍스트 상자에 학년 반 이름을 입력합니다.

| 그룹화 해제 | 텍스트 변경 전 | 텍스트 변경 후 |

③ 캐릭터 삽입하기

    템플릿의 기존 캐릭터는 삭제합니다. 캐릭터 자리에 내 아바타를 복사해서 붙여 넣습니다. 장면에 어울리도록 몸 동작을 바꾸어 연출합니다. 필요 없는 요소들을 삭제하여 자기소개 웹툰의 첫 장면을 완성합니다.

| 템플릿 원본 | 수정 후 |

    같은 방식으로 템플릿이 적용된 다른 페이지도 수정하여 자기소개 웹툰을 완성합니다.

02. 투닝 웹툰 저장하기

작품이 완성되었다면 우측 상단에 있는 '다운로드' 버튼을 눌러 저장 옵션을 지정할 수 있습니다. '웹용', 'jpg'로 옵션을 지정합니다.

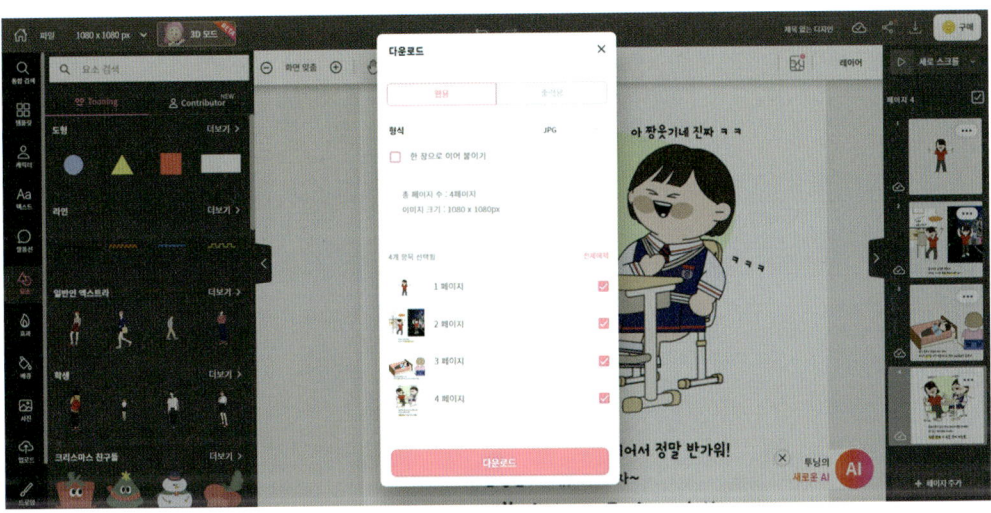

이때 '한 장으로 이어 붙이기'를 체크하면 세로로 긴 형태로 파일이 생성됩니다. 게시판에 업로드할 때 편하겠지요? 하지만 애니메이션 제작 활동을 위해서는 분리된 이미지 파일이 필요합니다. 한 컷씩 저장하기 위해 '한 장으로 이어 붙이기'는 꼭 체크 해제합니다.

여러 컷이 체크된 상태에서 다운로드를 클릭하면 압축파일로 다운로드됩니다. 압축 해제가 번거롭다면 원하는 장면을 한 컷씩 다운로드해도 됩니다.

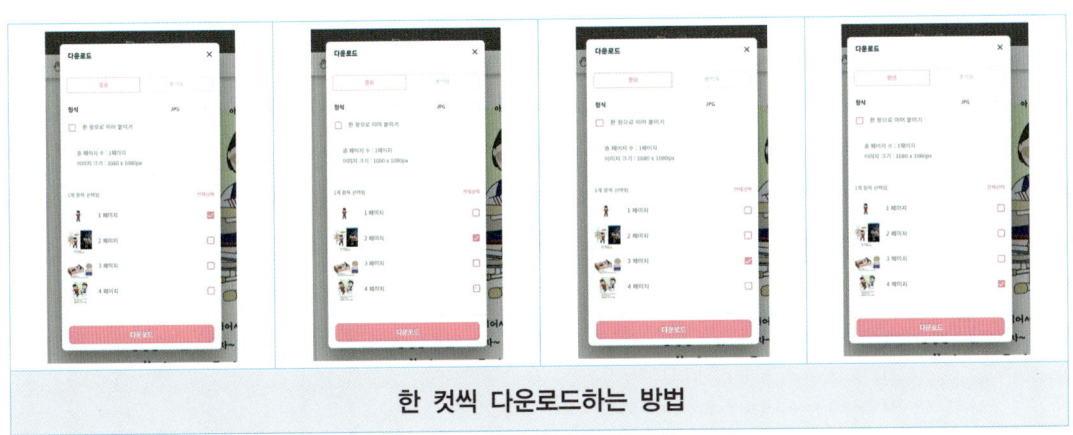

한 컷씩 다운로드하는 방법

이렇게 투닝으로 제작한 웹툰 파일이 한 컷씩 저장되었습니다.

자기소개 네컷 웹툰

03. 클로바 더빙 알아보기

인터넷에 '클로바 더빙'이라고 검색하여 웹사이트에 접속합니다.

클로바 더빙은 네이버에서 제작한 AI 더빙 웹사이트입니다. 내 영상이나 사진에 다양한 AI 보이스를 쉽게 더빙할 수 있습니다. 네이버 계정으로 이용할 수 있습니다.

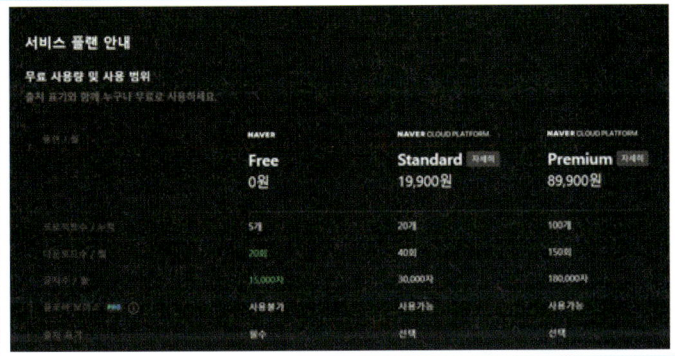
유료, 무료 플랜을 제공하고 있으며 수업자료 제작이나 교과 활동에 사용하기에 무료 플랜도 문제없습니다.

'클로바 더빙'을 무료버전으로 시작해 보겠습니다.

'무료로 시작하기' 버튼을 누릅니다.

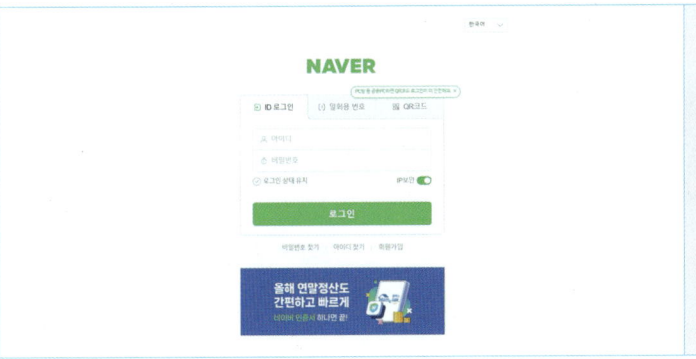
네이버 아이디나 웨일스페이스 계정으로 로그인합니다.

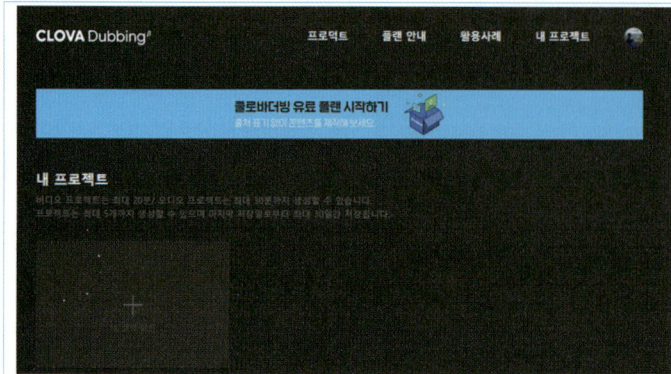

프로젝트 생성 개수와 길이에 대한 설명이 나옵니다. 잘 읽어보고 새 프로젝트 버튼을 누릅니다.

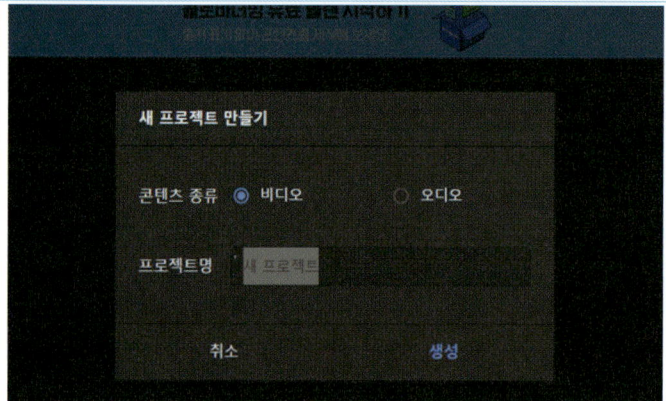

클로바 더빙에서는 비디오 파일을 생성할 수도 있고 더빙한 오디오 파일만 생성할 수도 있습니다.

클로바 더빙의 프로젝트 생성 방식 중 '비디오 더빙'을 살펴보겠습니다.

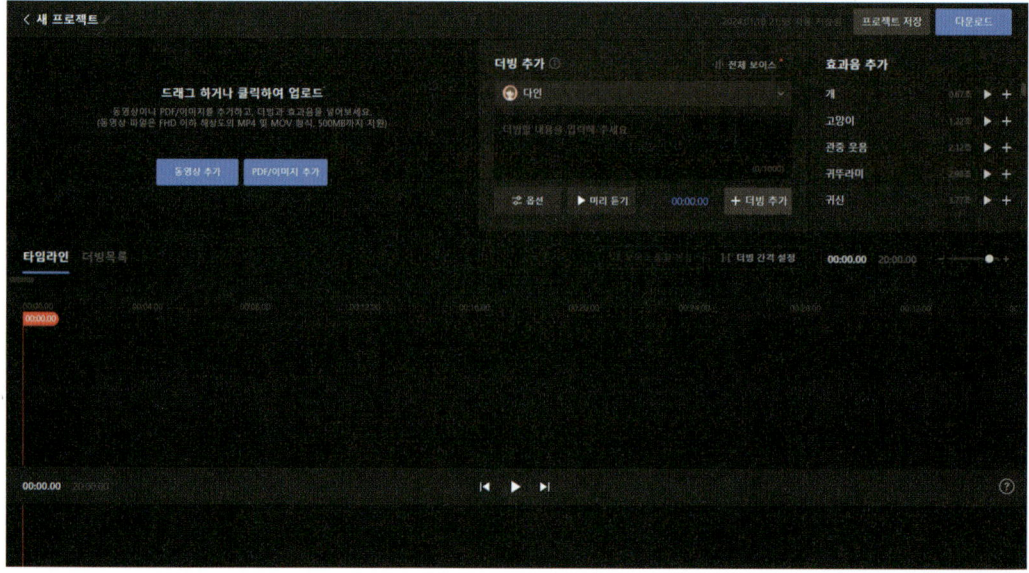

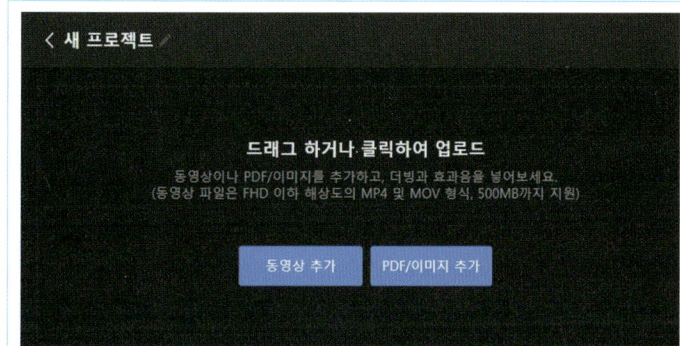

왼쪽 상단에서 더빙할 동영상 파일이나 이미지, pdf 파일을 업로드할 수 있습니다. 지원하는 동영상 파일에 대한 설명도 나와 있습니다.

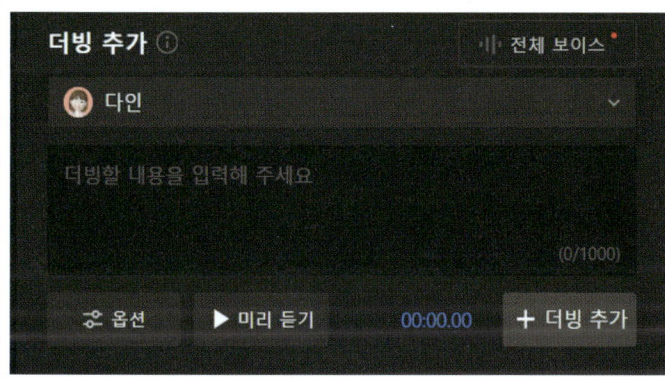

더빙 추가에서 다양한 AI 음성을 체험할 수 있습니다. 예시 문장을 입력하고 미리 듣기 버튼을 누르면 들어볼 수 있습니다.
내가 확인하고 싶은 문장을 입력하고 '미리 듣기' 버튼을 누르면 AI 음성이 재생됩니다.

전체 보이스 버튼을 누르면 더 많은 음성을 들을 수 있습니다.
내가 원하는 톤의 목소리를 쉽게 찾을 수 있도록 스타일별로 분리되어 있습니다.
'pro' 표시가 붙은 음원은 유료 계정만 이용할 수 있습니다.

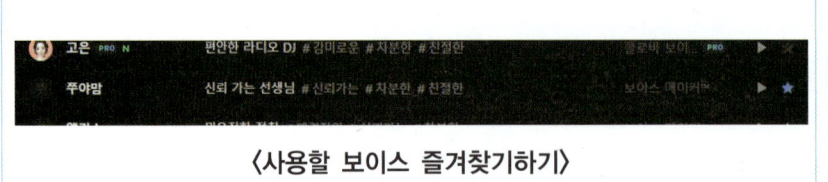

〈사용할 보이스 즐겨찾기하기〉

사용할 보이스가 있다면 별 표시를 눌러 즐겨찾기에 추가할 수 있습니다.
보이스를 즐겨찾기에 추가하면 편집 화면에서 바로 클릭해서 삽입할 수 있습니다.

보이스를 선택한 후 더빙할 내용을 입력하고 '더빙 추가' 버튼을 누르면 타임라인에 추가됩니다.

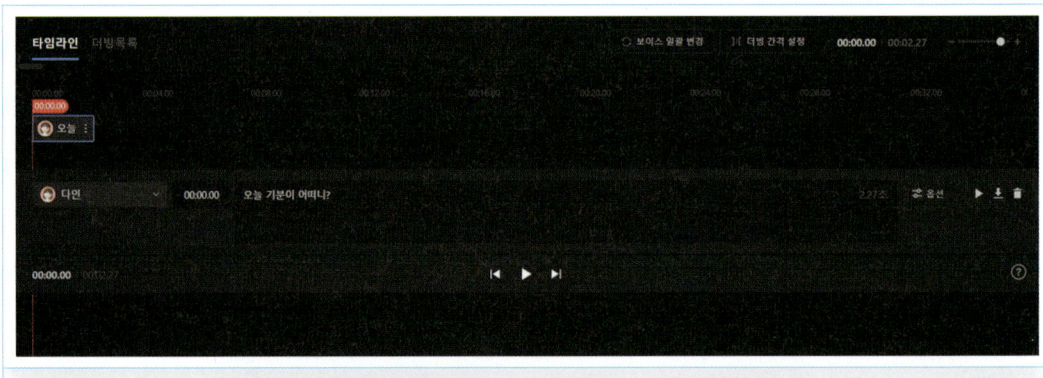

타임라인에서 음성을 클릭하면 내용을 수정할 수 있습니다.
보이스의 종류를 바꾸거나 미리 듣는 것도 가능합니다.

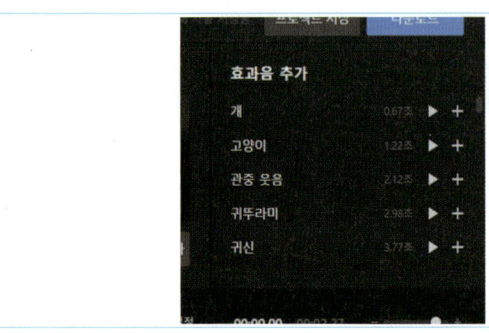

AI 음성 외에 다양한 효과음도 추가할 수 있습니다. 오른쪽에 있는 효과음 추가를 보면 여러가지 효과음을 찾을 수 있습니다.

04. 클로바 더빙으로 웹툰 더빙하기

앞서 투닝에서 저장한 이미지 파일을 활용하여 '클로바 더빙'으로 애니메이션을 만들어 보겠습니다.

① 이미지 삽입

이미지 추가 버튼을 눌러서 아까 저장한 웹툰 파일을 업로드합니다.

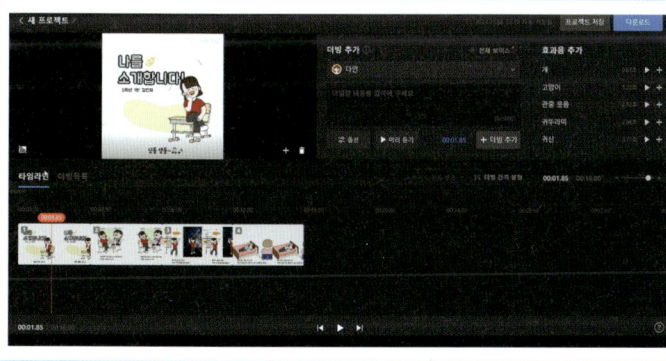

이미지 파일이 타임라인에 추가됩니다. 순서가 다르다면 드래그해서 순서를 이동할 수 있습니다.

② AI음성으로 더빙하기

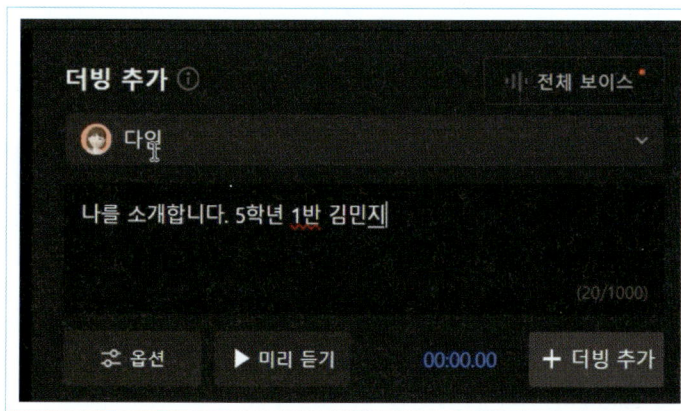

'더빙 추가' 창에서 보이스 종류를 선택하고 내용을 입력합니다.

미리 듣기를 하고 마음에 들면 더빙 추가 버튼을 누릅니다. 더빙 파일이 길어서 이미지에 맞지 않다면 타임라인에서 장면의 길이를 조절할 수 있습니다.

③ 효과음 추가하기

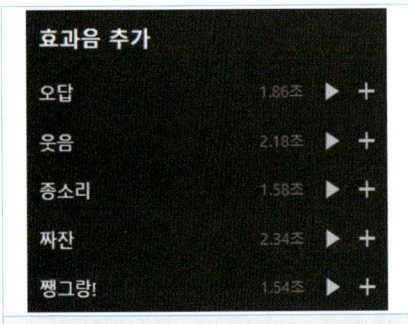 

장면에 어울리는 효과음을 넣어 완성도를 높일 수 있습니다.

같은 방법으로 나머지 장면들도 반복하면 웹툰 더빙을 완성할 수 있습니다.

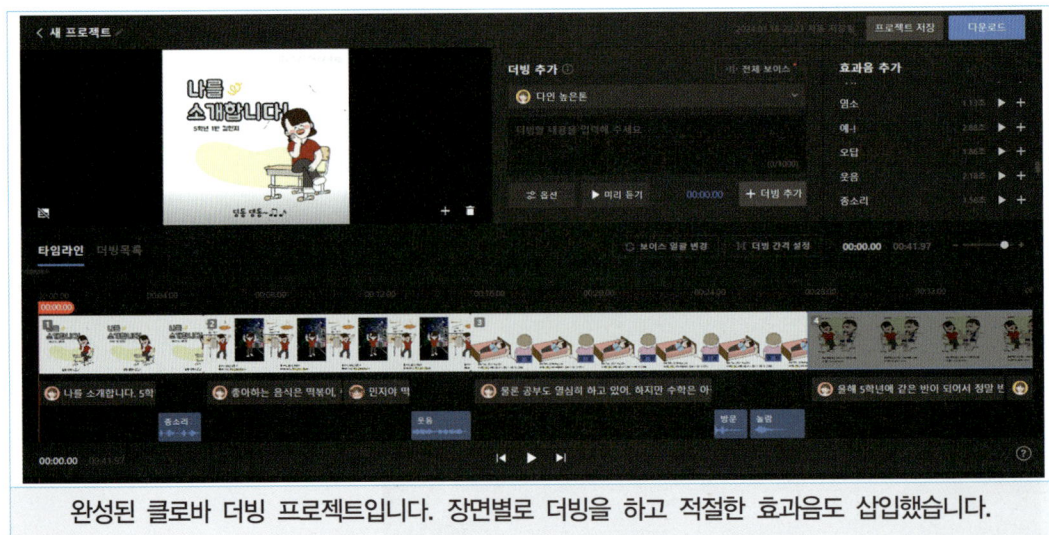

완성된 클로바 더빙 프로젝트입니다. 장면별로 더빙을 하고 적절한 효과음도 삽입했습니다. 잘 제작되었는지 재생하며 여러 번 수정할 수 있습니다.

05. 클로바 더빙 애니메이션 공유하기

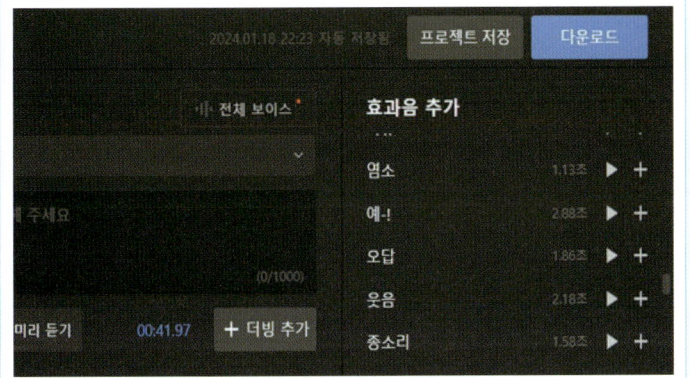

클로바 더빙에서 완성한 영상을 다운받고 싶다면 우측 상단의 다운로드를 누르면 됩니다.

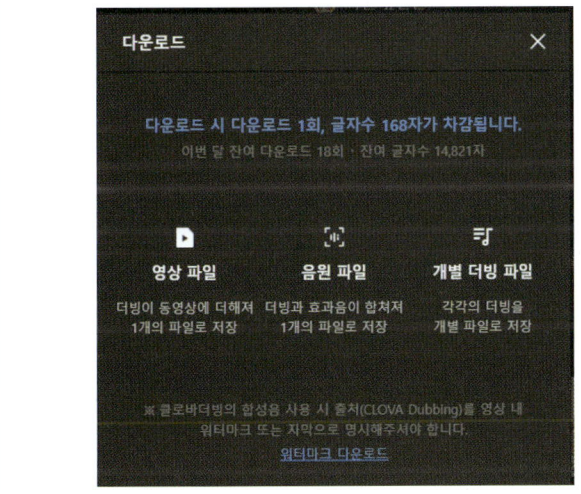

영상 파일, 음원 파일, 개별 더빙 파일로 나눠서 다운로드할 수 있습니다. 잔여 다운로드 횟수와 잔여 글자수도 확인할 수 있습니다.

영상 파일로 다운받으면 mp4 확장자로 저장됩니다. 저장된 파일을 업로드하여 공유할 수 있습니다.

Tooning

13단원. 로고AI와 투닝을 활용하여 새로운 기업 홍보 디자이너 되어보기

〈챕터1〉 로고 AI 및 뤼튼 활용 방법 알아보기

    01. 로고 AI 활용 방법 알아보기
    02. 뤼튼 활용 방법 알아보기

〈챕터2〉 투닝과 다른 에듀테크 도구 활용하여 새로운 기업 홍보 포스터 제작하기

01 로고 AI 및 뤼튼 활용 방법 알아보기

본 장에서는 사회 수업에서 투닝과 함께 사용할 수 있는 여러 에듀테크를 접목하여 새로운 기업 홍보 포스터를 제작해보겠습니다.

활용할 또 다른 에듀테크 도구는 로고 AI와 뤼튼입니다.

01. 로고 AI 활용 방법 알아보기

먼저 로고 기본 사용법을 알아보도록 하겠습니다. 로고 AI는 무료로 사용 가능한 웹 도구입니다. 다만, 로고 주위에 워터마크가 그림자처럼 남긴 하지만, 그래도 많은 로고를 간단하게 만들어 볼 수 있어서 매우 유용한 도구입니다.

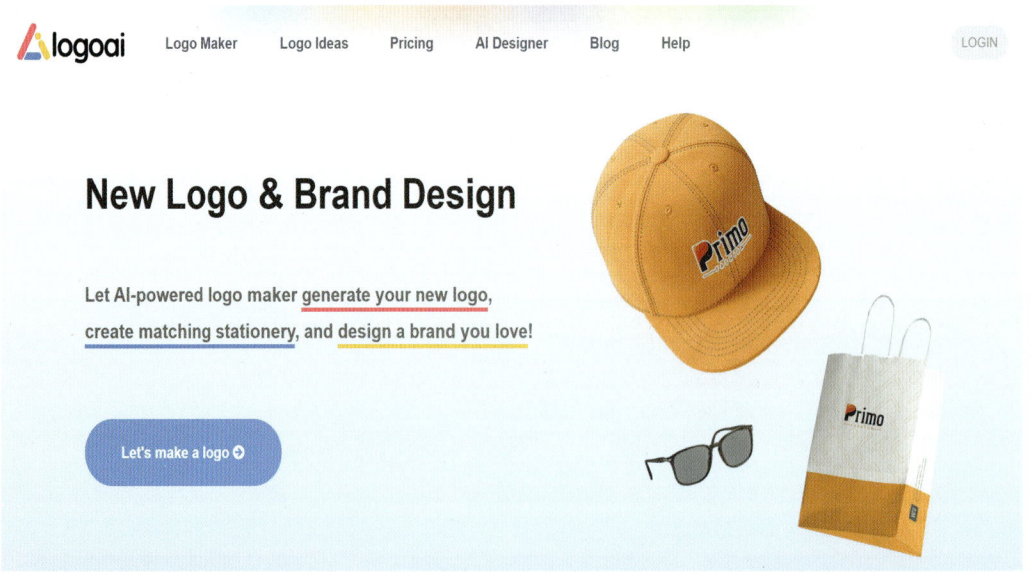

로고 AI에 접속하여 로고를 만들어보겠습니다.

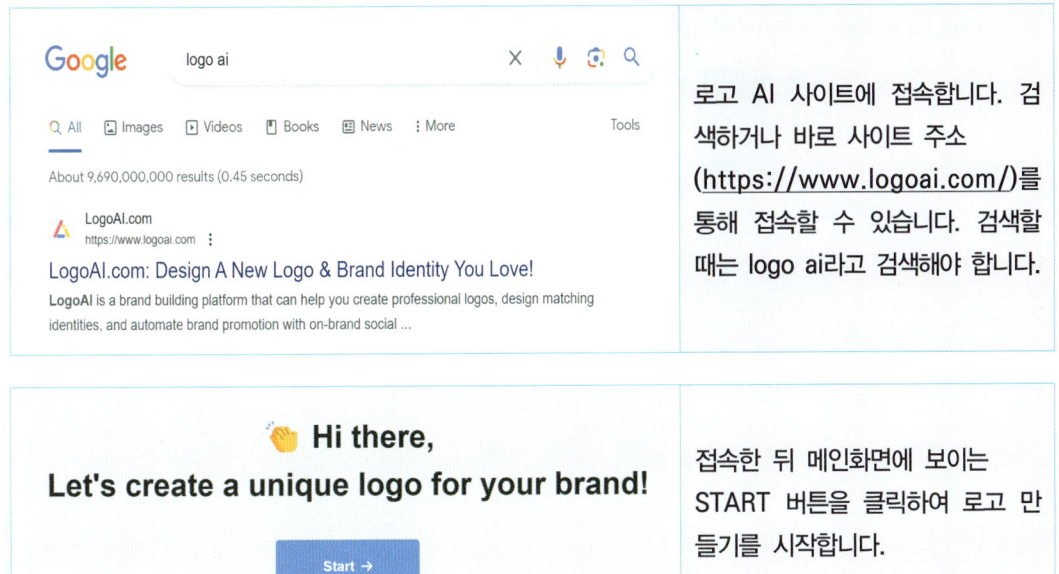

네 단계를 거치면 로고를 만들 수 있습니다.

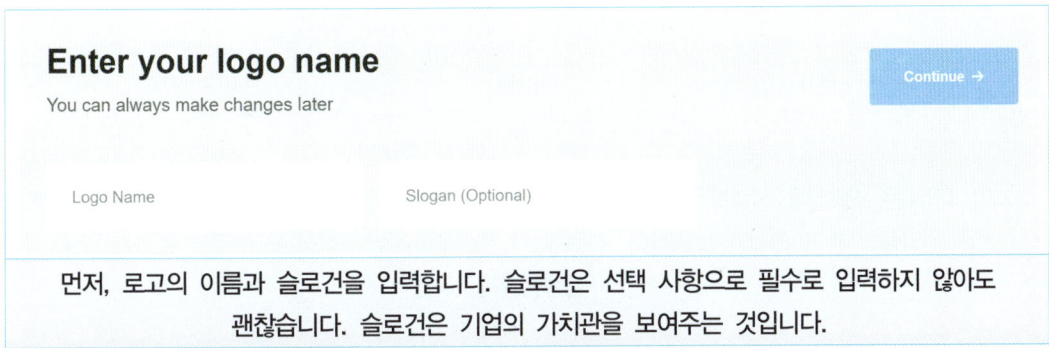

로고에 들어갈 색상을 선택합니다. 선택이 어려울 시 이 또한, SKIP을 눌러 건너뛰어도 됩니다.

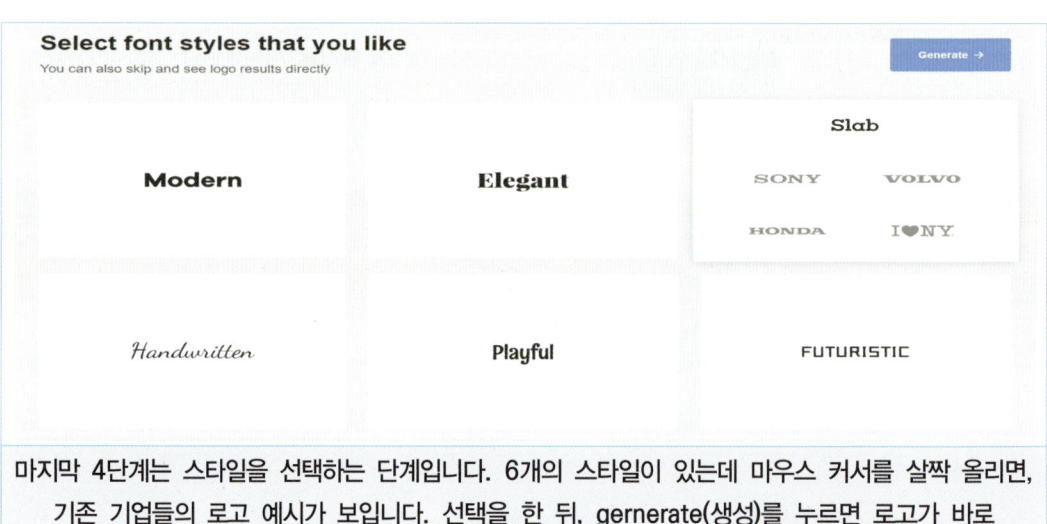

마지막 4단계는 스타일을 선택하는 단계입니다. 6개의 스타일이 있는데 마우스 커서를 살짝 올리면, 기존 기업들의 로고 예시가 보입니다. 선택을 한 뒤, gernerate(생성)를 누르면 로고가 바로 생성됩니다.

다음은 제가 제 이름으로 제작한 로고입니다. 원하는 로고를 선택하여 캡쳐해서 활용하면 됩니다. 마우스 휠을 돌려 아래로 내려가면, 더 많은 로고를 얻을 수 있습니다.

02. 뤼튼 활용 방법 알아보기

다음으로 뤼튼을 알아보겠습니다. 뤼튼은 텍스트 생성형 AI로 요청 사항을 명령어로 채팅창에 입력하면, 인공지능이 답변해줍니다. 무엇보다 뤼튼은 초등학생도 학부모 동의가 있다면, 사용이 가능한 도구입니다. 아이디어를 얻을 때 매우 유용하며, 무료라는 점에서 주목할 필요가 있습니다.

뤼튼에 접속하여 사용법을 보여드리겠습니다.

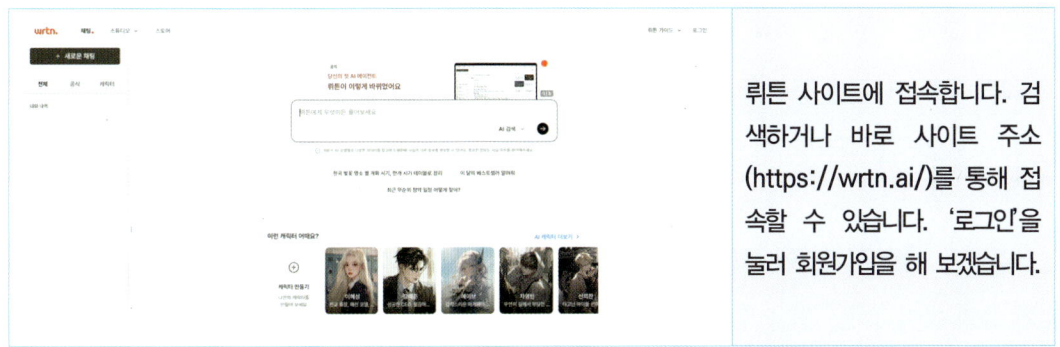

뤼튼 사이트에 접속합니다. 검색하거나 바로 사이트 주소(https://wrtn.ai/)를 통해 접속 할 수 있습니다. '로그인'을 눌러 회원가입을 해 보겠습니다.

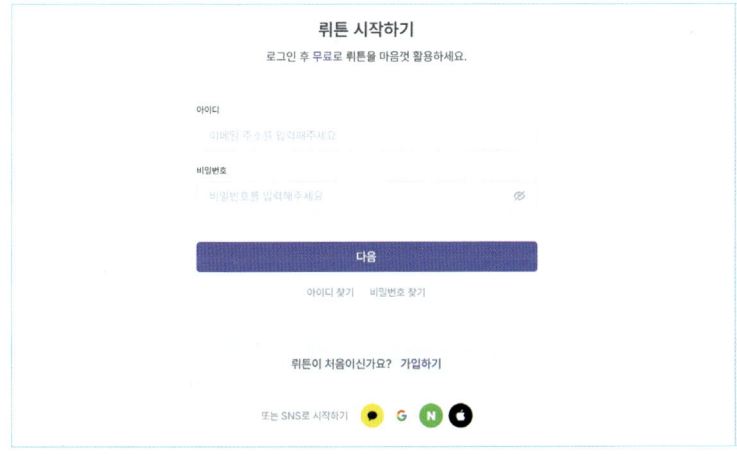

회원가입이 안 되어 있는 경우에 '로그인' 클릭 후 '가입하기' 혹은 SNS로 시작합니다. 14세 미만의 경우 법정 대리인의 인증 절차가 필요합니다.

채팅 입력 창에 설정을 바꾸어주고, 원하는 프롬프트(명령어)를 입력하여 엔터를 칩니다. 그러면 인공지능이 나의 요청 사항에 맞게 반응하며 답변해줍니다.

02 투닝과 다른 에듀테크 도구 활용하여 새로운 기업 홍보 포스터 제작하기

그럼 이번에는 앞서 소개한 '로고 AI'와 '뤼튼' 그리고 '투닝'을 활용하여 새로운 기업 홍보 포스터를 제작해보겠습니다.

- **연계 교과**: 사회 및 창체
- **교육 목표**: 새롭게 등장할 기업을 인공지능과 함께 디자인하여 이를 홍보할 수 있는 기업 홍보 포스터를 제작할 수 있다.

뤼튼에서 새로운 기업에 대한 아이디어를 얻었습니다. 기업 이름과 방향, 성격, 목표, 기업 슬로건 등의 아이디어를 얻을 수 있지요. 과정중심평가를 위해 학생들이 뤼튼과 대화한 내용은 '링크 공유'를 통해 패들렛에 탑재하도록 안내하였습니다.

> **나**
> 안녕. 너는 이제 새로운 기업을 구상하는 전문CEO야. 미래에 주목받을 산업 분야를 정하고, 기업 이름을 다섯 가지 정도 추천해줘. 그리고, 그 기업이 추구할 방향, 가치관, 슬로건도 예시를 들어서 써주면 좋겠어.
>
> **뤼튼** GPT-3.5
> 안녕하세요! 새로운 기업을 구상하는 것은 흥미로운 일이네요. 미래에 주목받을 산업 분야로는 인공지능, 지능형 로봇 및 자율주행차, 환경 친화적인 기술, 생명과학 및 의료 기술 등이 있을 것으로 예상됩니다.
> 다섯 가지의 기업 이름과 각각의 방향, 가치관, 슬로건을 제안해 드리겠습니다:
> 1. 기업 이름: 브레인테크 솔루션즈 (BrainTech Solutions)
>   - 방향: 인공지능과 빅데이터 기술을 활용한 혁신적인 솔루션 개발
>   - 가치관: 혁신, 지속가능성, 윤리적 책임
>   - 슬로건: "머리속의 미래, 브레인테크와 함께"
> 2. 기업 이름: 로보퓨처 (RoboFuture)
>   - 방향: 지능형 로봇 및 자율주행 기술을 통한 스마트 시티 및 산업 자동화 솔루션 제공
>   - 가치관: 혁신, 편의성, 안전성
>   - 슬로건: "로봇의 미래, 로보퓨처와 함께"
>
> **나**
> 나는 첫 번째 아이디어가 마음에 들어. "머리속의 미래, 브레인테크와 함께" 을 영어로 바꾸어줄래?
>
> **뤼튼** GPT-3.5
> 물론이죠! "머리속의 미래, 브레인테크와 함께"를 영어로 바꾸면 "Future Inside Your Mind, with BrainTech" 가 될 것입니다.

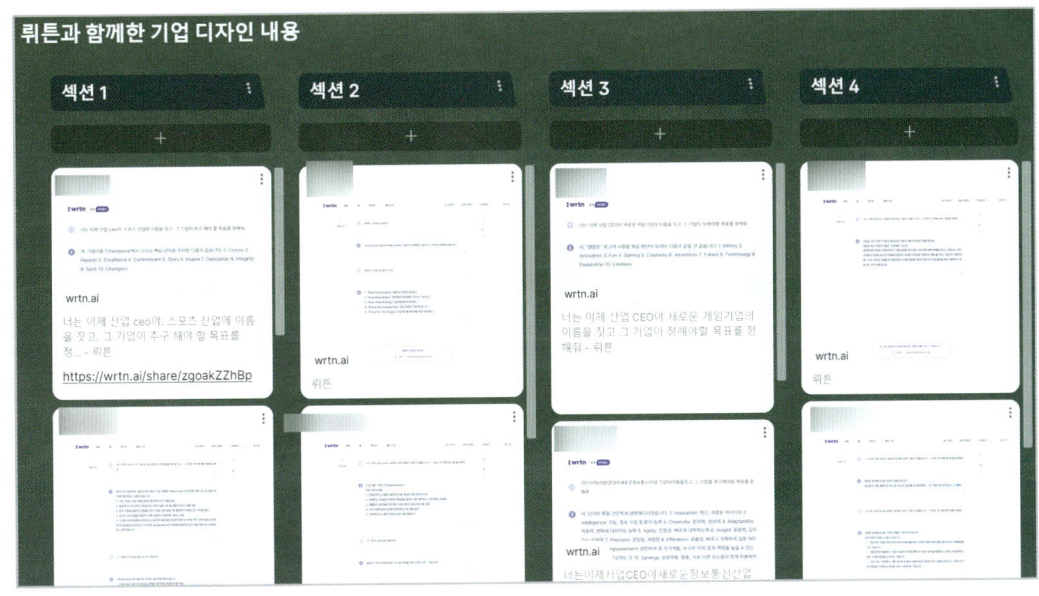

다음은 로고 AI에 접속하여 뤼튼이 제안해 준 기업명 중 마음에 드는 것을 골라 로고를 생성합니다.

그 후 생성한 로고와 내용을 바탕으로 투닝에서 소개 포스터를 제작할 수 있습니다.

TOONING

14단원. 캔바와 이지통계를 활용하여 데이터를 포함한 환경 카드뉴스 제작하기

〈챕터1〉 캔바 및 이지통계 사용 방법 알아보기

    01. 캔바 사용 방법 알기
    02. 이지통계 사용 방법 알기

〈챕터2〉 투닝과 다른 에듀테크 도구 활용하여 데이터를 포함한 환경 카드뉴스 웹툰 제작하기

01 캔바 및 이지통계 사용 방법 알아보기

본 장에서는 과학 수업에서 투닝과 함께 사용할 수 있는 여러 에듀테크를 접목하여 데이터를 기반으로 환경 카드뉴스를 제작해보겠습니다.

활용할 또 다른 에듀테크 도구는 '캔바'와 '이지통계'입니다.

01. 캔바 사용 방법 알기

캔바는 교육용 계정으로 가입 시 PRO 계정을 무료로 사용할 수 있는 온라인 웹 디자인 툴입니다. 투닝처럼 프레젠테이션, 비디오, 인포그래픽, 학습지 등 다양한 종류의 콘텐츠를 생성할 수 있습니다. 제가 캔바를 소개해드리는 이유는 투닝에서 제공되는 유료 기능을 캔바에서는 무료로 일부 사용할 수 있기 때문입니다. 대표적으로 생성형 AI 기능이 그러합니다.

먼저 캔바에 가입하는 방법부터 보여드리겠습니다.

회원가입이 안 되어 있는 경우에 '가입'을 클릭하고 이용 약관에 동의합니다.	원하는 형태로 골라서 가입 과정을 지속합니다. 이메일의 경우, 인증이 우선 됩니다. 회원 가입이 된 경우 '로그인'을 클릭합니다.

〈디자인 만들기〉에 들어와서 원하는 종류 혹은 형태의 크기를 정합니다.

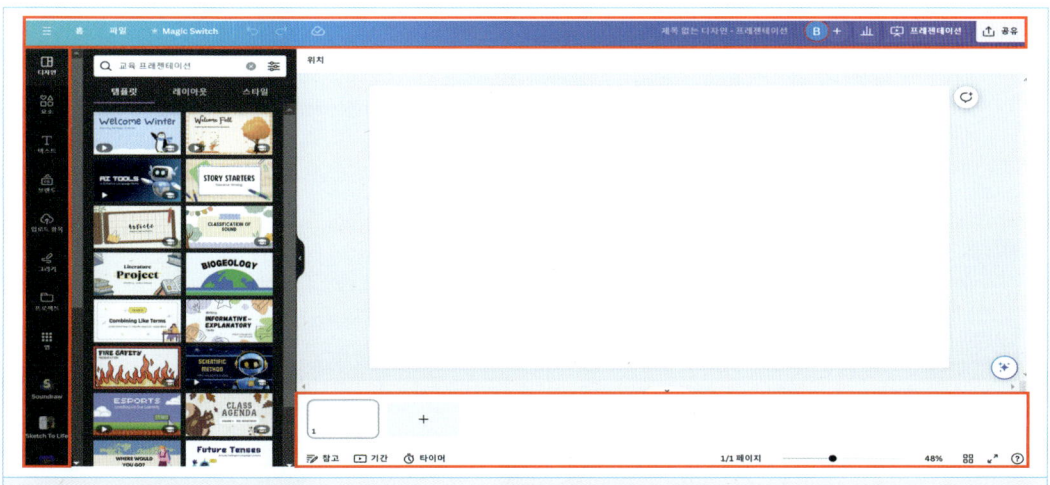

선택해서 들어오면, 다음과 같은 에디터 창이 보입니다. 좌측에 메뉴바가 있습니다. 요소, 텍스트, 브랜드, 업로드 항목, 그리기, 프로젝트, 앱 등이 있습니다. 하단에 슬라이드 추가, 복제 삭제 등이 가능합니다. 우측 상단에 공유 버튼이 있습니다.

02. 이지통계 사용 방법 알기

다음으로는 이지통계 사용 방법을 알아보겠습니다. 이지통계는 간단하게 자료를 시각화 할 수 있는 프로그램으로 초등용, 중등용 두 개가 있습니다. 이지통계에 접속해 보겠습니다.

이지통계 초등 사이트에 접속합니다. 검색하거나 바로 사이트 주소 (https://www.ebsmath.co.kr/innovativelrms/web_lrms/content/resource/eleEasyTong/index.html)를 통해 접속할 수 있습니다.

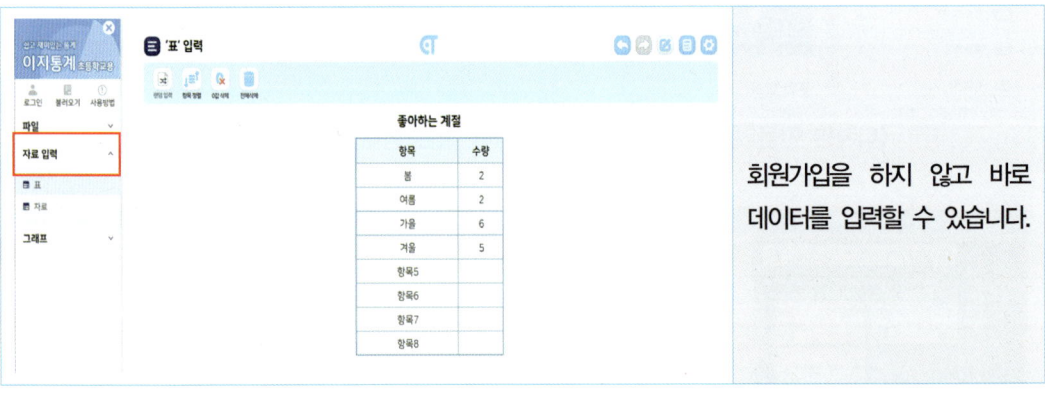

회원가입을 하지 않고 바로 데이터를 입력할 수 있습니다.

자료를 입력한 뒤, 그래프를 누르면 막대그래프, 꺾은선 그래프, 띠그래프, 원그래프 등 시각화할 수 있는 그래프 종류가 나타나는데, 원하는 형태를 누르면 바로 시각화 됩니다.

02 투닝과 다른 에듀테크 도구 활용하여 데이터를 포함한 환경 카드뉴스 웹툰 제작하기

그럼 이번에는 앞서 소개한 '캔바'와 '이지통계' 그리고 '투닝'의 기능을 활용하여 데이터를 포함한 환경 카드 뉴스를 제작해보겠습니다.

① 먼저, 환경 관련하여 다양한 공공데이터를 찾을 수 있는 자료를 소개합니다. '환경부'와 '공공데이터 포털'에서 찾을 수 있습니다. 학생들 수준에 따라 선생님이 이러한 자료를 정돈하여 공유해야 할 수 있습니다. 또는 신문기사 등에 안내된 수치를 활용할 수 있습니다.

② 저는 환경부에 들어가서 '신재생에너지 생산량'이라는 데이터를 찾아 다운로드 해보았습니다. 그 데이터는 엑셀 형식으로 다운할 수 있습니다.

③ 다만, 데이터양이 너무 많으므로 일부만 사용하거나 전처리, 즉 교사가 학생들이 사용하기에 쉬운 자료로 재구성해야 합니다. 따라서 저는 엑셀 중 다음과 같이 일부만 정리하여 데이터로 사용하였습니다.

폐기물-폐가스	2021	0
폐기물-산업폐기물	2021	308638
폐기물-생활폐기물	2021	420039
폐기물-대형도시쓰레	2021	0
폐기물-시멘트킬른보	2021	272998
폐기물-RDF/RPF/TDF	2021	0
폐기물-SRF	2021	196517
폐기물-정제연료유	2021	0
폐기물-폐목재	2021	0

④ 그 후, '이지통계'에 접속하여 신재생에너지 중 폐기물만 선택하여 2021년 자료를 시각화하였습니다. 표는 원그래프를 선택하였습니다.

연도별 생산량	
항목	수량
폐가스	0
산업폐기물	308638
생활폐기물	420039
대형도시쓰레기	0
시멘트	272998
RDF 등	0
SRF	196517
정제연료유	0

연도별 생산량

산업폐기물 25.76%
생활폐기물 35.06%
시멘트 22.78%
SRF 16.40%

⑤ 이지통계로 제작한 원그래프를 캡쳐하여 이미지로 저장합니다.

⑥ 캔바에 접속해서 템플릿을 검색했습니다.

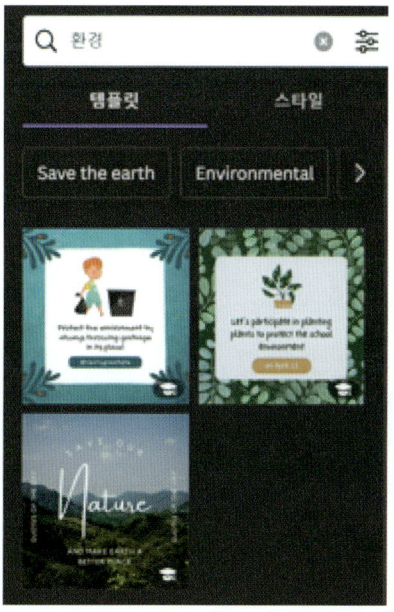

⑦ 원하는 템플릿 페이지에 이지통계에서 제작한 그래프를 삽입해보았습니다.

⑧ 캔바로 제작한 카드뉴스를 jpg로 다운로드하여 투닝에서 웹툰으로 제작도 가능합니다.

15단원_투닝으로 수업에 즐거움을 더했어요.

〈챕터1〉 투닝으로 진행한 다양한 수업사례 알아보기

    01. 사회교과 수업 - 우리지역을 소개하는 만화 만들기
    02. 진로수업 연계 - 15년 뒤 나의 모습 꾸미기
    03. 국어수업 연계 - 이어지는 뒷이야기를 상상하여 만화로 만들기
    04. 음악수업 연계 - 투닝으로 뮤직비디오 만들기

〈챕터2〉 투닝수업에 대한 A to Z 질의응답

    01. 투닝의 AI 기능과 저작권 알아보기
    02. 투닝 학생용 계정에 대해 알아보기

〈챕터3〉 투닝 수업을 받은 학생들의 인터뷰와 후기

01 투닝으로 진행한 다양한 수업사례 알아보기

투닝은 마냥 어렵게만 느껴졌던 웹툰과 만화를 창작하는 활동에 부담을 덜어줍니다.

투닝은 교과에 관계없이 스토리적 요소로 풀어내는 모든 교과와 차시에 적용할 수 있는 에듀테크입니다. 아래 수업 사례는 사회교과에서 우리지역을 소개하는 수업을 투닝으로 진행한 사례입니다.

01. 사회교과 수업 - 우리지역을 소개하는 만화 만들기

부산 광안리의 자랑인 축제와 광안대교를
소개한 작품입니다.
(거학초등학교 오준택 학생 작품)

온천천의 '세병교'에 대해 설명하는 만화입니다.
(거학초등학교 정금 학생 작품)

투닝의 '한장으로 이어붙이기' 옵션을 활용하여
부산의 광안리, 온천천, 동래 온천을 소개하였습니다.
(거학초등학교 손가연 학생 작품)

02. 진로수업 연계 - 15년 뒤 나의 모습 꾸미기

진로수업에서 흔히 많이 하는 소재는 '미래의 내 모습'을 상상하여 그림으로 그리는 것입니다. 아래 수업은 '15년 뒤 나의 모습'을 투닝으로 꾸미기 활동을 한 사례입니다.

투닝으로 수업을 했을 때 가장 큰 장점은 평소 자신을 표현하는데 소극적이고 조용한 학생들도 표현에 부담이 적어진다는 것입니다.

15년 뒤 우주비행사가 된 모습을 투닝으로 표현한 작품입니다. 달 기지, 인공위성 등 학생들이 그림으로 그리기 어려운 요소들도 쉽게 추가할 수 있다는 점이 큰 장점입니다.
(거학초등학교 장준우 학생 작품)

15년 뒤 파일럿이 된 모습을 2컷의 만화로 표현한 작품입니다. 첫 번째 컷의 하단에 비행기표를 더한 부분이 창의적입니다.
(거학초등학교 오준택 학생 작품)

03. 국어수업 연계 - 이어지는 뒷이야기를 상상하여 만화로 만들기

많은 학생들이 싫어하고 부담을 느끼는 글쓰기 수업도 투닝을 통해 보완할 수 있습니다. 다음은 국어 수업에서 학생들이 '토끼의 재판'이라는 이야기를 배웠고, 여기에 이어질 뒷 이야기를 투닝으로 꾸며본 사례입니다.

토끼가 재판장이 되어 호랑이와 나그네를
심판하고, 나그네를 도와준다는 내용으로 각색을
했습니다. 투닝에서는 배경 상세검색 기능이 있어
학생들이 배경을 검색하면서 다양한 아이디어를
얻을 수 있습니다.
(거학초등학교 오준택 학생 작품)

투닝사이트에서는 다양한 학급의 수업사례를
살펴볼 수 있습니다.
투닝홈페이지 - 교육용 사례 - 활용사례에서
초등 뿐 아니라 중등, 고등의 사례도 살펴볼 수
있어 다양한 수업을 하는 데 참고가 됩니다.

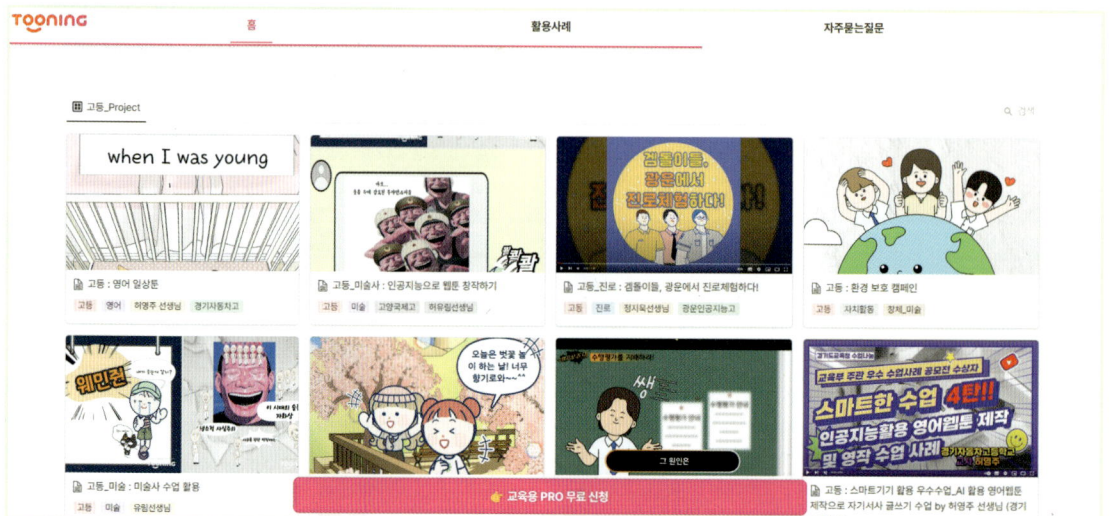

04. 음악수업 연계 - 투닝으로 뮤직비디오 만들기

다른 에듀테크를 함께 활용하면 투닝으로 음악수업도 가능합니다. 이번에 소개할 투닝 음악수업 사례는 '뮤직비디오 만들기'입니다. 기존의 뮤직비디오 만들기는 학생들의 그림을 스캔하여 노래 파일과 함께 편집하여 완성하는 방법이었으나 투닝으로 뮤비 만들기를 하면 좀 더 새롭고 신선한 관점으로 접근할 수 있습니다.

그림 그리기에 다소 서툰 학생들도 본 활동에 흥미롭게 참여할 수 있으며, 교사의 입장에서도 따로 스캔을 하지 않아도 되기 때문에 작업할 때에도 손쉽게 학생들의 작품을 컴퓨터에 다운로드하여 좋은 화질의 뮤직비디오 작품을 만들어낼 수 있습니다.

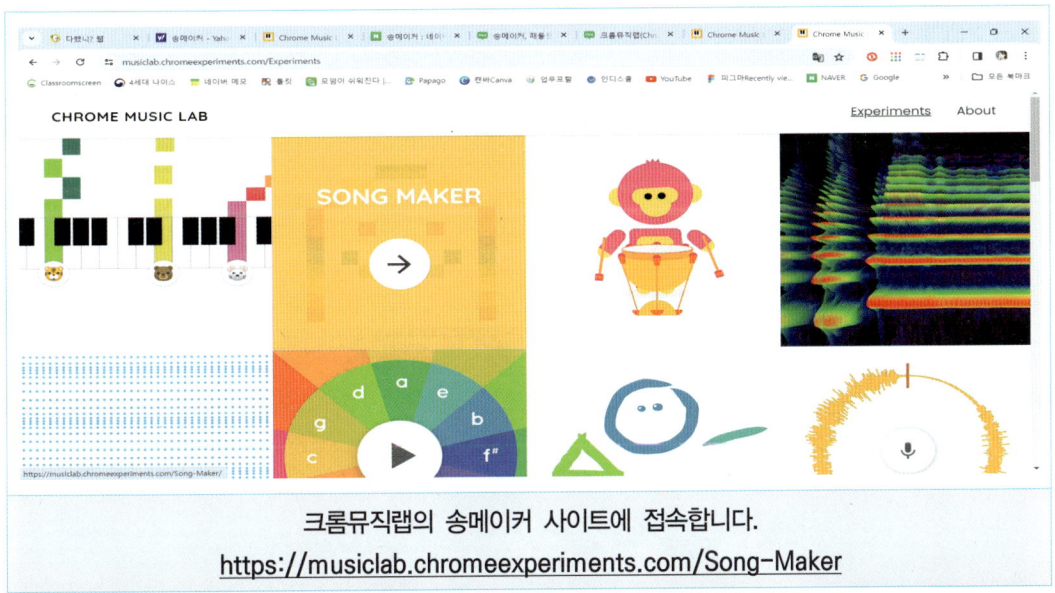

크롬뮤직랩의 송메이커 사이트에 접속합니다.
https://musiclab.chromeexperiments.com/Song-Maker

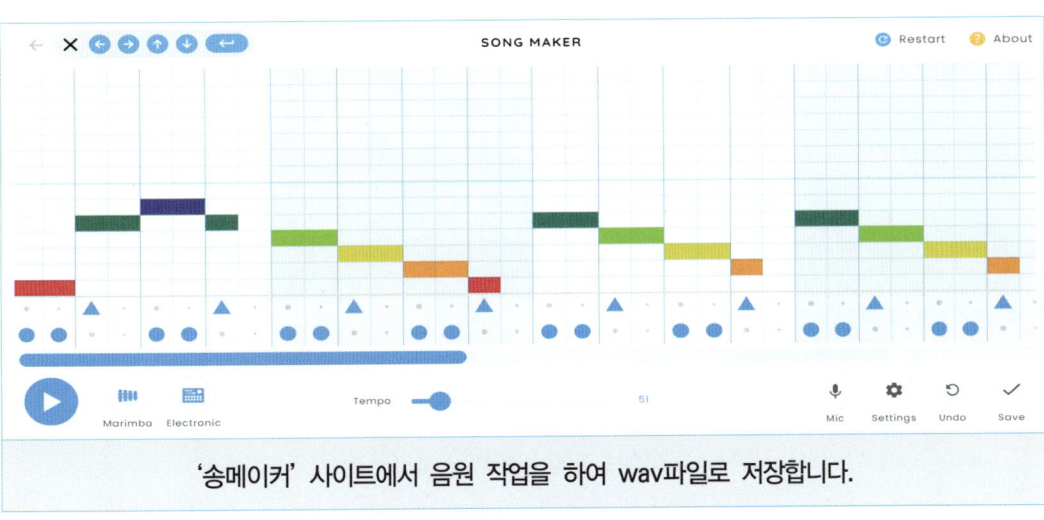

'송메이커' 사이트에서 음원 작업을 하여 wav파일로 저장합니다.

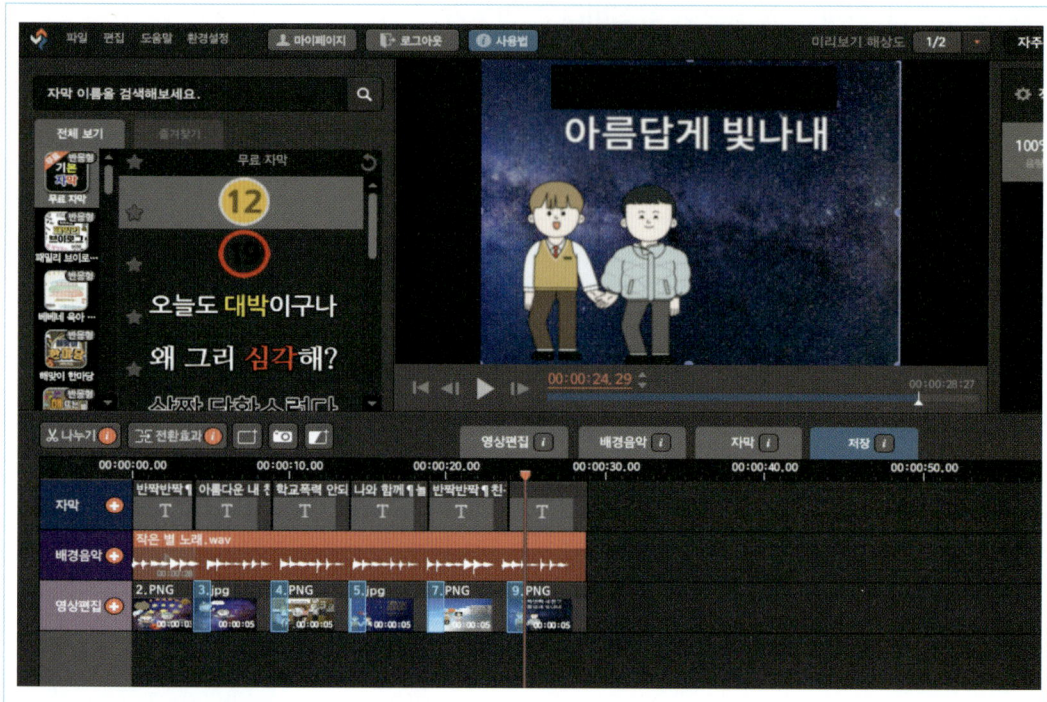

뱁믹스와 같은 영상편집툴에서 학생들의 투닝 작품을 편집하여 뮤비로 만듭니다.

투닝으로 뮤비를 만든 사례
출처 : 똑지나쌤 유튜브 채널 https://youtu.be/2xgT3uYs1Bw

02 투닝수업에 대한 A to Z 질의응답

01. 투닝의 AI 기능과 저작권 알아보기

Q : 투닝에서 특히 말풍선의 AI 버튼이 가장 인상깊었는데요, 어떤 원리인건가요?

A : 투닝의 Text to Toon 인공지능은 수많은 텍스트 정보를 학습한 빅데이터를 기반으로 텍스트에서 감정 정보를 파악합니다. 예를 들면 감정을 크게 중립, 기쁨, 슬픔, 화남, 놀람으로 분류하여 텍스트가 어떤 감정에 가까운지를 분석하여 캐릭터의 동작과 표정으로 표현해 냅니다.

학생들도 캐릭터에 인공지능이 분석한 감정을 적용해보면서 자연스럽게 인공지능을 이해하고 흥미를 가질 수 있었습니다.

Q : 투닝 에디터에서 제공하는 AI 기능은 어떤 것들이 있을까요?

A : 문장을 입력하면 감정을 파악하여 웹툰 장면을 연출하는 기능이 있고, 사진을 찍어 사람의 외형을 분석하여 비슷한 캐릭터를 생성하는 기능, 그리고 AI 작가와 스토리를 생성하는 기능 등이 있습니다.

현재도 투닝사이트에 계속해서 새로운 AI 기능이 개발되어 제공되고 있습니다.

Q : 투닝 에디터에서 만든 작업물을 개인 SNS에 게시할 수는 있나요?

A : 투닝에디터에서 만든 작업물은 소셜 미디어 채널에 업로드하실 수 있습니다. 단, 상업적 용도로 작업물을 게시하려면 반드시 프로 또는 기업용을 구독하셔야 한다고 합니다. 교육용 pro 구독시에는 상업적 용도로 게시할 수 없으니 알고 계셔야 하겠습니다.

02. 투닝의 학생용 계정에 대해 알아보기

Q : 선생님들께 제공되는 혜택은 없을까요?

A : 투닝에서는 선생님들께 교육용 프로버전을 평생 지원해주고 학생들은 기본 기능에 한해 무료제작이 가능하다고 합니다. 더 많은 기능을 경험하고자 한다면 학생용 요금제가 합리적 가격에 제공된다고 하니 참고해보셔도 되겠습니다.

Q : 학생용 계정의 장점은 무엇이 있을까요?

A : 투닝으로 수업을 진행할 때 조금 어려웠던 부분이 학생용 계정을 만들어주는 것이었는데요. 이메일 주소로 가입을 해야 하다 보니 부모님들의 도움을 받아 가입을 진행하는 과정에서 다소 불편함과 어려움이 많았습니다. 그런데 학생용 요금제에 가입하면 투닝이 학생 수만큼 계정을 만들어서 전달해준다고 합니다.

또한 무료계정에서는 작업물을 3개까지만 허용하고 있어서 기존의 작업물을 삭제하거나 페이지 추가를 통해 작업해야 하는데 학생용 계정에 가입되면 기존의 작업물 개수 제한이 없어지고, 무제한으로 결과물을 생성할 수 있게 되어 간편하다고 합니다.

마지막으로 무료버전에서는 유료계정에서만 이용할 수 있는 캐릭터에 투닝 워터마크가 있는 채로 사용해야 했는데, 학생용 계정이 되면 투닝의 캐릭터와 요소를 무한으로 활용할 수 있게 된다고 합니다.

Q : 투닝에서 학생들의 작품을 손쉽게 관리할 수 있는 방법은 없을까요?

A : 학생들과 수업을 하다보면 작품을 관리할 수 있는 LMS가 필요한데, 학생용 계정이 생기면 제출 폴더를 활용할 수 있게 되어서 학생들이 해당 폴더에 과제를 제출하고 선생님은 학생들의 작업물을 효율적으로 관리할 수 있다고 합니다.

03 투닝 수업을 받은 학생들의 인터뷰와 후기

박채은 학생

지금까지 투닝으로 수업을 한 것 중에 가장 기억에 남는 작품은 책표지 만들기입니다. 투닝으로 캐릭터와 배경을 골라서 책 표지를 만들어보는 것이 재미있었기 때문입니다. 그리고 예쁜 캐릭터들이 많아서 어울리는 캐릭터를 고르는 것이 즐거웠습니다.

손가연 학생

지금까지 투닝으로 3가지 작품을 해보았는데, 가장 기억에 남는 것은 부산 소개하기 입니다. 투닝은 재미있게 프로그램이 잘 만들어져 있어서 좋은 것 같고, 특히 동글이라는 캐릭터가

임지유 학생

지금까지 투닝으로 작품활동을 많이 해보았습니다. 그중 가장 기억에 남는 것은 투닝으로 우리 부산을 소개한 것입니다. 투닝으로 작품을 만들어보니, 제가 어울리는 캐릭터와 배경을 잘 꾸민다는 것을 알게 되어서 스스로 뿌듯하고 좋았습니다.

안상현 학생

지금까지 3가지 작품을 투닝으로 만들었는데, 그중에서 가장 기억에 남는 작품은 책표지 그리기와 나 소개하기였습니다. 책표지를 투닝으로 만들 때, 배경 고르기가 특히 재미있었고 말풍선에 글자 넣는 것이 재미있었습니다.

김민서 학생

지금까지 투닝으로 많은 수업을 해보았습니다. 그중 가장 기억에 남는 것은 부산 소개하기입니다. 왜냐하면 투닝으로 부산 소개하기를 만들면서 우리나라가 자랑스러워졌기 때문입니다. 투닝으로 작업을 해보니 평소 제가 작품을 만들던 것보다 시간도 절약되고 재미있었습니다.

김지수 학생

지금까지 투닝으로 3가지 작품을 해보았는데, 그 중 가장 기억에 남는 작품은 책표지만들기입니다. 왜냐하면 투닝으로 책표지를 만드는 것이 새롭고 재미있었기 때문입니다. 투닝을 해보니 다음에도 또 투닝으로 작품을 만들고 싶습니다.